社会学
ワンダーランド

山本 泰・佐藤健二・佐藤俊樹 編著

新世社

はじめに

『社会学ワンダーランド』へようこそ。まずはこの本について紹介しましょう。

学問の世界にも流行りすたりというものがあります。その中で社会学は最近少しブームのようです。いろいろな人が「社会学者」という紹介であちこちにデビューしたり，（本来地味であるはずの）研究者がさまざまな分野に進出して社会学を宣伝したりしています。何事もメリットとデメリットがありますが，関心や注目を集めるのは悪いことではないでしょう。

けれども，社会学（者）の活動の中心は，今も昔も，やはり大学での教育と研究です。けれども，大学のどこで？　となると，ちょっと困ることがあります。たとえば，大学にも「社会学部」があるところとないところがあります（じつは東京大学にはありません）。そうならば，大学のどこで社会学は学べるのでしょうか。どうすれば社会学の研究を身近にみられるのでしょうか。

書店やネットには「社会（学）がこの一冊でわかる」みたいな本も並んでいます。それだけ関心と注目をもらえているのだと思いますが，一冊読むだけで社会学が分かることはありません。だからこそ，どこで？　どうやって？　社会学に触れられるのかが大切になってきます。

これらのことを含めて，「社会学を教える／学んでもらう」ということに本気で考えました。その成果がこの本です。

■本書の成り立ち

この本のベースになったのは，東京大学教養学部（駒場Iキャンパス）で2010年冬学期に開講された「学術俯瞰講義：社会学ワンダーランド」です。全13回にわたり，東京大学で社会学の教育研究に携

わる10名の教官スタッフによって講義が開かれました[1]。

「学術俯瞰講義」は，2005年に当時の小宮山宏東京大学総長が教育改革の試みの一つとして始められた授業科目です。自然科学から人文科学までのさまざまなテーマで，毎学期開講されています。

小宮山前総長は工学部で教えておられたので，工学の分野の学問の在り方に非常に危機感をもち，どうしたらいいのかをずっと考えておられました。20世紀になって「知識の爆発」という現象が起き，膨大な科学的な知識が生産されるようになりましたが，大学の教育がそれに対応できていないことを懸念されたのです。

小宮山前総長がよく出されていた例に，光合成の研究の話があります。二酸化炭素と水が太陽光によって酸素と炭水化物になるという光合成の基本的な仕組みは，小学校や中学校で習いますが，20世紀の半ば頃までは，最先端の科学者もその程度の知識しかありませんでした。ところが，21世紀の現在では，読めないぐらい小さい字で書いても大教室の壁一面に収まらないほどの詳細な内容が解明されています。酵素の反応の連鎖です。そのうちの10センチ四方くらいの領域を一生かけて研究することもできるくらい，そのメカニズムは非常に複雑で入り組んでいるそうです。多くの研究者が研究を深めれば深めるほど，研究テーマは細分化され，知識量も増えてきたわけです。

そうすると，学ぶ側は文字通り膨大な知識を学ぶ必要に迫られます。おまけに新たな知識が増えるスピードのほうも速いので，勉強する端から知識は古くなり，陳腐化することになります。

こうした知識の爆発という現象は，とても深刻な社会的な問題にもなっています。全体像が分かっている人がほとんどいないので，知識が適切に利用されにくいのです。人類にとって非常に大きな課題がそこにあると小宮山前総長は考えられたのです。その解決のためには，学問分野全体を大きく俯瞰して，学問の全体像を提示する授業が重要

---

[1] 詳しくは学術俯瞰講義のWEBサイトをご覧下さい。
http://www.gfk.c.u-tokyo.ac.jp/archives/ac2010WinterS.html

になってきます。そうした背景から、物質科学、生命科学、数理科学、情報科学、社会科学、人文科学などの各分野について、学術俯瞰講義が始められたわけです。この授業は世界の大学の間でも注目を集めています。

■社会学の特徴

　光合成の事例ほどではありませんが、社会学にもそうした傾向はみられます。たとえば私が大学に入る前に出た、『現代社会学講座』（有斐閣, 1963-64 年）は全 6 巻でした。ところが最近では『岩波講座 現代社会学』が全 26 巻（別巻 1。岩波書店, 1995-97 年），『講座社会学』が全 16 巻（東京大学出版会, 1998-2010 年）という冊数で出ていて、同じ現代社会学でも、4 倍近く冊数が増えています。それだけ知識が増えているということです。私の時代は社会学の古典なら、まあ、10 冊読んでいればけっこう勉強していたことになったように思いますが、それ以後、新しい古典的な業績がたくさん出ており、現在では 30 冊くらいは読まないと社会学のことを一応勉強したといえないというくらい、知識が増えています。

　しかも、社会学という分野は広がっていますので、どこからどれだけ勉強したらいいのかもよくわからないところがあります。そのため、一般の方からすると、とらえどころのない学問という印象があるようです。たとえば本書の編者 3 人も、社会学者として共通する部分が比較的多いのですが、それぞれ違う分野の研究をしていて、全然違うスタイルの論文とか本を書いたりしているので、外から見ておられる方には、編者として意思疎通できているのか疑問に思われるかもしれません。それくらい、てんでんばらばらに見えるところがあります。

　そういう状況で社会学の本を読み始めたりすると、何か「おがくず」の中であがいているような気持ちにとらわれます。私が大学に入った当時でさえ、そういうことを感じました。どこまで進んでもおがくずで、果たして、どっちの方向に自分が進んでいるのかも分からない。前に進んでいるのか後ろに戻っているのかすら分からず、方向感

覚がもてない。そういうとらえどころのなさを感じることは少なくありません。

一つには，社会学が社会の新しい問題にどんどん取り組んでいくうちにそうなっていったともいえますし，法学における実定法（民法や刑事訴訟法のような法律）みたいな確固たる足場がないので，そうなったともいえるでしょう。得られた知識を並べていくと，講義をやっている間に新しい分野が出てきて講義が終わらなくなってしまうくらい，知識の爆発が社会学でも起こっています。

■「ワンダー」をとらえる

このように社会学を知識の集積だと考えると，無限に拡散していくように見えますが，別の見方もできます。社会学は基本的には知識の集合ではなくて，いくつかの見方ややり方や考え方の集まりだと考えることができるのです。

たとえば第2章の佐藤俊樹さんの場合，「ソメイヨシノ」の研究ということで，また社会学に新しい研究分野が付け加えられています。しかし俊樹さんは，桜という植物を特に詳しく調べたわけではありません。桜とともに，桜を見ている人を見るというところから，桜を見たり語ったりする人々の関心の移り変わりや文化の変容を読み取ることができるのです。春になると人々がそわそわして，桜を見に行ったり大騒ぎをしたりする。その中から社会学的な対象みたいなものを引っ張り出して，それを研究して，本にまとめることができるわけですね。

そうやって生み出された知識それ自体を羅列していくと切りがありませんが，社会学者がどうやってそこに社会学的な対象を発見して，どんな観察や調査や，あるいは歴史的な資料を調べたりする作業を積み重ねて，どういう社会学的な発見と成果をつくっていくのかという，そのプロセスをたどっていくと，社会学的な考え方がたがいに理解できないほど数かぎりなくあるわけではありません。ああ，やっぱりこういう考え方をしているのだなとか，ああ，この人がやっていること

は佐藤健二さんがやっていることと似ているなとか，いや，これはもう一つ違うかなとかいえるわけです。

　佐藤健二さんの第4章ではお化けというか怪物の話が出てきますけれど，第7章では内田隆三さんが推理小説の犯人捜しのことを取り上げます。犯人を捜していくのとお化けを探究していくのは，何となく似ているような気がしますが，その方法には違いがあります。

　そうした社会学者が使う，「不思議な方法」や「独特な技」のようなものをこの講義では紹介しています。それぞれの章の内容の詳細については，各先生が挙げる書籍にあたっていただくこととして，この本では，そうした知識そのものではなく，そもそもその問題自体どうやって発見したのかや，問題を発見したことを結果に結び付けるときにどういう手順やどういうデータを組み合わせたのかなどを解説することにウェイトを置いています。社会学というのはどういう「ワンダー」——社会学的な対象を発見する不思議な技——を使っているのかということに注目してもらいたいと思います。

　社会学は現在，いろいろな新しい領域も含めて，学問のあらゆる分野に浸透していっています。本書でその様子をみることで，もっと広く，学問全体がどう変化していっているのかもみえてくるのではないかと思います。たとえば，第10章では「健康」をテーマにしていますが，社会学が分かるだけじゃなくて，学問全体で今どういうことが問題になっているのかまで，少し分かるのではないでしょうか。

　以下の章に登場する9人の社会学者は，それぞれの問題関心を深めながら，社会学という分野から越境して（あるいは社会学という分野を押し広げて）研究を進めています。社会学が他の分野にも浸透していく道筋を私は「社会学の赤い糸」と言っていますが，この講義を構想する際に，この赤い糸をたどって9人の先生方にたどり着きました。東京大学にはこれ以外にも（もちろん）すぐれた社会学者はたくさんいますが，学問の横断性という観点からリストを作成したところ，一見ばらばらに思えるくらい多彩でありながら，それぞれの赤い糸が絡まりあう，とても新鮮な「社会学の世界」がみえてきました。巻末の

編著者・執筆者紹介をみていただいても，東京大学全体で，さまざまな学部・大学院や研究所をネットワークする形で社会学の教育研究が進められていることをご理解いただけると思います。

　もう一つ。この授業が終了した直後の 2011 年 3 月 11 日に東日本大震災が起こりました。これより前と後で社会学の世界も大きく変わってきています。あるいはこれも，具体的な事象や知識の面では一変したようでいて，問題の見出し方や考え方の部分はしっかり受け継がれているという，社会学らしい変わり方なのかもしれません。そんな前と後とをつなぐ役割を急きょ，いま「東京大学被災地支援ネット」の一員として，岩手県の遠野を中心に活動されている似田貝香門さんにお願いしました。似田貝さんの第 11 章は，この本のために書き下ろされたものです。

　この本を手に取られた皆さんが，「社会学というワンダー」「社会学という冒険」に分け入り，新しい学問への刺激を受け取ってくださるように切に希望しています。

　2013 年 2 月

山本　泰

目　次

第1章　常識をうまく手放す　1
　――集計データから考える――――――――――――――佐藤俊樹
　1. 3人の社会学者／2. うまく手放す技法／3. 事例から考える

第2章　桜見る人，人見る桜　31
　――神は細部に宿るのです――――――――――――――佐藤俊樹
　1. 1つの研究ができるまで／2.「常識」と事実のずれ／3. 自分の手と目で調べる／4. 戦略を組み直す：1.0 と 2.0 と 1.5／5.「桜の春」は1つではない

　＊コラム1――桜の色はどんな色？　佐藤俊樹　56

第3章「ことば」の不思議　57
　――身体性・社会性・空間性・歴史性――――――――佐藤健二
　1. 無形の可能性に満ちた不思議な道具／2. ことばは「身体」である／3. ことばは「社会」である／4. ことばは「空間」である／5. ことばは「歴史」である／6. ことばは社会学の基礎である

第4章　怪物のうわさ　85
　――クダンの誕生――――――――――――――――――佐藤健二
　1. クダンという怪物／2. 流言・うわさの研究の展開／3. 既存の説明の問題点／4. クダンを読み解く

第5章　建築紛争の現場から　117
　――「景観」をめぐる秩序形成――――――――――――清水　亮
　1. 社会問題の現場に飛び込む／2. 住民の論理・開発の論理・行政の論理／3. 景観問題の事例演習／4. 国立マンション訴訟／5. 新たな秩序形成に向けて

第6章　常識を抉（えぐ）る手法としての「比較」　147
　――現代中国を眺めながら――――――――――――――園田茂人
　1. ブレインストーミング／2. 東アジアの夢？：有名大学進学への渇望／3. 学歴社会の日中比較：その異同を考える／4. 教育による収入格差是認の3つの要因／5. まとめ

第7章 探偵小説におけるテクストの不安　171
――『アクロイド殺し』の犯人をめぐって――――内田隆三

1. 『アクロイド殺し』とは／2. アクロイドと彼をめぐる人物／3. 都市の不安／4. ポワロの推理／5. 探偵小説の基本形：3つの視点の交差／6. 『アクロイド殺し』の反響／7. 四項関係：「語り手」の問題／8. 無実のオイディプス：テクストの余白を読む／9. 超越性の回復

＊コラム2――消費社会　内田隆三　203

第8章 広告都市をめぐって　205
――都市の発見――――北田暁大

1. イントロダクション／2. 舞台としての都市と消費の蜜月／3. 性愛の純粋化／4. 消費社会における都市変容：広告都市渋谷／5. 東京ディズニーランド：外部の隠蔽／6. 消費社会の神話の崩壊と現代

第9章 学校という制度　231
――教育の社会学・入門――――苅谷剛彦

1. 教室空間の秩序／2. 時間による管理／3. 教育で獲得する知識とは／4. 教育におけるコミュニケーションスタイル／5. 学校という制度と近代社会／6. 教育の平等をめぐるトリレンマ

＊コラム3――オックスフォードでの学び　苅谷剛彦　262

第10章 健康の観点から生き方と社会を問う　263
――――山崎喜比古

1. 健康社会学とは／2. 健康・病気と保健・医療の世界におけるパラダイムシフトと社会学・健康社会学／3. 健康生成論とストレス対処・健康保持力概念：Sense of Coherence（SOC）／4. SOCの具象化（「見える化」）の試み

第11章 被災地支援の社会学　299
――東日本大震災の支援ネットワーク――――似田貝香門

1. 被災地支援の取組みと課題／2. 東京大学被災地支援ネット／3. 支援の社会学：「後方支援」と「主体としてのネットワーク」

終章 これから社会学を学ぶ人に　315
――学術俯瞰講義「社会学ワンダーランド」最終回より

1. 講義を終えて／2. 社会学の勉強とは

編著者紹介・執筆者紹介　331

1
常識をうまく手放す
集計データから考える

佐藤 俊樹

　社会学ではデータをよく使います。データには，数字で表される量的なデータと，参与観察やインタビューのような質的なデータの，2つの種類があります。この章では量的データの使い方・読み方をまず取り上げます。

　量的データは客観的，質的なデータは主観的だと思われがちですが，必ずしもそうではありません。量的なデータが何を意味しているのかも，じつは多義的で，いろいろな解釈ができるのです。

　数字の表やグラフがあると，その数値や解説として述べられたことを．ついつい信じてしまいやすい。誰がどうやって調べたものかや，たとえば数値が1割増えたのは誤差なのかそれとも世の中が変わったからなのかなど，データの生まれた背景まで遡って検討されることはあまりありません。その一方で，「いくらでもねつ造できる」とか「数字では何もわからない」と，頭から否定する言い方もしばしば聞かれます。

　そのくらい量的データは強い説得力をもつわけですが，それだけに，それを適切に疑う姿勢は社会学を学ぶ上でも重要です。本章では，数字を頭から信じることも否定することもしないで，量的なデータをどう読み解いていくかを，いくつかの事例と議論を題材にして考えていきます。

1. 3人の社会学者

■社会学の議論とデータ

　社会学とデータ，というとなかなかもっともらしい，まさにこの学術俯瞰講義の冒頭にふさわしいようなお題になるのですが，じつはこの2つの関係，かなり悩ましいところがあります。まるで○○と▲▲の仲みたいで（笑，あ，○○と▲▲には後でみなさんが適当だと考えるものをいれてください）。たぶん経済学や政治学などの他の社会科学と比べても，社会学ならではの面が大きいのではないでしょうか。

　最初に結論めいたことを言ってしまうと，それは，社会学の議論ではデータがごく部分的なものになりやすい，あるいはそうなる程度が大きいことによる。社会学者の中でも少しずつ意見のちがいはあるでしょうが，私自身はそんなふうに考えています。

　社会学の議論では，よくデータを使って社会を見ていきます。それはとても重要なアプローチですが，同時に，社会学では全体をできるだけ広くとらえたり，社会の基本的なところはこうなっているという形で考えたりすることが多い。そのため，議論の対象に比べて，データのカバーできる範囲はどうしても小さくなりがちです。かなり部分的なデータで対象を語らざるをえない。

　裏返せば，社会学では（他の社会科学と比べても）数値の見せ方や説明の語り口で，データの意味を変えたりずらしたりしやすいともいえます。少し昔風の言い方をすれば「手八丁口八丁」。口の悪い友人には「社会学者って詐欺師みたい…」と評されたことさえあります。いやもちろん詐欺ではありませんが。

■状況は定義される

　社会学の専門的な用語では，これは「状況定義」の能力と呼ばれることもあります。典型的には，さまざまな場面で見かける「私が被害

者だ！」「いや私こそが被害者だ!!」という争い。あれも「どちらが被害者／加害者か」という状況の定義（definition of the situation）をめぐって争っていて、しばしば、自分の定義を言葉たくみに展開したほうが勝つ。この場合でいえば、「自分が被害者だ」という状況定義を通用させてしまう。そういう面がありますが、データが部分的になればなるほど、この状況定義のたくみさが結論の説得力を左右する度合いが大きくなってきます。

　簡単にいえば、議論を検証するだけでなく、都合よい方向に誘導するのにも、データは便利に使える。部分的であればあるほど、なおさらそうです。だから、その間にある微妙な距離をうまく保っていくことが、社会学をやる上では大事になってきます。

　おそらく有能な社会学者であれば、それこそ程度の差はあれ、一部のデータをうまく見せて説得するテクニックを、みんな身につけているでしょう。先ほどの言い方を使えば、状況定義の能力が高いわけですね。それも他人を「騙せる」だけではない。自分自身も「騙して」しまう。そんなところがあります。

　だからこそ、他人の議論を読みこなすときだけでなく、自分自身の議論を検証していくときにも、自分の目で事実をもう一度確かめ、再検討していく力が必要になってきます。わかりやすくいえば、自分自身もふくめて、社会学者に安易に説得されずに考えていけるかどうか。その辺がデータをあつかう社会学の面白さでもあります。

■２つの鍵概念（キー・コンセプト）

　この章では主に数値のデータを使って、そのための考え方ややり方について述べますが、本の冒頭でもあるので、社会学そのものについて、大まかに解説しておきます。

　私の考えでは、社会学というのは基本的に２つのキーコンセプトで成り立っています。細かくみればもちろんもっとありますが、大きく俯瞰すれば（笑）、そう考えてそんなにずれないでしょう。

　１番目は、「常識をうまく手放す」ということです。つまり、私た

ちはふだん，社会はこうなっていて，世の中はこう動いていると思って生きている。その常識をうまく手放して考えていく。

2番目は，「社会が社会をつくる」ということです。これは自己組織や自己産出みたいな理論的なテーマにもつながってきますが，じつは，この2番目は1番目から導き出されるともいえます。

というのは，社会学以外の近代的な社会科学は，むしろ「個人が社会をつくる」という考え方をとってきました。典型的には近代経済学がそうですね。マキャベリから始まる近代政治学にもそういうところがあります。個人の力量(ヴィルトゥ)が政治を動かしていくというのが彼の着想ですから，個人が社会をつくることになります。

そうした，いわば正統派(オーソドクス)の近代社会科学の常識に対して，社会学はその裏をいこうとした。常識を手放す一環として，社会が社会をつくるという考え方が根付いた。そんな背景があります。

■デュルケーム，ジンメル，ウェーバー

最初に述べた，部分的なデータで語らざるをえないことの裏返しでもあるのですが，社会学には，創始者にあたる学者たちの説得力やカリスマ的な魅力によって駆動されてきた面があります。あの人がこうだと言ったから，そのようにみえてしまう。そんなところが他の社会科学より強いのではないでしょうか。創始者というのはエミール・デュルケーム（Émile Durkheim；1858-1917年）やゲオルク・ジンメル（Georg Simmel；1858-1918年），マックス・ウェーバー（Max Weber；1864-1920年）たちです。

生まれ年だと，デュルケームとジンメルは1858年で同い年，亡くなったのもほぼ同じです。ウェーバーは2人の6年後に生まれていますが，亡くなるのは1920年。つまり，3人とも第1次世界大戦が終わっていく大混乱の中で生涯を閉じています。

その人生は今の社会学(モダン・ソシオロジー)の成立とも重なります[1]。西欧に生まれた産業社会が，19世紀には地球規模にまで巨大化した。それとともにさまざまな深刻な問題が露わになり，国家単位でも思いもしない動き方

をみせるようになった。その中で社会学も形づくられていくわけですが，そこにはこの3人の大きな貢献がありました。先にあげた2つの鍵概念も，彼らの苦闘の中でできてきたものです。

■『自殺論』の視点

たとえばデュルケームは，1898年に『自殺論』という本を書いています（図1）。これがどのように常識を手放したかというと，従来，自殺は個人個人の不幸な境遇，貧困や病気などから起こると考えられていました。カトリックの多いフランスでは，これにさらに個人の不信仰も加わります。そういう形で，個人の境遇や心のあり方に原因が求められてきた。

その常識に対してデュルケームがどう考えたかというと，自殺には一人ひとりの個人的な事情を超えて，社会の凝集性という，いわば個人を超えた要因が働いている。だから，社会の凝集性が変化することで自殺率の水準は変化するのではないか。そんなふうに常識を手放して，自殺の多さを特定の地域や社会ごとに測ってみた。正確にいえば，集計された自殺率のデータを読み直してみたわけです。

図1　エミール・デュルケーム（左）と『自殺論（Le suicide)』の表紙（右）
（出典）　肖像は http://ja.wikipedia.org/wiki より。

1　以下，社会学といった場合には，デュルケーム以降の「今の社会学」をさします。詳しくは佐藤俊樹『社会学の方法：その歴史と構造』（ミネルヴァ書房，2011年）を参照してください。

もちろんこう考えた場合，今度は凝集性とは何かとか，自殺の水準の変動を具体的にどう説明できるのかといった，さまざまな問題が新たに出てきます。けれども，とりあえず，従来きわめて個人的な出来事だと考えられていた自殺が，じつは社会の凝集性という，みんなにかかわる特性によって左右されていると考えた。そこからデュルケームは社会学を始めていきます。つまり，常識を手放すことで，自殺率を社会的な事象としてとらえなおして，社会が社会をつくり出すような事態の一つだと位置づけた。

常識：「自殺は個人の不幸や病気から起こる」　　　　　BOX 1.1

→「自殺率の水準は社会の凝縮性が変化することで変化する」

　「自殺率の水準」も「凝縮性」も社会

　彼が試みた説明をもう少し具体的に紹介しましょう。図2は『自殺論』に載せられたもので，左のほうが当時の県ごとに，自殺率の高さで色分けしたものです。見ておわかりのように，パリとその周辺の

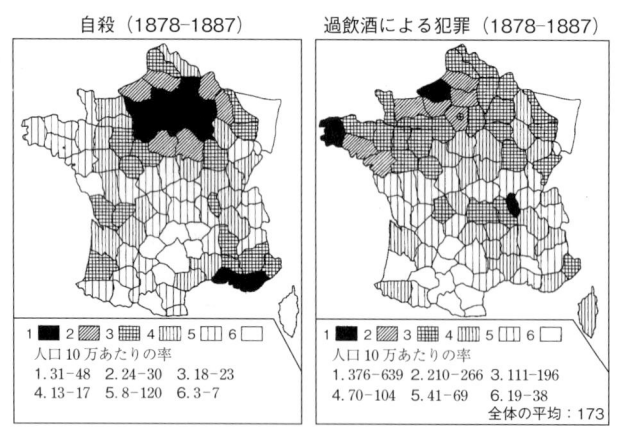

図2　自殺率と飲酒犯罪率
（出典）　E. Durkheim, *Le suicide*, Les Presses Universitaires de France, 1897.
（宮島喬訳『自殺論』中公文庫，1985年，p. 66，第1図。）

イル・ド・フランスと、フランス第2の都市、マルセイユの近隣が特に高い。これらはフランスの中では豊かな地域です。

　もちろん、今も昔も、個人の水準でみれば自殺は貧しさと深くかかわっています。自殺を考える上でそれは決して目を背けてはいけない事実ですが、同時に、地域で集計してみると、中央山地部(マッシフ・セントラル)などの貧しい地域ではなく、むしろ豊かな地域に多い。豊かな人が多く、豊かになる機会もある地域で、自殺はより多く起こる。そういう方向へ『自殺論』の議論は展開していきます[2]。

■ 『プロテスタンティズムの倫理と資本主義の精神』の発見

　もう一人、紹介しましょう。マックス・ウェーバーです(図3)。彼の『プロテスタンティズムの倫理と資本主義の精神』(1904-05年、1920年改訂)でも、同じような発見がされています。

　この論考での最初の常識は、資本主義は個人の欲望が生んだという考え方でした。たとえば豊かになりたいという欲望や際限のない営利欲、そういったものが資本主義を生んだと考えられていた。それをウェーバーは、いくつかの量的・質的なデータを示しながら、西欧近代の資本主義の制度はプロテスタンティズムの倫理から生まれたのではないか、という形でひっくり返したのです。

常識：「資本主義は個人の欲望が生んだ」　　　　　　　　　BOX1.2
→「近代資本主義の制度はプロテスタンティズムの倫理から生まれた」
　「近代資本主義の制度」も「プロテスタンティズム」も社会

　プロテスタンティズムが個人的なのか社会的なのかは、率直にいって難しい点ですが、少なくとも営利欲や豊かになりたいという欲望に

---

[2] その後の研究の展開については、C. ボードロ & R. エスタブレ、山下雅之・都村聞人・石井素子訳『豊かさのなかの自殺』(藤原書店、2012年)などが参考になります。

図3　マックス・ウェーバー（1894年）
（出典）http://ja.wikipedia.org/wiki

比べれば，宗教の倫理なので，より社会的な何かです。

　そうした意味で，社会から社会がつくられる。常識を手放してそう考えたほうが，近代資本主義の特徴がはっきりみえてくる。そういう方向へウェーバーの議論は展開していきました。

2. うまく手放す技法

■常識を手放すことの常識化

　さて，このような形で社会学は始まったわけですが，現代ではさらにもう一段進んだ局面に入っています。常識を手放すこと自体が常識化してきているのです。もう少し丁寧にいうと，常識をひっくり返す形で社会のしくみや動きを解き明かす，というやり方は，昔は社会学者という限られた人たちの伝承芸でした。それが今では，みんながそれなりに使う技法(テクニック)になりつつあります。

　たとえば「現代思想」と呼ばれる言説群，○○思想とか△△理論などは大体そうですね。ポスト構造主義や構築主義もそうですし，最近の流行は「××2.0」でしょうか。「社会2.0」や「民主主義2.0」みたいな語りです。おかげで，昔なら「評論家」や「経済学者」にあたる人たちまで「社会学者」と呼ばれるようになりました[3]。

■「2.0」の2つの特徴

　こうした現代風の語り方には，大きな特徴が2つあります。1つ目は，新しさを強調するところです。それもただ新しさを主張するだけでない。旧い考え方は基本的に全部だめだとする。2つ目は，手軽さ（低コスト）を印象づけるところです。簡単にいえば，「これさえわかればOK」とする。

　「××2.0」というのはまさにそうですね。「2.0」とは，要するに「1.0じゃない」という意味です（笑）。だから，1.0より新しい。さらに，これはIT（情報技術）のソフトウェアの呼び方から来ていて，使い手(ユーザ)は2.0だけわかればよい。旧式の1.0なんて知らなくてよい。だからお手軽，すなわち低コストです。

常識を手放すいろいろなやり方　　　　　　　　　　　BOX1.3

「○○思想」や「△△理論」（ポスト構造主義，構築主義……最近は「××2.0」）
→2つの特徴：①新しさを強調する：「旧いものはみんなダメ」
　　　　　　②手軽さ（低コスト）を強調する：「これさえわかればよい」

■社会学と「厨(ちゅう)」

　少し戯画化して解説しましたが，現代思想も「××2.0」ももちろん常識を手放す技法の一つです。従来の考え方を退けていく中で，世の中のしくみや動きもそれなりに解説されます。

　というか，そもそも社会学自体が「社会科学2.0」として始まった。そういったほうが公平でしょう。後発の，いわばもっとも遅く生まれた社会科学として，正統派の社会科学の裏をいこうとした。そこには「従来の考え方はみんなダメ」とか，「これさえわかれば社会がわか

---

[3] こうした状況については，佐藤俊樹「サブカルチャー／社会学の非対称と批評のゆくえ」（『思想地図』5号，2010年），同「社会学／「社会学」」（遠藤知巳編『フラット・カルチャー：現代日本の社会学』せりか書房，同）を参照してください。

る」みたいな自己主張も含まれていたはずです。

　日陰の，少数派だった間は，それでもよかった。ひっくり返すときも慎重に，常識の本当におかしそうなところを見定めてやりますから。分厚い常識をとりあえず疑ってみるという態度が，それ自体として貴重だった面もあるでしょう。

　けれども，それも常識化してしまうと変わってきます。疑うこと自体に抵抗がなくなるので，逆に何でも疑ってしまう。希少性も失われてしまいます。その結果，従来の考え方をひっくり返すことが自己目的化していく。従来のものに比べてどこが良いかを特定できず，新しさそのものに意味があるかのようにしてしまう。

　ここまで来ると，いわゆる厨（厨二病）にもかなり似てきます。良さを具体的に特定できなければ，根拠なく「オレ，最強」と唱えるのと大差なくなるので。

　まあ中学生というのは微妙な時期で，何らかの形で社会との本格的な接触が始まる。その中で他人の考え方やとらえ方とぶつかり，その間で調整をせまられる。「オレ，最強」という位置づけは，そのもっとも単純な，それこそお手軽なやり方です。遅れてきた社会科学だった社会学にも，そんな時期はかなりあったように思います。

　しかし，中学生の年齢をはるかに過ぎてもそのままというのは，さすがに痛すぎます。だからこそ「病」の字が付くわけですが，話を戻すと，常識を手放すことが常識化してくると，今度は常識を手放すことが自己目的化して，本物の厨二病じみてくる。ただ手放すだけでは，もう足りないわけです。

■問題の所在はどこに

　それが鍵概念として述べた際に，わざわざ「うまく」とつけた理由です。常識を手放すという技法がそれなりに浸透し，常識化した結果，「うまく」のほうに重心が移ってきた。もちろん昔から「偉大な社会学者」の何人かは名人芸でやっていたわけですが，後の世代はそれを教科書的になぞって型通りにしてしまった。そんなお約束を揺さぶる

ことが，今度はいわば，ふつうの社会学者にも要求されるようになってきた。そんなふうに考えています。

わかりやすく図式化すると，これは重層構造というか，入れ子状になっています。最初の段(ステージ)にあたるのは，世の中の多くの人がふだん思っていることです。社会学用語でいえば，当事者の世界観。それが常識であり，当然「常識は正しい」ことになっています。

常識を疑うことが常識化している現代はなかなか面倒くさくて，こういうふうに述べると，すぐに，なぜ「常識がある」といえるのか，みたいな反論が返ってきます。「常識がある」という見方も常識だから，自動的に疑えるわけですね。この種の事態が「ある」と論証するのは難しくて，最終的には「もちろん疑えますが，あなた自身，常識みたいなものを想定して生きていませんか？」と訊くしかありませんが，ここではもう少し狭く（笑），そう仮定しておくことにしておきます。この点にはまた後で戻ってきます。

その次にくるのは，常識を手放す考え方です。ここでは「「常識は正しい」は正しくない」ことになります。○○思想や△△理論，そして社会学ももともとそうだった，と先ほどお話ししました。そういう意味で，これを「社会学1.0」，すなわち社会学のヴァージョン1.0と呼んでおきましょう。先ほどの議論を延長すると，この「社会学1.0」がじつは「社会科学2.0」になっているわけですが，その辺はややこしいので省略します。

そして，これだけでは不十分だとすれば，今度は「「「常識は正しい」は正しくない」は正しくない」となります。常識をうまく手放すとは，この「「「常識は正しい」は正しくない」は正しくない」をどう考えればよいのか，ということなのです。

> **常識をうまく手放すとは？** BOX1.4
>
> 「常識は正しい」→当事者の世界観
> ■「「常識は正しい」は正しくない」→社会学ヴァージョン1.0（「○○思想」や「△△理論」）
> ■「「「常識は正しい」は正しくない」は正しくない」→？

■ α と β：でないでないはである？ でない？

これには論理的にいって，2通りの途があります。

一つは「「「常識は正しい」は正しくない」は正しくない」とは「常識は正しい」であるとする。これを（α）と呼んでおきます。論理学的にいえば，「「「〜」でない」でない」は「〜」である，すなわち二重否定は肯定であるとする考え方です。

もう一つは，「「「常識は正しい」は正しくない」は正しくない」は「常識は正しい」と同義ではないとする途です。これを（β）とします。論理学でいえば，二重否定は肯定と同じではないとする。

論理学や哲学について知識がある方はご存じでしょうが，α か β か，すなわち二重否定は肯定と同じかどうかは，論理の上ではどちらが正しいともいえません。どちらも論理の体系を整合的に組むことができます。α が古典論理，β が直観主義論理と呼ばれます。

ですから「常識をうまく手放す」が α なのか β なのかも，一般的な形では結論は出ませんが，だからといって，どちらでも同じわけではありません。α と β，どちらの途をとるかによって，常識をどのようにうまく手放すかが変わってきます。「うまさ」の中身が変わる。現代の社会学では，そこがとても大切になってきます。

3. 事例から考える

■キレやすいのは誰？

　そうした点を考える上でとてもよい事例が一つあるので，章の後半ではこれをとりあげましょう。

　パオロ・マッツァリーノという人が『反社会学講座』という本を書いています。2004年にイーストプレスから刊行され，現在ではちくま文庫に入っています。なかなか刺激的，というか要するに喧嘩を売った題名ですが，社会学とは何かを考える上ではいろいろ示唆的なので，興味をもたれた人はぜひ一度読んでみてください。

　『反社会学講座』の第1回は「なぜ社会学はだめなのか」で，辛辣ですが，的外れとはいいがたい社会学者への悪口が並んでいます。私も苦笑しながら読みました。次の第2回が「キレやすいのは誰だ」です。これが実質的な「つかみ」で，この章でマッツァリーノさんの考える「反社会学」がきれいに浮かびあがってきます。

　議論は「少年の凶悪犯罪は本当に増えているのか」という問いから始まります。まず，平成以降の少年の凶悪犯罪（殺人・強盗・暴行・放火）数のグラフが示され（図4），こんな文章が続きます。

> 「私はこのグラフを新聞，雑誌，テレビなどで何十回となく見た記憶がある。おそらくみなさんもそのはずです。……社会正義に燃える識者やコメンテーターは，このデータをもとに，「凶悪な少年犯罪の増加は，統計的に裏付けられた事実である」「近頃のこどもはすぐキレて，見境もなく人を殺す。おちおち中学校のそばも歩けやしない」などと分析します。」（パオロ・マッツァリーノ『反社会学講座』ちくま文庫，2007年，pp. 24-25）

　デュルケームの『自殺論』にも飲酒犯罪のデータがありますが（図2），社会の現状を切り取ろうとするとき，犯罪率のデータはよく使われます。数値なので説得力があるし，人々の関心も高い。

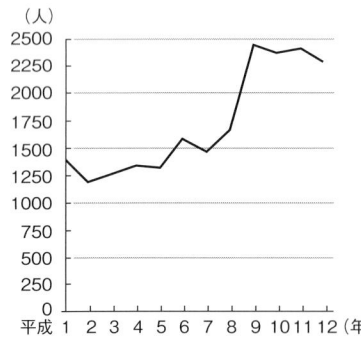

図4 平成の少年凶悪犯罪（検挙人数）の推移

（出典） パオロ・マッツァリーノ『反社会学講座』ちくま文庫，2007年，p. 24。

　実際，『反社会学講座』が刊行された少し前には，酒鬼薔薇事件（1997年）や高校生によるバスジャック事件（2000年）などの衝撃的な少年犯罪も起きて，大きな話題になりました。マッツァリーノさんのいう通り，凶悪な少年犯罪が最近増えてきた，という話がさかんに語られていたのです。

　先ほどの入れ子状の図式でいえば，ここで第一段の，出発点にあたる常識は「平和で安全な日本」です。それに対して，識者やコメンテーターは，その常識はもはや通用しないとひっくり返した。「平和で安全な日本」は崩壊しつつある，その兆候が少年犯罪の凶悪化や不透明化だ，というわけです。

　たとえば，こんな現代診断も語られていました。

> 「80年代半ば以降，日本では「コンビニ化・情報化」が進んで，Ｅメールと宅配があれば，どこにも行かず，誰とも会わず，暮らせるようになった。……他方で，70年代半ば以降，家庭や地域の「学校化」が進んで，……学校でちょっと成績がいい程度のことで，学校でも家庭でも地域でも全面的に肯定されるようになりました。
> 　……主要にはこの「コンビニ化・情報化」と「学校化」が重なり合うことで，最近の若い人たちは自己形成……において，他者との社会的交流での試行錯誤を免除されるようになってきました。……その結果，モノと人の区別がつけられず，まったり人を殺すことができるような「脱

社会的存在」が出現してくるようになったんです。」(宮台真司・速水由紀子『サイファ覚醒せよ！：世界の新解読バイブル』筑摩書房，2000年，pp. 11-12)

　平和で豊かな社会が，他人との交流を不要にすることで，「脱社会的存在」を生み出す。社会が発展することで，かえって「社会の底が抜けて」しまう——。

　この型の論法は，実際，社会学ではよく使われます。ウェーバーも使っています。マルクス主義がさかんな時代は「弁証法的〜」とも呼ばれていました。

■『反社会学講座』の分析

　ところが，マッツァリーノさんはこうした社会学風の分析をさらにひっくり返していきます。

　まず図4のグラフですが，これは犯罪率のデータの一部を切り取ったものだと種明かしします。平成になる前の，1980年代までふくめてみると，図5のようになるのです。

　これを見るかぎり，平成になって少年の凶悪犯罪が増えたとはいえません。たしかに10年前よりは増えていますが，昭和30年代後半と比べると，4分の1程度です。長期的には，少年少女たちは凶悪ではなくなっているのです。

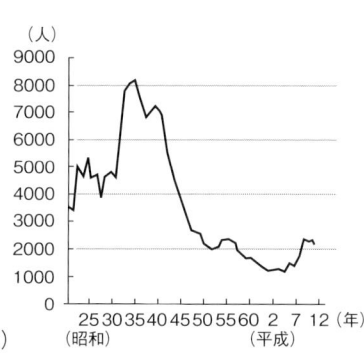

図5　戦後の少年凶悪犯罪（検挙人数）の推移

（出典）　パオロ・マッツァリーノ『反社会学講座』ちくま文庫，2007年，p. 32。

「「水と安全はタダだった時代は終わった」なんてわかったふうな事をおっしゃるみなさんは，昔の凶悪犯罪の多さをご存じないのです。……こんな子供だましのトリックを使って，マスコミは，いまの少年たちが凶悪であるかのように匂わせ，大衆をダマしていたのです。」（パオロ・マッツァリーノ，前掲書，pp. 31-32）

こうした形で『反社会学講座』は，常識をひっくり返した議論をさらにひっくり返していきます。「「「平和で安全な日本」は正しい」は正しくない」は正しくない，のです。

「他の学問では「こじつけ」と非難される論説も，社会学では「社会学的想像力に富んでいる」と称揚されます。……社会に問題がないと，社会学は存在価値を失います。ですから社会学者は自分で問題を捏造し，それを分析，処方箋まで書いてしまうのです」（同上，p. 15, 18）

マッツァリーノさん自身は明確には述べていませんが，ここから導かれる結論は，「平和で安全な日本」は正しい，でしょう。

第2節でいえば，これは常識をうまく手放すやり方の，αの途です。『反社会学講座』の冒頭に「注意」として，「結果的に本書は，非常に優れた社会学の入門書になっている可能性があります」（同上，p. 20）とあるのも，なるほど，と思わされます。

■世代別・年齢別の殺人の動向

今でも，少年に限らず，犯罪の動向を題材にした現代社会論はみられます。2008年の秋葉原連続殺傷事件のときも，社会学的な分析を並べた本が出版されました（大澤真幸編『アキハバラ発』岩波書店，2008年など）。時間的には少し前後しますが，2003年以降の知見もふくめて，実際はどうなっているのか，概観しておきましょう。

まず，少年は凶悪化したかについては，じつは2000年に重要な研究が発表されています。長谷川寿一・長谷川眞理子さんの「戦後日本の殺人の動向」（『科学』2000年7月号）です。ご存じの方も多いでしょうが，長谷川寿一さんはこの東京大学教養学部の前の学部長です。ですから敬称をどうするか，少しややこしいのですが，学問の話なの

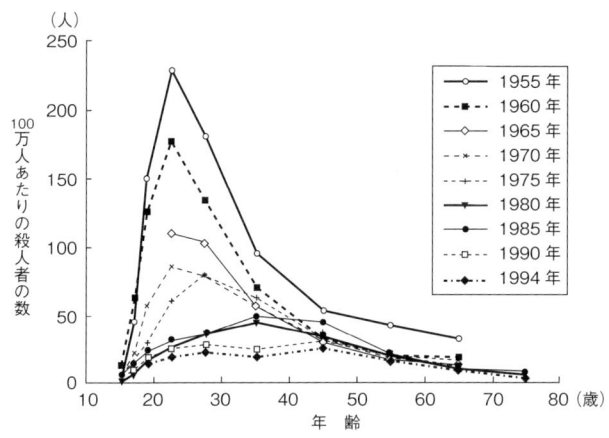

図6　戦後日本の殺人の動向
（出典）　長谷川寿一・長谷川眞理子「戦後日本の殺人動向」『科学』VOL.70 NO.7，岩波書店，2000年，p.564，図4。

で，「さん」で通させていただきます。

　この論文では図5でみたような動向を，年齢別に詳しく分けて，5年ごとに変化を追っています。図6です。

　私は神田神保町の書店でたまたまこの号を目にして，それこそ腰をぬかすほど驚きました。そのときまで私も，少年の凶悪犯罪が増えているように感じていたからです。

　けれども，事実は逆でした！　戦後の少年少女たちは明らかに人を殺さなくなっています。1990年代以降は，むしろ中高年のほうが人を殺すくらいです。フランスやドイツなどでも殺人はだんだん減っているのですが，若い世代のほうが人を殺さないというのは日本の大きな特徴だと，長谷川・長谷川論文では指摘されています。

■「理解しがたさ」と「凶悪化」

　もう一つ，こうした少年犯罪を語るときによく出てくるのが「動機不明」や「不透明」といった形容です。少年の殺人が減っていることが知られるようになった後も，件数は減っているが「理解しがたい殺人」は増えている，といわれていました。

けれども,「理解しがたい」殺人も以前はもっと多かったことも,2000年代前半にはすでにわかっていました。調べていたのは「少年犯罪データベース」(http://kangaeru.s59.xrea.com/) というサイトで,その一部は後に管賀江留郎『戦前の少年犯罪』(築地書館,2007年)として出版されます。昔はこの種の殺人事件が多すぎて,いちいち全国版のニュースにならなかったくらいでした。

さらに,幼い子どもが殺される数も減っています。酒鬼薔薇事件のように,幼い子どもたち,殺される理由がありえないような存在が殺されると,そこに「理解できなさ」や「凶悪さ」が見出され,「社会の底が抜けている」という現代診断も語られるわけですが,少なくとも年齢別の殺人被害者数は厚生労働省の統計からわかります。図7です。

さらに,犯罪の件数や発生率に関しては,統計の数値がどのくらい信頼できるかも注意する必要があります。窃盗などでは,警察が犯罪としてあつかう範囲によって,数値が大きく変化します。

こうした点は,河合幹雄『安全神話崩壊のパラドックス』(岩波書店,2004年)で明らかにされています。たとえば,1975年～1995年の間の刑法犯全体の増加は,自転車の防犯登録が整備されて,自転車泥棒が窃盗としてあつかわれるようになったためだ,と考えられてい

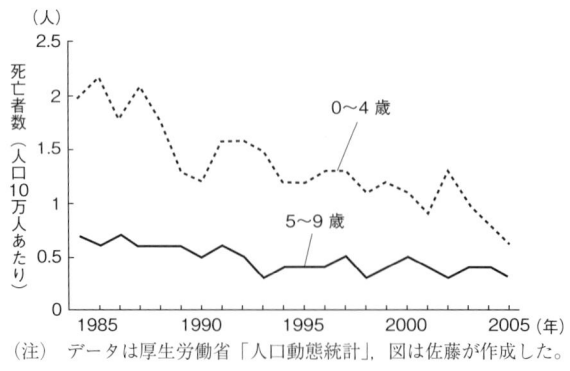

(注) データは厚生労働省「人口動態統計」,図は佐藤が作成した。

図7　年齢層別他殺による死亡者数の推移

ます（同 pp. 31-33）。

　こうした検討が進んだ結果，現在では，少年・成年とも殺人のような凶悪犯罪は減っており，「理解しがたい」事件数も少なくなっている，というのが多くの専門家の見方になっています。

■マスコミと社会学者はダマしたのか

　こうしたデータをみると，まさに「キレやすいのは誰だ！」と叫んで「マスコミの捏造」を批判したくなりますが，じつはこの話にはもう一つ，さらに裏があります。

　先の長谷川・長谷川論文が発表されたのは2000年で，その後，マスメディアでも紹介されました。最初の報道がいつかまではわかりませんが，私自身が自分で確認したものがあります。それは2003年4月4日の朝日新聞，朝刊三面の記事です。「こんな私たち白書」という特集の連載記事で，この日は「日本の若者は殺さない」という見出しをつけて，長谷川・長谷川論文が紹介されました。それもただ引用したのではなく，図6に最新の数値を加えたグラフが追加されていました。

　思い出してください。この報道は2003年4月です。一方，『反社会学講座』の出版は2004年6月，ちくま文庫で再刊されるのは2007年で，このときに「三年目の補講」が追加されています。つまり，マッツァリーノさんが「マスコミは……大衆をダマしていたのです」という原稿を書いていたちょうどその頃，マスメディアの代表格である朝日新聞の特集記事で，「日本の若者は殺さない」と報道されていたのです。

　断っておきますが，マッツァリーノさんが述べたことはでたらめではありません。たしかにこの当時，多くのマスメディアや社会学者は「社会の底が抜けている」的な言説を流していました。だが，全てがそうだったわけではありません。

　たとえば，なぜ私が2003年4月4日の記事を克明におぼえているかというと，じつは，このとき，朝日新聞の紙面審議委員をやってい

たからです．2カ月に1回，朝日新聞の本社にいって報道内容を自由に論評するという仕事でしたが，びりびりするようなやりとりになることも少なくなく，気の弱い私は胃に穴があく思いでした．

終わった後は疲れ切り，送迎の車も断って，築地の本社から銀座まで一人でとぼとぼ歩きました．銀座ではデパートに飛び込んで，ストレス解消の衝動買いです．おかげで私の衣裳入れには，Dries Van Noten や Helmut Lang や Donna Karan Men が今もすやすやと眠っています．「衣裳入れのなかの骸骨」ですね（笑笑）。

その中で，文句なしに「良い記事ですね」と言えたものがこれだったのです．その論評も朝日新聞に載りました．ですから，この記事は実質的に2回，紙面に登場しています．

当然ですが，私も社会学者です．有名かどうかはともかく．そして朝日新聞もマスコミです．超有名なマスコミです．でも，マッツァリーノさんの目には入らなかったようです．その1年後，「マスコミは……」「社会学者は……」と書かれた『反社会学講座』は世に出て，話題になりました．

■『反社会学講座』が教えてくれること

常識をひっくり返す，それをさらにひっくり返す──紹介してきた『反社会学講座』をめぐる一連の出来事は，社会を考える上でとても大切なことを教えてくれます．

先入観を否定する際には，別の先入観が入りやすいのです．常識を否定することを通じて，別の常識が入り込みやすい．先入観も常識も一枚岩ではないのです．

たとえば，マスコミは不安をあおりたがるとか，社会学者は問題を自らつくり出すとして，マッツァリーノさんは社会学ヴァージョン1.0を退けました．その背後にはマスコミや社会学についての先入観，いわばもう一つの常識があったのではないでしょうか．

だからこそ，最近の新聞記事を調べずに「マスコミは」「社会学者は」と書いた．社会学者は「都合のいい証拠だけを集める」（パオ

ロ・マッツァリーノ, 前掲書, p. 14) と, 都合のいい証拠だけを集めて結論してしまったのではないか[4]。反社会学を標榜するマッツァリーノさんが, 批判する社会学と同じことをやってしまった。その意味でも, この本は「非常に優れた社会学の入門書になってい」ます。

だからといって, 反社会学は正しくないと決めつけるのは, それこそ正しくないと私は思います。そんなあら探しではなく, 別の角度から考えたほうがいい。

叩くとか批判するみたいな序列づけ(ペッキング・オーダー)を無視すれば,『反社会学講座』と「日本の若者は殺さない」の記事は同じことを述べています。長谷川・長谷川論文も, 少年犯罪データベースも, 河合さんの本もそうです。結局, 酒鬼薔薇事件などをめぐって, 大人たちが過去の自分たちを棚に上げて「凶悪化」や「理解できない殺人」を語るようになった。それに対する揺り戻しというか,「ちょっと待てよ」という反省が2000年前半に起き始めた[5]。

言い換えれば, この時期に, 子どもや少年少女にかかわる先入観や常識の書き換えが始まっていた。その意味では, 朝日新聞の記事も『反社会学講座』も, そして私が「良い記事ですね」と論評したことも, 新しい常識づくりの一環だったのではないでしょうか。

■複合体としての常識

ここからみえてくるのは, 常識や先入観のあり方は, 案外複雑だということです。

たしかに社会というのは常識に支えられて営まれていますが, それはけっして一枚岩ではなく, むしろ複数の常識の複合体みたいなもの

---

[4] こうした常識も強固らしく, たとえば私は2008年に「事件を語る現代」(前出大澤編『アキハバラ発』所収)で「少年犯罪データベース」を紹介して図も引用させてもらいましたが, その少年犯罪データベースドアに「日本の社会学とやらでは統計を見て適当なことを云う」とあったりします (2010年8月10日付)。

[5] ほかにも新書だけでも, 広田照幸『日本人のしつけは衰退したか:「教育する家族」のゆくえ』(講談社現代新書, 1999年) や浜井浩一・芹沢一也『犯罪不安社会:誰もが「不審者」?』(光文社新書, 2006年) などがあります。

になっている。時間とともに変化するし，相矛盾する2つの常識が並存することもある。

　もし常識が一枚岩のようなものであれば，それから抜け出すのはそれほど難しくありません。上から鳥瞰して論評することも，単純にひっくり返すこともできる（もちろん，受け入れられるかどうかはまた別ですが）。けれども，複合体であるならば，常識の裏に別の常識があるとか，常識をひっくり返すという常識もありえます。むしろ，そんな裂け目や緩みや非整合が部分的にあるからこそ，常識は粘り強く私たちの日常を支えているのではないでしょうか。

　そういう意味では，常識をひっくり返す社会学1.0だけではなく，それをさらにひっくり返す反社会学も，常識の外に出られる（＝超越できる）わけではない。最終的には同じ平面にいる（＝内在している）。そこでもっとも痛いふるまいは，常識を一枚岩のようにみなして，自分だけがその外に立っているかのように語ることでしょう。まさに「オレ，最強」ですね（笑）。それは先入観を否定することによって，別の先入観を無反省に受け入れることでもあります。

　言い換えれば，他人がふつうの人ならば自分もふつうの人なのです。ニクラス・ルーマン（Niklas Luhmann；1927-98年）という社会学者は，これを「自己論理（autology）」と呼んでいます。他人にあてはまる議論は原則自分にあてはまる。わかりやすくいえば，外部に立てると思うな，上から目線で語るな，ということです。

■ 常識を手放すことの「うまさ」と苦しさ
　「「「常識は正しい」は正しくない」は正しくない」のもう一つの解，βの途の意義は，そういうところからみえてきます。
　βでは単純なひっくり返しはできません。「「「常識は正しい」は正しくない」は正しくない」から，「常識は正しい」とはいえない。裂け目や緩みや非整合に注意しながら，一つひとつ断片を検討していくしかない。ひっくり返しの華麗さではなく，自分は外に立てるとしてしまわない粘り強さにこそ，うまさの根幹がある。

だからといって，βは最強ではありません。大きな短所もあります。コストが高い。何を考えるにも手間と時間がかかります。

もし常識が一枚岩であるならば，一部を調べれば，全体の様子もかなりつかめます。ところがもし複合体だとしたら，とりあえず一通り歩いてみる必要があります。この断片がほかとどうつながっているのか，二重になっていないか，いちいち調べながら。一様ではない，というのはそういうことです。この本の第7章を担当する内田隆三さんは，空間の曲率によく喩えておられますが，常識という空間の曲率は0ではなく，値が変動するのです。

もっと現代思想っぽくいえば，βではいわゆる存在証明ができません。存在証明というのは，「aでない」と仮定して矛盾を導いて「aである」と証明する論法です。これが何を意味するかはそれ自体，哲学の重要な探究課題の一つですが[6]，簡単にいえば，βでは頭の中だけでわかったことにできる範囲が限られる。自分の手と目で，手間暇かけて調べていかなければならない。

■社会学ヴァージョン1.5の出番

でも，それはむしろ健全ではないかなあと私自身は考えています。払うべき費用は払ったほうがいい。先ほど述べたように，自分だけが特に物事がみえていると信じた瞬間に，厨二病になるのですから。

だから「××2.0」的な手軽さにはやはり注意したほうがよい。そして，ひっくり返しを反復する点，そしてコストがよりかからない点でもαはこちらに近い。いわば社会学のヴァージョン2.0です。

それに対して，βは「1.5」でしょうか。βでは，存在証明ができません。だから，他人の議論を叩くだけでは何も始まらない。具体的な仮説を自分で立てて検証していく作業が欠かせません[7]。

仮説を立てることは，つねにリスクをともないます。何かを積極的

---

[6] 直観主義論理や科学との関係に関しては，野矢茂樹『論理学』（東京大学出版会，1994年），飯田隆編『論理の哲学』（講談社，2005年），M.ダメット『真理という謎』（藤田晋吾訳，勁草書房，1986年）などが参考になります。

に主張すれば、それだけまちがう危険性も増すからです。その点でもやはりコストがかかる。費用対効果は、少なくとも短期的には全然よくありません。だから、社会学ヴァージョン 1.5 (笑)。

けれども、これも常識をうまく手放す立派なやり方です。そして、評論（批評）や現代思想ではない、学術的な社会学の可能性はこちらにあると私は考えています[8]。

「「「常識は正しい」は正しくない」は正しくない」の2つの回答　BOX1.5

α　「「「常識は正しい」は正しくない」は正しくない」=「常識は正しい」
　　　　　　　　　→『反社会学』=社会学ヴァージョン 2.0

β　「「「常識は正しい」は正しくない」は正しくない」≠「常識は正しい」
　　　　　　　　　→社会学ヴァージョン 1.5

■ 「理解できなさ」と「凶悪さ」が共有されるしくみ

言った以上、実際にやってみないとまずいので、犯罪率のデータの話に戻りましょう。結局、少年犯罪の「凶悪さ」や「理解できなさ」が増えているという見方は正しくないのでしょうか。

α の途、いわば社会学 2.0 では、これは端的にまちがいです。それに対して、β のいわば社会学 1.5 の途では、むしろ「半ば正しい」と考えたほうがよさそうです。もちろん、具体的には仮説を立てて検証していくしかありませんが、これもまた何かを語っているのではないか、と考えてみる必要があります。

たとえば、少年の凶悪犯罪は数値の上では減少しています。けれども、その減少がもたらす効果は複数あるのではないでしょうか。

---

[7]　α では、「a でない」という論証は積極的な知識になります（否定除去型の背理法）。β ではそうならないので、他人の議論を叩く有用性が低く、自分から仮説を立てることをよりせまられます。

[8]　もちろん、安易に社会を語らない literary criticism は、学術としてちゃんと存在しています。

具体的にいえば、殺人が少なくなればなるほど、起きた殺人は、(a) 大きな不幸や悲劇に感じられます。めったに起きないことが起きたのですから。それゆえ、(b) 常識的には理解しがたくなります。それだけに、(c) 話題性は高まります。つまり、個々の事件では (a) と (b) から「凶悪さ」と「理解できなさ」がより強まり、(c) によってそのイメージが広まっていく。「凶悪さ」と「理解できなさ」が、マスメディアを通じて、多くの人に疑似体験的に共有される。

■相対的剥奪

じつはこれも社会学でよく使われる考え方の応用です。ロバート・K・マートン（Robert King Merton ; 1910-2003 年）という社会学者が、不幸の度合いというのは、現実の水準にではなく、期待した水準と現実の水準の落差に対応すると指摘しています。これを「相対的剥奪（relative deprivation）」といいます[9]。

殺人事件にあてはめると、殺人が稀になることで、人は殺されないという期待水準をみんなが共有するようになります。その中で殺人事件が起きてしまうと、事件の関係者は、殺されたという現実の水準を経験させられます。さらに、その「現実の水準」がマスメディアを通じて疑似的にみんなに共有されます。それによって、激しい相対的な剥奪感をみんながもつことになる。

「凶悪化」や「理解できなさ」の感覚だけでなく、若い世代での「コミュニケーション不全」と呼ばれる事態も、現在では、この相対的剥奪によるのではないかと考えられています。他人との社会的交流がいらなくなったからではなく、コミュニケーションへの期待水準が高まったがゆえに、現実の水準との落差に苦しむ人が増えているのではないか、というわけです。

---

[9] この概念の展開も興味ぶかいです。高坂健次「相対的剥奪論再訪（一）〜（七）」（『関西学院大学紀要』105-114 号）参照。

■傷つけなさの中身

これが実際にどの程度裏付けできるか，別の量的なデータでみてみましょう。まず主要な犯罪の動向は図8のようになっています。

やはり日本は平和で安全な社会になっているようです。暴行が増えているのは，警察が受理することが多くなったためだと思われます。それ以外の凶悪犯罪は減っているか，横ばいです。

次に，他の国と比較すると，図9のようになります。

アメリカ合衆国では，1980年代後半から殺人率が一時増加しています。じつはこの期間に少年の殺人率も増えています。また，イングランドは横ばいか，少しずつ増えています。どうやら，先進国全てで殺人が減っているわけではないようです。ですから，まずは一つ一つの国家社会ごとに考えていくほうがよさそうです。

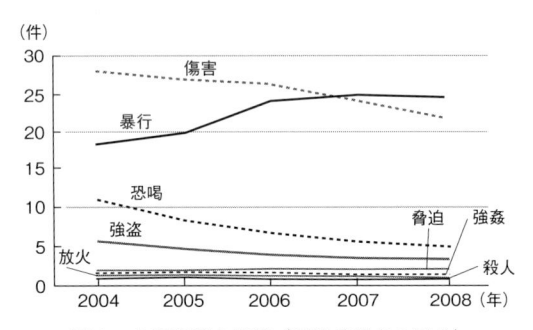

図8　主要犯罪の推移（認知件数/10万人）

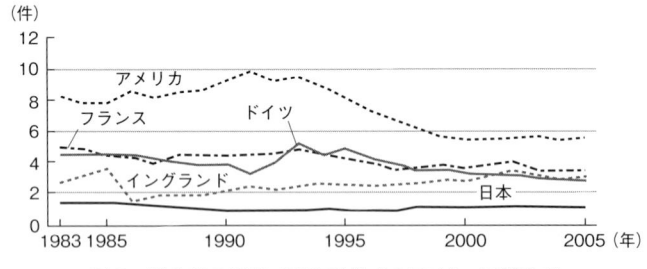

図9　殺人率の推移（認知件数/10万人）：国際比較

（注）　図8・9のデータは法務省『犯罪白書』の平成21年度版などより，図は佐藤が作成した。

日本の場合，関係への繊細さや他人を傷つけたくないという感覚は，他人との衝突を避ける形で出てきそうです。これはNHK放送文化研究所の「日本人の意識」調査で調べられています。この調査では「職場／地域／政治で何か問題が起きたときにどうするか」という質問に，「静観」と「依頼」と「自分で活動する」の3つの選択肢で回答してもらっています[10]。

■平和な社会の表と裏

　その結果をみると，1973年の第1回調査から，職場では「自分で活動」が少しずつ減り，「静観」が少しずつ増えてきています。ここの「活動」の減少と「静観」の増加は，若い世代だけでなく，70歳代以外の世代で広く起きています（図10）。それに対して，地域と政治では時期によって少し増減しますが，ほぼ横ばいです。

　この「静観」の増加と「活動」の減少は，これまであまりよいことではないと考えられてきました。たしかに，少なくとも素直に肯定できるものではありません。いじめやハラスメントの温床にもなりかね

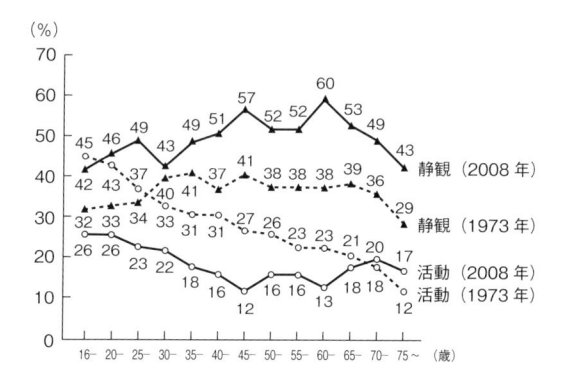

図10　「職場」における結社・闘争性の推移（年層別）
（出典）　NHK放送文化研究所編『現代日本人の意識構造 第7版』日本放送出版協会，2010年，図Ⅲ-8。

---

[10] 詳しくはNHK放送文化研究所編『現代日本人の意識構造 第7版』（日本放送出版協会，2010年）のⅢ章2節をみてください。

ません。

　けれども，その一方で，図10で1940年生まれ以前の世代では高齢でも「活動」の比率があまり減らないのをみると，少し考えさせられます。図6をみると，この世代は少年期や青年期にかなり殺人率が多く，中高年になっても若い世代に比べると高い殺人率を示すからです。少なくとも，人間を大切にするから「活動」的だとはいいにくい[11]。

　これは鏡写しの形で，若い世代にもあてはまります。若い世代が殺さなくなったのも，たんに人を大切にするようになったというより，今でいう「草食化」なのかもしれません。ただ図10をみる限り，だとすれば，若者だけでなく，1940年代生まれ以降で全般的に草食化しているようです。だとすれば，「静観」でも「活動」でも「依頼」でもない形で，いじめやハラスメントを抑止する制度的な手段を考える必要がありそうです。

■他人を殺すことと自分を殺すこと
　枚数もなくなってきたので，最後にもう一つ，数値データをお見せしましょう。図11です。
　本章では前半で自殺率，後半で殺人率（他殺率）の話をしてきました。図11はその2つの数値を同時にみてみたものです。
　この図は本川裕さんの「社会実情データ図録」から引用させてもらいました。このサイトもデータが豊富で，かつ整理されているので，ありがたいです。本川さんは『統計データはおもしろい！』『統計データはためになる！』（ともに技術評論社，前者は2010年，後者は2012年）という本も出しておられます。2002年の数値ですから，ちょうど『反社会学講座』が出版された頃の，2つの関係がわかります。

---

[11] これは集計データで関連性を考えているので，「ロビンソンの生態学的誤謬」の可能性があります。前出佐藤『社会学の方法』第3章参照。集計データで因果関係を検証することはむずかしいですが，考え始める出発点としては，やはり大切な手がかりの一つです。

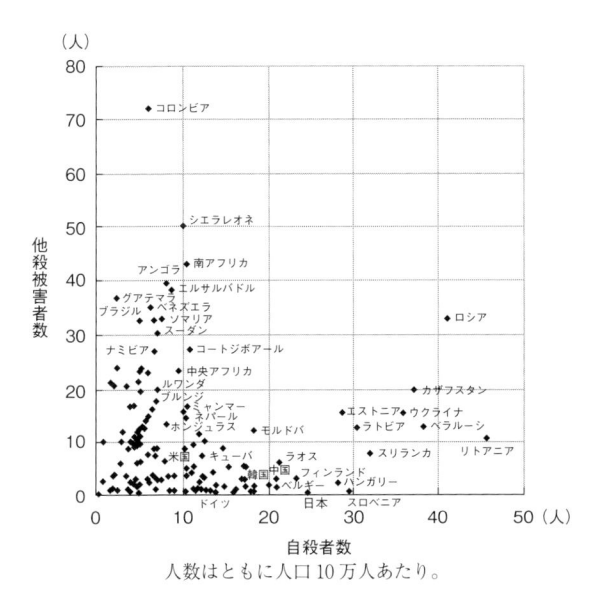

図11　世界各国の自殺率と他殺率の相関（2002年）
（出典）　本川裕「社会実情データ図録」。
http://www2.ttcn.ne.jp/honkawa/2775.html

　まず縦軸の他殺率をみると，日本はとても低い。世界的にみても，人を殺さない社会です。それに対して，横軸の自殺率はけっして低くありません。つまり，日本は他人をほとんど殺さないが，自分はある程度殺す社会なのです。同じような国にフィンランド，ベルギー，ハンガリーなどがありますが，特に日本では1990年代後半に全ての年齢層で自殺率が大きく増え（総数では約1.4倍），その後も2011年まで，50歳代をのぞいて高止まりしています。

　アメリカ合衆国はその反対です。他人はある程度殺すが，自分はあまり殺さない。南米やアフリカには，この傾向をもっと強烈に示す国もあります。

　さらに，もう一つ，はっきりした群があります。ロシア，ウクライナ，バルト三国などの旧ソ連圏です。他殺率も自殺率も高い社会になっています。

　詳しい解釈はもうおまかせします。あなた方自身で考えてみてくだ

さい。感想めいたことを一つ述べれば，図 11 をみたとき，私の頭をよぎったのは「文明度」という言葉でした。文明度を測る基準はいろいろあります。一人当たり GDP（国内総生産）はその一つです。あるいは，そもそも測れないという人もおられるでしょう。

けれども，私には，この図はやはり文明度の一つの指標にみえます[12]。日本はたしかに人を殺さない社会です。その意味では，たしかに平和な社会ですが，それは人間を大切する社会であることとは，残念ながら同じではないようです。2004 年も，そして現在でも[13]。

「キレやすいのは誰か」――その問いかけの声はそんなところまで響いてくるように，私は思います。

[参考文献]
佐藤俊樹『社会学の方法：その歴史と構造』ミネルヴァ書房，2011 年。
佐藤俊樹「事件を語る現代」（大澤真幸編『アキハバラ発：〈00 年代〉への問い』岩波書店，2008 年所収）。

---

[12] これを専門的に研究している人もおられます。たとえば http://tmaita77.blogspot.jp/2011/06/blog-post_26.html など参照。
[13] 各国のその後の動向も，考えさせられます。たとえば韓国の 2010 年の数値は他殺が 2.6 人，自殺が 31.2 人です。この図でいえば，日本以上に日本的な社会になっていったことになります。

2
桜見る人，人見る桜
神は細部に宿るのです

佐藤 俊樹

　前章では犯罪件数のように数値で表されたデータ，すなわち量的なデータの話をしました。この章では，質的なデータを取り上げます。質的なデータとは参与観察やインタビューの結果，あるいは書誌資料や絵画など，文字テクストや画像の形で表現されるデータのことをいいます。「今日は空が暗いから雨がふりそう」みたいな言明も質的データに含まれますが，多くの場合は，見聞きされたそのままではなく，何らかの形で抽象されて固定されることを経て，分析の対象になってきます。

　本章では，『桜が創った「日本」』という私自身の研究を題材にして，疑問にぶつかり，問いを設定し，一応の結論を出すまでのプロセスを紹介していきます。この研究では，「桜」や「日本」という言葉の使われ方や桜の花の描かれ方を調べることで，その奥にある観念のつながりをつかまえて，その変遷を描き出そうとしました。

　日本語圏では昔から，桜の花は特に愛され，語られてきました。それだけに「桜」や「日本」の周りには，分厚い言葉や観念の堆積が何層にも取り囲んでいます。それらをどうやって解きほぐし，分析に乗せていくか。質的データの分析では，そこがもっとも重要で，挑戦的(スリリング)な作業になります。その難しさと面白さを追体験してみてください。

1. 1つの研究ができるまで

■『桜が創った「日本」』

　前の章では，社会学の考え方として「常識をうまく手放す」ことを解説しました。この章ではその応用として，テクストや画像などの質的なデータを使いながら，私自身がどのように物事をとらえ，考えて，1つの研究をつくったかを紹介します。

　その成果は最終的には，『桜が創った「日本」』（岩波新書，2005年）という本にまとめることができました。1つの作品になるまでの試行錯誤をふり返りながら，この辺をこう考えていくと社会学っぽくなる，みたいな話をしていこうと思います。

■まず「常識」を確かめる

　社会学の出発点になるのはふつうの人々の常識だ，と前の章で述べました。では桜をめぐる常識とはどんなものでしょうか。

　現在の日本語圏では，「桜」という言葉で多くの人が思い浮かべるのは，ソメイヨシノ（染井吉野）だと思います。テレビや映画，マンガやアニメの映像表現，小説などでも，あるいは日常的な景観でも，「桜」として，ソメイヨシノっぽい花の咲き方が描かれています。もし桜の花を見て品種がわからない場合には，「ソメイヨシノ」と言っておけば，7〜8割方当たるでしょう。

　そのくらいソメイヨシノは多いのですが，実際に何本あるかは，誰も知りません。多すぎて測れないのです（笑）[1]。大まかな目分量しかいえない。それが先ほどの7〜8割という数値です。桜を研究している人々の多くが，「大体このくらいだろう」と述べています。

---

[1]　ソメイヨシノの実数調査は，大正14（1925）年に東京府で78,530本という室田老樹斎の報告（「震災後に於ける東京府内の桜」『櫻』7号）が最後でしょうか。一本一本数えた大変な偉業です。

■桜並木の光景

　図1の写真は東京を代表する花見の名所の一つ，上野公園で写したものです。ソメイヨシノが並木でずっと咲いていて，その下にシートを敷いて，みんなでわいわいやっています。さらにその間を，花を楽しむ人々がやはりたくさん歩いています。

　上野公園は地形的には武蔵野台地からのびる丘の先端，いわば岬にあたります。この丘つづきは谷中から日暮里，道灌山と，江戸時代からの桜の名所として知られています。図2は道灌山の諏訪神社の境内で，この辺りまで来ると，花の景色も寂かで風情があります。

　次頁の写真（図3）はここ，東京大学駒場Ⅰキャンパスの構内です。このソメイヨシノ並木も美しいですね。駒場は目黒区にありますが，目黒区は東京の中でも特に桜がきれいな場所の一つです。たとえば中目黒の東と西，五反田から池尻までの目黒川の両岸は有名ですから，

図1
上野公園

図2
道灌山　諏訪神社

図3
駒場キャンパス

見に行かれた人も多いでしょう。碑文谷のサレジオ教会近くの並木もいいです。ここはソメイヨシノと，後で述べるオオシマザクラが左右に分かれて咲いています。もちろん，駒場キャンパスもかくれた名所の一つです。

■ソメイヨシノの特徴

　ソメイヨシノの特徴の一つは，花だけが一斉に咲き，花つきも多いことです。だから見映えがよく，絵になる。いわゆる「一面の花色」の景色です。特に東京はソメイヨシノが多く，春になると都市全体に薄桃色の霞がかかったようになります。海外で数年過ごして戻ってくると，よく知る光景なのに思わず言葉を奪われる。そんな美しさがあるそうです。

　もう一つの特徴は，成長が速く根付きがよいことです。稚木から10年ぐらいで花が楽しめる。根付きもよいので，日本列島のさまざまな地域で育ちます。九州の南部から北海道の中部まで，さらに現在では北見地方でも5月にはソメイヨシノの花が見られます。

■絵になる桜

　こうした特徴から，ソメイヨシノの咲く姿は日本を代表する「桜の春」の景観になってきました。たとえば，3月の卒業や旅立ち，あるいは4月の新たな出会いの場面でも，ソメイヨシノが背景に写されたり，描かれたりすることが多い。

テレビの時代劇や，時代物のマンガや小説でも，ソメイヨシノっぽい桜にしばしばお目にかかります。たとえば，今はもう昔の話になりますが，『遠山の金さん』という人気時代劇がありました。江戸の北町奉行，遠山左衛門尉景元（金四郎）が庶民に化けて悪を暴くという筋立てで，最後にお白州で，遠山の金さんがもろ肌ぬぎで，桜吹雪の入れ墨を見せます。その桜は「一面の花色」ぽくて，ソメイヨシノを下敷きにしたようです。最近の作品では，NHKの大河ドラマ『新撰組』でも春の場面にソメイヨシノのような花が映っていました。

2.「常識」と事実のずれ

■ソメイヨシノは新しい桜

　ところが，これ，時代考証としてはまちがいなのです。金さんが町奉行だった頃の江戸や，幕末の京都には，ソメイヨシノは咲いていません。江戸時代には桜好きの人のために，携帯用の桜図鑑も発売されていましたが，そこにも載っていません。

　「ソメイヨシノ」という名前も明治になってからです。正式に命名されたのは明治33（1890）年，藤野寄命（よりなが）（1848-1926年）という人によります。文献資料で確実に確認できるのも明治10年代以降です。

　私たちがよく知る桜の春は「一面の花色」，すなわち樹の上半分を花が覆って，並木に連なると薄桃色の天蓋や隧道のように咲いている姿です。すぐ後で述べるように，この景色は日本人の伝統的な気質や社会心理（社会意識）[2]，国民性などと結びつけられて語られてきました。けれども，実際には百数十年前に出現した，比較的新しいものなのです。その前の人々が見ていた桜の春と，今の私たちが見ている桜の春は，同じものではない。その辺で常識と事実がずれているわけです。

---

[2]　「社会意識」は日本語だけの専門用語です。英語では "social psychology"，独語では今は "Semantik" が近いでしょうか。ここでは「社会心理」で統一します。日本語の「社会心理学」とはちがいます。

■あれっ，と思った

　じつは私も長い間，ソメイヨシノの咲き姿が日本の桜の春だと信じていました。私が生まれ育ったのは広島市で，西日本の都市としてはソメイヨシノが多いところです。原爆によって太田川デルタの旧市街がほぼ焼きつくされた跡に，たくさん植えられました。

　ですから，東京と似た桜の春をずっと見ていた。それもあるのでしょうが，私以外にも多くの人が同じような感覚を語っています。

> 「4月の新学期，4月新年度ということを，日本人はずっとやっていくだろうと思います。
> 　なぜか。桜があるからです。だって，桜って「名状しがたく，すごいもの」じゃないですか。鶴屋南北なんて知らなくったって，多くの人は桜の木の下には死体が埋まっていると感じるし，桜の咲く寸前には彼岸からの死者が訪れて僕たちと交流するわけです。この「すごいもの」に触れて新しい年度が始まる。うまく言えないんだけど，日本人の多くは，たとえ天皇をわすれることはできても，この共通感覚をわすれることはできないんじゃないかな。」（宮台真司・速水由紀子『サイファ覚醒せよ！：世界の新解説バイブル』筑摩書房，2000年，p. 194）

　前章につづいて引きあいに出して申し訳ないのですが，桜の春の常識を簡潔に表現した文章だと思います[3]。社会学者だけではありません。哲学者で，西日本で育った和辻哲郎（1889-1960年）もこう書いています。

> 「日本の人間の感情の昂揚は，しばしばこのような突発的な猛烈さにおいて現れた。それは執拗に持続する感情の強さではなくして，野分のように吹き去る鮮烈さである。……さらにそれは感情の昂揚を非常に尚びながらも執拗に忌むという日本的な気質をつくり出した。桜の花をもってこの気質を象徴するのは深い意味において極めて適切である。それは急激に，あわただしく，華やかに咲きそろうが，しかし執拗に咲き続けるのではなく，同じようにあわただしく，恬淡に散り去るのである」

---

[3] 鶴屋南北はたぶん梶井基次郎のまちがいでしょうが。宮台さんが本当に面白いのは理論研究だと思います。宮台真司『システムの社会理論：宮台真治初期思考集成』（勁草書房，2010年）は必読文献です。

(和辻哲郎『風土：人間学的考察』岩波文庫，1979年，p.164)

　文章の趣きはちがいますが，内容はほぼ同じです。桜の花が一気に咲いて一気に散る，その姿の美しさや儚さが生と死の対照(コントラスト)に重ね合わされて，桜の春の景色が日本人の共通感覚(コモン・センス)に結びつけられる。それが現在の，正確にいえば20世紀以降の日本語圏の常識です。

　1週間あまりで咲き散る一面の花色。慌ただしく咲き出し，華やかに咲き揃い，そして恬淡と散りゆく，それこそが桜の春であり，日本人の国民性であり，社会心理である——そんな桜語りを今もしばしば耳にします。いや私自身が長い間，そう思っていた。少なくとも，そうした語りにまったく違和感をいだきませんでした。

■美味しそうな匂い

　ところが，このような桜の咲き姿はソメイヨシノ以降の，新しいものである。「一面の花色」の景色は明治以降にこの列島に広まった，ということを知ったのです。

　それがいつ頃だったか，正確な年月日はもうおぼえていませんが，職業として社会学者をやり始めた後でした。だから，知ったときにこう思いました。「ん，美味しそうな匂いがするぞ」(笑)。

　前章で述べたように，人々の常識をそのまま事実として受け入れることができない。そんな瞬間に社会学は，ヴァージョン1.0にせよ2.0にせよ1.5にせよ，始まります。「美味しそう」というのはそういう意味です。

　もう少し詳しくいうと，社会学の基本的な考え方として，前章で「常識をうまく手放す」と「社会が社会をつくる」をあげました。桜の春をめぐる常識と事実のずれは，この2つの鍵概念にぴったりあてはまります。

　まず常識的には，「一面の花色」のような桜の春が昔からあって，日本人の気質や感覚を形づくってきた。伝統的な社会心理や国民性と結びつく共通感覚がつちかわれてきた，と考えられてきました。けれ

ども実際には，その景観は100年あまりの，むしろ新しいものだった。そこで常識を手放す必要がでてくるわけです。

　別の角度からみると，桜の咲き姿や季節の感覚などは「自然」の一部だと考えられています。生態系や環境にあたるものですね。これらは，産業技術にかかわる部分をのぞけば，数百年単位で移り変わるはずです[4]。けれども，実際には100年あまりの歴史しかない。

　だとすれば，これらの「自然」は自然というより，むしろ人工の産物ではないか。自然のあり方に影響されて社会心理や国民性がつくられた，と思われてきたが，その「自然」がじつは人工的なものだとすれば，自然が人間の心理を通じて社会のあり方を形づくったのではなく，社会が社会をつくった。そう考えたほうがよさそうだ，ということになります。

3. 自分の手と目で調べる

■ソメイヨシノの人工性

　美味しそうな匂いを嗅いだら，次は味見です。自分自身でさらに調べてみて，本当に美味しいかどうか，確かめていくわけです。当初は方向感がつかめず，長い間休止したり，たまたま読んだ知人の文章に励まされたり，と趣味の延長みたいでしたが，少しずつ進めていくうちに，さらにいくつかのことがわかってきました。

　まず，ソメイヨシノの桜並木は，いろいろな面でかなり人工的なものでした。ソメイヨシノは接ぎ木で殖やされます。接ぎ木とは，すでにある樹の一部を採って，台木に挿して新たな樹をつくる技術です。交配しないので，元の樹の遺伝子や発現機構がそのまま保存されます。

---

[4] 本当は，これもそう簡単にはいえません。たとえばいわゆる「里山」の景観もソメイヨシノと同じくらい新しいものです。それも桜のことを調べていく中で知りました。

遺伝子的には全てのソメイヨシノは複写体(クローン)なのです[5]。

　最近はテレビ番組で紹介されたりして，これもある程度知られるようになりましたが，最初に知ったときは衝撃でした。あそこのソメイヨシノもここのソメイヨシノも，いわば同じ樹なのですから。

　ソメイヨシノ並木が一斉に咲き散るのもこのためです。同じ樹だから，同じ環境の下では同時に咲いて同時に散る。和辻が注目した一気に咲き散る花の潔さや，「一面の花色」の景色は，そんなソメイヨシノの特性を景観づくりに活かした人間の営みによるものなのです。

■ソメイヨシノ以外の桜

　そうなると，今度はソメイヨシノ以外の桜はどんな咲き方をするのか，ソメイヨシノが出現する前の桜の春はどんなものだったのか，俄然気になってきました。

　以下，簡単に紹介しておきます。

　下の写真（図4）はヤマザクラです。主に西日本で見られます。京都などでは「桜といえばヤマザクラ」だと言われています。花とともに小さな赤や緑の葉が出るのが特徴です。

図4
ヤマザクラ

---

[5] 厳密には，たとえば明治期のソメイヨシノが全て同じ遺伝子だったとは言い切れません。この点もふくめ，ソメイヨシノの起源に関しては『桜が創った「日本」』pp. 225-228（第5刷以降）参照。

図5
エドヒガン

図6
オオシマザクラ

　もう一つよく知られた桜に，エドヒガンがあります。本州から九州まで広く分布していますが，長野県など，山がちの少し寒いところで特によく見かけます。また，枝垂れ桜の老木の多くはエドヒガン系です。写真は京都御苑の旧近衛邸の白枝垂です（図5）。

　さらに，東北から北海道にかけてはオオヤマザクラがあります。ソメイヨシノやヤマザクラよりも花の色が赤いので，「紅山桜」とも呼ばれます。

　南関東の海沿い，伊豆半島から東京湾沿岸，房総半島にはオオシマザクラもあります（図6）。東京ではよくソメイヨシノ並木の中で咲いています。ソメイヨシノの薄桃色の花霞の間に，真白い花と緑の大きな葉をつけた桜を見かけたら，それがオオシマザクラです。

　真紅に近い桜もあります。カンヒザクラです。奄美大島以南の，沖縄諸島などに自生する桜ですが，最近は東京でも見かけます。

　これらは自生種ですが，観賞用に人の手で選び出されたり，創り出されたりした桜も多くあります。「里桜」と総称されます。ヤエベニ

図7
イチヨウ

シダレやイチヨウ，カンザンなど，花びらをたくさんつける八重桜の品種が多いですが，コマツオトメのような一重の里桜もあります。上の写真（図7）はイチヨウです。

里桜の中には，黄色い花をつけるウコンや，緑の花が咲くギョイコウなど，少し変わった品種もあります。

■開花の時期と順番

一言で「桜」といっても，このように多くの種類があります。もちろん咲く時期も少しずつちがいます。

たとえば東京周辺だと，エドヒガンは3月下旬に咲きます。「彼岸」の名の通り，お彼岸（春分の日）あたりです。ヤマザクラとオオシマは4月上旬です。里桜は品種が多いので，時期もばらばらですが，ヤエベニシダレやイチヨウ，カンザンなどは4月の中旬から下旬にかけて咲きます。

先ほど桜の春の常識について解説したとき，「1週間あまり」と述べましたが，じつは桜の花を見られるのは1週間ではありません。エドヒガンが咲き始めてイチヨウやカンザンが散るまででも，1カ月近くあります。カンヒザクラはさらに早く咲き始めるので，もっと長く桜の花を見ることができます。

今あげた桜は，全て東京で見ることができますから，興味をもった人は自分で探してみるといいでしょう。ソメイヨシノの花見の喧噪が過ぎた後，ほっこりと咲く八重桜を静かに愛でるのも，なかなかよいものです。

■桜の春は1カ月だった

　ソメイヨシノが広まる以前は，そんなふうに多様な桜を楽しんでいました。たとえば明治44（1911）年の『東京年中行事』で，若月紫蘭（1879-1962年）は「三月末から四月の末にかけて……山の手も下町も満都の桜悉く咲き出でて……都八百八町は本当に花の巷と化し」と書いています（若月紫蘭『東京年中行事　上』平凡社東洋文庫，1968年，p. 217）。

　「三月末から四月の末」，つまり桜の春は1カ月，というのが明治期の常識だったのです。さらに時代を遡ると，平安時代，紫式部の『源氏物語』にはこんな文章が出てきます。

　　「ほかの花は，一重散りて，八重咲く花桜，さかり過ぎて，樺桜は開け，藤は，おくれて色づきなどこそすめるを，その，遅き疾き花の心をよく分きて……」（紫式部『源氏物語（四）』岩波文庫，1966年，pp. 308-309）

　「幻」の巻，亡くなった紫の上を追悼する部分です。「一重桜が咲き散り，さらに八重桜が咲いていく，その早い遅いをよくご存じで」，邸の庭にいろいろな桜を植えておられた，と回想されています。桜は複数の種類が順々に咲くもので，それを知って楽しむのが，平安貴族の教養だったのです。

■危ない落とし穴

　どうです，美味しそうでしょう？「伝統的な桜の春」だと思われていたことはまったく伝統的ではなかった。わずか100年あまりの，かなり人工的な景観だったわけです。

　しかし，さらに調べていくうちに，もう一つわかってきたことがあります。今紹介してきた常識と事実のずれ，たとえば桜には多くの種類があるとか，ソメイヨシノの並木は人工的な景観だという話は，桜好きの人々にはすでによく知られていました。桜好きの間では，これもまた常識だったのです。

調べ始めた当初，私は「日本人は 1 週間あまりのソメイヨシノの春を，伝統的な桜の春だと思いこんでいるが，大きなまちがいで……」みたいな展開を思い描いていました。でも，それはすでにいろいろな人によって語られていたのです。

　この辺のあやうさは，前章で取り上げた「戦後日本の少年少女たちは凶悪でなくなっている」と同じですね。常識をひっくり返す面白い切り口だと思っていたら，ある程度詳しい人々の間では常識だった。自分が気づく程度のことは他人も気づくわけです。

　たとえば「ソメイヨシノは新しい桜で，本当の日本の桜ではない」とか，「ソメイヨシノは百数十年前に出現した桜で，伝統文学の作品で描かれてきたのはヤマザクラだ」といった語りは，国文学の世界でしばしばみられます。桜の表象論というか，知識社会学的な分析もありました。「ソメイヨシノの美しさは明治以降の近代の感性だ」とか，「ぱっと咲いてぱっと散る特性を，華やかに活躍して潔く死ぬという形で軍国主義に利用された。戦前の国家主義イデオロギーと結びついた花だ」といった桜論が語られていました。

■ 桜の社会学 1.0
　たとえば芥川賞作家の赤瀬川原平（尾辻克彦）さんは，次のように書いています。

> 「いや私は桜なら全部好きで，染井吉野のお花見も大好きだけど，しかしあの白い花だけを満開にさせる美しさというのは，やはり西洋好みではないのかと思う。それが広まったのは西洋的趣味への追従もあったのではないか。葉を排除して花だけの満開を崇めるところに，どことなく分析的な，父性的合理主義というか，あるいは一神教的なニュアンスが感じられる。」（赤瀬川原平『仙人の桜，俗人の桜』平凡社，2000 年，p. 19）

　社会学的にいえば，赤瀬川さんはソメイヨシノの近代性を発見したわけです。その上で，彼は伝統的な桜の姿に回帰していきます。奈良県の吉野はヤマザクラの名所として昔から有名ですが，

「一方吉野の山桜の方は赤い葉が混じり，青い葉も混じり，他の木の緑も混じり，これが多神教的というとこじつけかもしれないけれど，清濁あわせ飲むような味わいの深さがあって，そこに母性的な縫い糸の多様さを感じてしまう。……ここの山桜を見ているとその気持ちが代って山桜が復興してくるのを感じる。」（同上，p. 19）

　常識を手放して真実を再発見する。典型的な社会学1.0の語り方ですね。少なくとも2005年までは，これが桜好きの桜語りの標準でした。もちろん今でもしばしばみかけます。桜がらみで，感性(センス)が良くて教養もありそうな文章を書こうとすると，どうもこのパターンにはまりやすいようです。みなさんも気をつけてください。

4. 戦略を組み直す：1.0 と 2.0 と 1.5

■研究の分かれ目

　話を戻しましょう。要するに，ここでもまた，あの常識の複合体にぶつかったわけです。前章の言い方を使えば，「「常識は正しい」は正しくない」もまた常識だった。美味しそうな匂いがするな，大きな鉱脈をみつけたかなと思って調べてみたら，すでに採掘済みでした。

　なんだ，新発見ではなかったのか，ガックリ……となるかどうかが，じつは大きな分かれ目になります。やはり前章で述べたように，常識から超越した視点はもてない，自分が気づく程度のことは他人も気づくのだとすれば，新発見だと思っていたのが発見済みなんて，当たり前です。実際，社会学の研究はその繰返しです。そうでないとむしろおかしい。何か大きな思い違いをやっている危険さえあります。

　本当に重要なのはこの次なのです。ここで打ち切りなのか，それともさらに先に何かありそうなのかを嗅ぎ分ける。その上手下手で，成果が大きくちがってきます。

　私の研究でも，やはりここが分かれ目でした。「なんだ，採掘済みか」と最初は思いました。がっかりしました。けれども，その後も何

か割り切れない，違和感のようなものが残り続けたのです。なので，とりあえず結果は度外視して，それは何なのか，考えてみることにした。違和感をなんとか言葉にしてみようと思った。

　この辺は対象のありがたみでもあります。この頃にはもう，桜についていろいろ知るのがそれだけで楽しくなっていました。だから，自分が第一発見者になるかどうかは，二の次にできました。要するに，はまっていたわけです（笑）。

　質的データは量的データに比べて，データを集める手段も，分析する手段も，整備されていないことが多い。その分，出した結果が「恣意的だ」と批判されることも少なくありません。時間もかかるし，成果も不確実。だからこそ，対象を好きになれるかどうかが，特に大事になります。「自分が面白いと思うものをまずやってみろ」と言われる理由も，そこが大きいのです。

■迷宮をぬけるアリアドネの糸
　違和感を解きほぐす緒になったのは，今からふり返れば，こんな点でした。

　――ソメイヨシノの前には多様な桜があって，1カ月もの間いろいろ見ていた。だとしたら，なぜ日本の伝統的な桜はソメイヨシノではなく，ヤマザクラだといえるのだろうか。多様な桜があったとすれば，なぜその一つだけを本来の桜だといえるのだろうか。

　たしかにソメイヨシノは新しい桜だから，日本の本来の桜だとはいえません。でも，だからといって，別の桜，たとえばヤマザクラがそれにあたるとは限らない。

　次頁の図8を見てください。各種の桜の分布図です。

　見ておわかりのように，ヤマザクラが主に分布するのは西日本と東日本の太平洋沿岸です。つまり，ヤマザクラは日本列島の一部だけで咲く桜なのです。

　社会学者としていえば，桜という主題が本当に面白くなりそうだと実感したのは，この辺からです。鉱脈にたとえれば，有望な鉱脈には

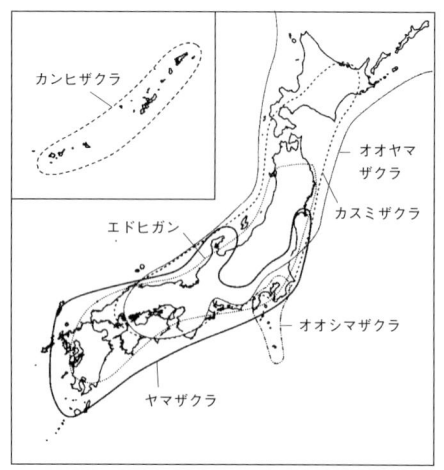

それぞれの地域の線引きは大まかなものである。オオヤマザクラは九州の高い山にも自生する。カンヒザクラは野生化したものという説もある。

図 8 桜の自生種の分布
(出典) 佐藤俊樹『桜が創った「日本」：ソメイヨシノ 起源への旅』岩波新書，2005 年，p. 7。

2種類あります。一つは人がまだ手を付けていない鉱脈，もう一つは人が掘り尽くしたと思い込んでいる鉱脈です。どちらも大きな発見ですが，衝撃度でいえば，むしろ2番目のほうが大きい。

■自省的な社会での社会学

なぜかというと，私たちの社会は，社会学の専門用語を使えば，自省的 (reflexive) な社会だからです。当事者の水準で「この制度や社会はこうなっている」と反省され，その反省にもとづいて制度や社会が営まれている。言い換えれば，常識を手放すことが常識化している社会，すなわち社会学ヴァージョン 1.0 が織り込み済みの社会です。

第 8 章で登場する北田暁大さんの言葉を借りれば，日常的に「メタとベタの往復運動」をやっている。みんながそれなりにメタな視点を取れる，あるいは取ろうとしている。取ることで，自分が人よりも物事が見えていることにしたがる。そんな社会です。

だからこそ，さらにその上を——斜め上をではなく（笑）——行か

ないと，プロフェッショナルとはいいがたい。みんなが常識的にやれる常識返しではなく，そんな常識返しもふくめて，全てをくるりと旋回させられる。そんな考え方や視点が求められるわけです。

現代の社会＝「自省的な社会」　　　　　　　　　　　　　　　　　**BOX2.1**

「常識をうまく手放す」と「社会が社会をつくる」自体も常識化
　→いわば「みんながある程度社会学者」の社会
　→「メタとベタの往復運動」（北田暁大）　＝社会学 1.0 はすでに組み込み済み。
だからこそそのさらに上を行く必要がある。わざわざやるならメタな常識までひっくり返せ！
①人がまだ手をつけていない鉱脈　よりも
②人が掘り尽くされた思っている鉱脈　のほうが狙い目＝よりうまく手放すことができる

鉱脈でいえば，手つかずの鉱脈などまず出会えない，みんな手をつけてある。だからこそ，人が掘り尽くしたと信じている鉱脈が一番有望なのです。衝撃的で，面白くて，データと大きな不一致がないことを見出せる可能性がある。そういう意味でも，現代の社会学では，常識をうまく手放すことが大事になってきます。

■常識は正しい部分もあるし，そうではない部分もある

　前章で述べた，社会学のヴァージョン 1.0 と 2.0 と 1.5 の話もここにかかわってきます。

　自省的な現代社会では，当事者の水準で社会学 1.0 がすでに組み込まれています。社会学者でなくても社会学な考え方がそれなりにできる。だからこそ，それをさらにひっくり返す，いわば「「「常識は正しい」は正しくない」は正しくない」と考える意義と必要性があるわけですが，それには α と β という 2 つの途がある。

αは社会学2.0の途，たとえば『反社会学講座』が取った途です。「「「常識は正しい」は正しくない」は正しくない」は「常識は正しい」とする。それに対して，βは社会学1.5の途，「「「常識は正しい」は正しくない」は正しくない」は必ずしも「常識は正しい」とは同義ではない，とする途です。

■「なんとも陳腐なフレーズだ」
　別の言い方をすれば，社会学1.5は，もっとも正統的な意味で道化なのかもしれません。常識をさらにひっくり返すために，別の常識やより高い真理に訴えるのではなく，ユーモアと話題の面白さと，そして水面下では丹念に調べて知識を集める努力をおこたらず，それらの合わせ技で，適切な距離を稼ぎ出す。それこそが，自省的な現代社会における社会学者の健全な姿なのかもしれません。

　私は『風の谷のナウシカ』のある場面をよく思い出します。トルメキア王国の王城で，ヴ王と道化が会話する場面です（宮崎駿『風の谷のナウシカ』6巻，徳間書店，1993年，p. 103）。世界の終わりを予言し警告する神官たちの詩を聞かされて，王が嘲り笑います。「なんとも陳腐なフレーズだ，耳が腐る」と。これは社会学2.0の台詞ですね。

　道化は笑って返します，「ヒヒヒ，もともと腐っている」。神官たちの言葉も腐っているが，王の耳だって腐っている。ほかの人間たちから超越して何かがわかるわけではないでしょうに，と。

5.「桜の春」は1つではない

■ポイントはどこか
　では，社会学1.5としては，具体的にどんな方向で考えていけばよいでしょうか。
　誤解した人がいるかもしれませんが，βの立場では，「ソメイヨシノの春は桜の春」という常識が正しいとも正しくないとも決まらない

わけではありません。場合によっては，すなわち特定の条件の下では正しいし，別の条件の下では正しくない。場合によっては，あるいは，どの面に着目するかで変わってくる。簡単に一般論へは飛べない，ということです。

そのためには，「桜の春」は1つではないと考えたほうがよさそうだ。それが，私の暫定的に導き出した解でした。

「「「ソメイヨシノの春が桜の春である」ではない」ではない」BOX2.2

二重否定≠肯定の形で考えると「ソメイヨシノの春が桜の春である」ことは正しかったり，正しくなかったりする

ソメイヨシノの春が日本の春であるという常識に対して，それをただひっくり返すと，ソメイヨシノではなく，ヤマザクラの春が本当の日本の春になります。これが社会学1.0で，先の赤瀬川さんの文章はその良い例です。この種の桜語りは今もかなり見かけます。

これを単純にもう一度ひっくり返せば，ソメイヨシノの春が桜の春で本当は正しい，になります。社会学2.0ですね。桜の春はただ1つしかないと考えている限り，1.0か2.0か，どちらかしかありません。本来の桜としてエドヒガンや里桜をもってきても，同じことです。

それに対して，桜の春が複数あるとすれば，ソメイヨシノの春に近い春を見ていた人々もいれば，そうでない人々もいる。さらにこう考えると，ソメイヨシノの普及で何が起こったのかも変わってきます。

ソメイヨシノの普及が忘れさせたのは，ヤマザクラが本来の日本の桜であることではありません。日本列島には桜の春がいろいろある，ということです。ソメイヨシノが複写体として広く普及することで，日本がただ1つの桜の春を共有するという了解が共有されるようになった。「ヤマザクラが日本の本来の桜である」という1.0型の語りも，「ソメイヨシノが日本の本来の桜で正しい」とする2.0型の語りも，この了解を前提条件にしています。その点でいえば，どちらもソメイヨシノの普及以後の見方なのではないか。

そういう形で考えたほうがよさそうだ，と思いついたわけです。

■複数の「桜の美しさ」

となると，次は，これがデータで裏付けられるかどうかをあらためて調べて，検証しなければなりません。前章で述べた通り，社会学1.5 は手間がかかるのです（笑）。

ただ，このくらい方向性がみえてくると，文字テクストや画像を調べる作業はかなり効率的になります。何を探せばいいか，直観的にかなり絞れているからです。この辺も質的データならではの特性ですね。量的データは数値化されているので，広く調べたり，全体像をざっと描いたりする作業はやりやすい。それに対して，質的データは検索や概観に手間がかかりますが，その分，方向性がみえてくると効率はぐんとあがります。

実際，みつけるまでさほど時間はかかりませんでした。明治までは，桜の美しさも1つではなかった。複数の色彩感覚で語られていたのです。「一面の花色」という形容だけでなく，花の紅と葉の緑の対照が美しい，とか，花の白と葉の緑と幹の茶色の組合せが美しい，とかいわれていました。

図9　清水堂不忍ノ池（左）と水神の森真崎（右）

画像でも確認できます。たとえば歌川広重の『名所江戸百景』には，桜の名所がいくつか出てきます。その一つは上野の「清水堂不忍ノ池」で，桜並木が一面の花色として描かれています（図9左）。種類までは描き分けられていませんが，エドヒガンかヤマザクラでしょう。もう一つは上野と並ぶ二大名所だった隅田川岸の「水神の森真崎」で，ここでは八重桜が描かれ，花の紅と葉の緑の対照が強調されています（図9右）。

■花の環巡り：梅から桜へ，桜からツツジへ

こうした複数の美しさは，桜の花が鑑賞される期間が1週間ではなく，1カ月だったことにも深くかかわっています。

明治までの江戸東京でいえば，桜の季節はエドヒガンから始まります。エドヒガンは葉が出る前に，小ぶりの花だけが咲いていきます。第1節でソメイヨシノの特徴として，花だけが咲く点をあげました。これはエドヒガンの特性を引き継いだものですが，この花の咲き方は梅と同じです。梅もエドヒガンも裸の枝に花だけが咲いて，春の到来をつげるのです。

それに続くのがヤマザクラです。ソメイヨシノの出現以降は，ほぼ同時期にソメイヨシノも咲くようになります。ヤマザクラの特徴は花と葉の芽がいっしょに開くことです。エドヒガンより大きめの花の間に，小さな葉が混じる。それがヤマザクラの咲き方です。花の色は白に薄い桃色が混じり，葉は目立たないので，遠目には「一面の花色」＝桜色に見えます。

少し遅れて，オオシマザクラも咲いてきます。オオシマは花も葉も大きいのが特徴で，大きな花の白と葉の緑があざやかな対照をみせます。緑の彩りが桜の美しさに加わってくるのです。

その次はイチヨウ，カンザン，フゲンゾウなどの里桜系の八重桜が絢爛な花を咲かせます。これらは花の紅と葉の緑の組合せになります。またオオシマとの交配でできた八重桜の中には，大きな白い花と明るい緑の葉をつけるものもあります。

八重桜が咲く頃はもう新緑の季節です。若葉の緑がとてもきれいですが，それだけに一面の花色にはなりません。桜の花の色も濃い紅やあざやかな白が目立ち，それに新緑が映える。この花と葉の色彩は，じつは桜につづいて晩春を飾る園芸植物，ツツジの色彩でもあります。
　並べてみるとわかりますが，桜の美しさが複数あっただけではありません。それぞれの種類の桜の美しさは，前後に続く別の植物の花と重なっています。エドヒガンは梅のような咲き方をし，その美しさは梅の彩りに通じる。八重桜はツツジのような咲き方をし，その美しさはツツジの彩りに重なる。梅⇒エドヒガン⇒ヤマザクラ（／ソメイヨシノ）⇒オオシマザクラ⇒八重桜⇒ツツジという順で咲いていく，春の花の環の一部になっているのです。

データからの裏付け　　　　　　　　　　　　　　　　　　**BOX2.3**

【1】大正期より前は複数の色彩感覚

　　桜の美しさは「一面の花色」だけでなく「紅と緑」「白と緑と茶」という意見もある

　　たとえば歌川広重『名所江戸百景』：同じ描き手が複数の色彩感覚をもつ

【2】大正期より前は花の季節も「1カ月」

　　梅→エドヒガン→ヤマザクラ／ソメイヨシノ→オオシマ→八重桜→ツツジという花の環の緩やかな移り変わり

　明治期までの，多様な桜が鑑賞された時代では，ソメイヨシノだけが，あるいはヤマザクラだけが桜ではなかった。それと同じように，桜だけが春の花でもなかったのです。
　裏返せば，桜の春が1週間あまりになった，ソメイヨシノやヤマザクラしか愛でなくなったことの背後には，多くの人が桜だけしか花を見なくなったという，もっと大きな変化があります。「日本人の桜好き」の裏側には，桜の花しか，それもソメイヨシノやヤマザクラしか

見なくなった日本人がいるのです[6]。

　私たちの常識の，さらに基底にあるただ1つの桜の春，日本列島のみんなが共有する同じ桜の春という観念は，こうしてできあがってきたのではないでしょうか。

■表象としての桜

　画像資料を調べていくうちに，さらにもう一つ，興味ぶかいことに気づきました。

　「一面の花色」という色彩は，明治期までの複数の桜の美しさの1つから，次第に，ただ1つの桜の美しさになっていきます。花つきがよく，花の大きさも小さくなく，葉が出る前に花だけを一斉に咲かせるソメイヨシノは，これをもっともよく実現した桜といえます。

　けれども，それは裏返せば，ソメイヨシノの出現以前から，ソメイヨシノが実現した「一面の花色」の理念はずっとあった，ということになります。実際，江戸時代の浮世絵では，そうした桜の描き方にしばしばお目にかかります。

　その意味では，ソメイヨシノ的な景観はいわば桜の美しさのイデアとして，ずっといだかれていたのではないか。もちろん日本語圏の外にも，同じような美のイデアはあるでしょう。ソメイヨシノは短期間で列島を席巻したため，今でも「通俗的」と貶されることが少なくありませんが，そうした通俗性は，むしろこの桜がどれほど見事に，そして効率的に，伝統的な桜の美しさ，あるいは花の美しさのイメージの1つを実現したかを物語るものではないでしょうか。

---

[6] 第2節で紹介した「御衣黄（ギョイコウ）」の名は，中国宋代の芍薬や菊の園芸品種の名前から来ています（王観「揚州芍薬譜」，范成大「范村菊譜」佐藤武敏編訳『中国の花譜』平凡社東洋文庫，1997年，p. 107，p. 135）。現代の感覚では日本的でも桜的でもない名づけ方ですが，旧い里桜には「普賢象（フゲンゾウ）」や「泰山府君（タイザンフクン）」など，異国的（エキゾチック）な名前が残っています。

■ソメイヨシノの制覇

　その結果，何が起きたか。いうまでもなく，日本の桜の7〜8割をただ1つの品種が占めるようになったわけです。ソメイヨシノは戦前の軍国主義と結びついて広まったといわれますが，現存するソメイヨシノの圧倒的多数は，戦後に植えられたものです。

　ソメイヨシノは園芸品種として開発され，接ぎ木で殖やされてきました。そのため，人工性や不自然さがしばしば強調されます。有名な桜守の方が，「クローンだから，芽が最初から老化している」と書いておられたりします。

　けれども，生物としてみた場合，この桜はわずか100年あまりで日本列島全体を覆うことに成功した。これは遺伝子の存続戦略としては，驚くほどの大成功です。むしろ，きわめて勁い桜なのです。

　そして，その成功の鍵が「一面の花色」という従来からの美しさのイデアをうまく実現した点にあったとすれば，この桜は日本語圏の人々の心にうまく取り入った。いわば人間たちの感性や理念に寄生し利用することで大繁殖し，春の姿までつくり変えた。

　そこまで考えると，桜が主体なのか人間が主体なのかもわからなくなってきます。人間は，自分たちが桜を愛して桜を植えているように思っている。けれども，桜からすれば，人間たちに訴えかける咲き方を変異によって出現させたことで，膨大な量の樹を増殖させて，遺伝子をばらまいた。桜の春の景色は，じつは桜が主体となって創り出したのではないか，とさえ思えてきます。

　こうしたとらえ方から「美しさ」や「自然」や「日本」をどう考え直せるかは，——『桜が創った「日本」』を読んでください（笑）。

■桜の春ができるまで

　最後にまとめておきましょう。

　私たちが常識として知る「桜の春」のあり方は，江戸時代の終わりから明治の初め頃に生まれた，ソメイヨシノという新しい桜と深くかかわっています。ソメイヨシノが普及するまで，列島の大部分を1つ

の品種が覆うことはありませんでした。日本を代表する桜というもの自体がなかったのです。また，同じ場所の桜が一斉に咲き散る姿，すなわち「一面の花色」の美しさが，現在のように強烈に現実化されたこともありませんでした。

　これらはソメイヨシノの普及によって，初めて成立したものです。それとともに，桜の春も1カ月から1週間に変わっていきました。今でもあちこちに，さまざまな桜は咲いています。毎春，美しい花をつけてくれます。けれども，桜の春が1週間になるにつれ，ソメイヨシノ以外の桜はかすんでしまい，梅やツツジをゆっくり見ることも少なくなりました。これらがあわさって，桜が特別な花であり，ソメイヨシノの春が日本の伝統的な春の景色であるという常識は形づくられていった，と考えられます[7]。

　ソメイヨシノの美しさは，ソメイヨシノが出現する前から観念されていた美しさの一つを実現したものです。その意味で，半ば自然のものであり，半ば人工のものだといえます。そして，そうしたあり方が現在の桜の春の景色と観念をつくりあげた。その意味で「ソメイヨシノの春が桜の春」という常識は，半ば正しく，半ば正しくない。

　そんなふうにこの常識をうまく手放すことで，桜の春の新たな楽しみ方も開けてくるのではないでしょうか。

[参考文献]
佐藤俊樹『桜が創った「日本」：ソメイヨシノ 起源への旅』岩波新書，2005年。
佐藤俊樹『意味とシステム：ルーマンをめぐる理論社会学的探求』勁草書房，2008年。

---

[7] こうした考え方をさらに進めれば，たとえば「日本語圏」という概念の同一性もゆらいできます。それも重要な可能性の一つですが，この種の基底的な了解の解体は，ほとんどつねに，別の観念の自明化をともないます。その間をどうぬっていくかについては，一般的な指針はたてられないでしょう。前章の第3節，さらに専門的には佐藤俊樹「近代を語る視線と文体」高坂健次・厚東洋輔編『講座社会学1　理論と方法』（東京大学出版会，1998年）をみてください。

【コラム1：桜の色はどんな色？　佐藤俊樹】

「桜の色」であなたはどんな色彩を思いうかべますか？

多くの人は薄い桃色を連想するでしょう。いわゆる「桜色」ですね。平安貴族の「桜襲（さくらがさね）」もこの色が主ですが，これだけが桜らしい彩りだったわけでありません。強烈な白や紅と緑の組合せもその一つで，特に八重桜は紅と緑でイメージされる花でした（第5節参照）。

この色の組合せは今も寺院などでよく見られます。たとえば鳥居の朱と常緑樹の緑。実際，江戸時代初め頃の宮崎安貞（1623-97年）の『農業全書』には「八重さくらは，……洛陽の名木奈良初瀬の花を見れば世塵を忘れ，忽ちに世の外に出でて仙境に遊べる心ちぞし侍る」（宮崎安貞『農業全書』，岩波文庫，1936年，p.302）とあります。あざやかな紅と緑の組合せは，現世の外，いわば神に通じる色彩だったのです。大正期以降は「派手で浄さに欠ける」とされた八重桜ですが，昔の人はむしろそこに神々しさを見出していました。

では，なぜこれが神さまの色だったのか。難しい問いですが，一つの答えは，あえて素朴にいうと，目にじんじん来るからではないでしょうか。赤がまるで波動のように伝わってきて，自分の内部まで共鳴させる（＝心身に入り込んでくる）。そんな感覚でとらえられていたようです。

「朝日に匂ふ桜花」という本居宣長の歌があるように，桜の視覚像はよく「匂い」と表現されます。近代的な感覚観ではこれは喩えですが，昔の日本語圏では「見える（丹秀ふ（にほふ））」と「匂う」はもっと連続していた。視覚と嗅覚はごく近いものだったようです。

感覚というのは主に生理学的なものですが，長い時間幅でみると，そのとらえ方はある程度変化しています。その変化は「何かが伝わる」とはどんな事態なのかの了解の変化でもあります。ですから，それを媒介にして，コミュニケーションの接続体（システム）としての社会のあり方にも関連してきます（佐藤俊樹『意味とシステム』勁草書房，2008年など参照）。

これも（ここまでも）社会学かとなると，意見が分かれるかもしれませんが，少なくとも社会学につながる何かではあります。「伝える／伝わる」ことを現代の常識をうまく手放して考えてみるのは，社会学にとっても重要な主題だからです。第3章や第8章を，そんな角度から読んでみるのも面白いでしょう。

3
「ことば」の不思議
身体性・社会性・空間性・歴史性

佐藤 健二

　前章の佐藤俊樹さんの講義では，桜というのは単なる植物の一品種ではないことが明らかにされました。「一面の花色」といったことばと結びつくことによって私たちに情緒を喚起したりするものになり，そのとき初めて私たちが知っている桜になるということが，よく分かります。桜というのは，そうした「一面の花色」とか「花景色」や「桜前線」ということばを通して，社会的なものになっていくわけです。

　私たちは，「ことば」というものの中に，いつも包まれています。「ことば」は人を包みこむ環境であり，空気でもあるのです。金魚は水の中にいる。そのとき，金魚自身は水の存在に気づいているのか，それともいないのか。金魚にとってそれくらい水が当たり前になっている。同じように，人間にとって「ことば」は当たり前の存在になっていて，自分たちの意識や感情が，ことばの中に浮かんでいるということになかなか気づけないのです。しかし，ことばはじつに不思議な媒体であって，さまざまな社会的な作用を人間の思考や感覚に及ぼすものです。

　この章ではそうした「ことば」の力を，身体性や社会性，空間性，歴史性という4つのフェーズから説き明かしていきます。

1. 無形の可能性に満ちた不思議な道具

■分からなさと向き合う

　ことばというのは，毎日普通に使っている道具であるし，誰もがみんな使いこなしている道具です。しかし，それではその特質や力とかについて，きちんとした説明ができるかというと，どうでしょうか。じつはうまく説明できない不思議な力をもっているのです。いきなり，ことばの「特質は？」「力は？」「その不思議は？」と聞かれても，ピンとこないと思いますので例を挙げてみましょう。

　たとえば留守番電話になると，なぜ話しづらいのでしょうか。

　また，電車の中で急に隣の人に携帯電話で話し始められると，なぜ何となく居心地が悪くなるのか。あるいは国際中継を見ていて，相手の反応がほんの1秒にもならないくらいでも，ずれることがなぜ変な感じがするのか。これらは，みなじつはことばがつくり出す空間の問題に深くかかわっています。

　ことばを話すということは，知らない間に身につけてしまった能力であり，文化であって，自由に使うことができることをあまり疑問には思わない。でも，よく分からない部分もあるのです。そもそもことばが一定の相手に通じるということ自体が，よくよく考えてみるとパラドクス含みでどこか不思議です。

　ここでは，ことばを話す，そしてことばが伝わるということ自体に光をあててみて，その不思議な力の中身を考えてみましょう。そのために，以下では，身体性，社会性，空間性，歴史性という4つのフェーズ（位相）ごとに説明をしていきたいと思います。なぜこうした視点が重要か，少しずつ話を積み上げていきたいと思います。

■動物としての人間が最初に獲得した道具

　ことばは，動物としての人間が最初に獲得をした道具だというとこ

ろを出発点にしましょう。よく人間が最初に獲得した道具は，いったい何だったんだろうと議論されます。棒きれだったんだろうか，石だったんだろうか。スタンリー・キューブリックの『2001年宇宙の旅』に，類人猿が手元の骨を道具に使う有名なシーンがありますが，ともかくいろいろな仮説がある。それは，動物と人間を分けるものは何か，ということを問うていることでもあるんですね。火の使用が分かれ目であるとか，道具の使用であるとか，社会の形成ではないかとか，いろいろ考えることができます。私は，ことばの獲得が非常に重要だと考えています。そして，ことばというこの道具をうまく自覚的に使いこなしているかは，進化の歴史の一点においてだけでなく，現在においてもまた，社会という組織を構築していく上で，たいへんに大きな役割を果たしているのではないか，と考えています。

　いや，ハチにもまたアリにも社会があるじゃないか，あるいはサルだって棒を使うじゃないかという反論もあるかもしれません。

　しかし，同じく「社会」のようにみえる集合でも，やはり組織化の度合いが違う。同じく「道具」として使っていても，使い方や活かし方が違う。そこを掘り下げて考えてみましょう。ことばというのは形がない道具です。手にもつ「棒切れ」と違って形はなくてつかめないけれども，しかし他人に意思を伝えたり，人を動かせたりする。そしてこのことばによって，人間は「文化」と呼ばれる，動物たちとは異なるさまざまな達成を生み出すことができた。たとえば文学はことばという道具によってつくり上げられた想像の世界ですし，哲学のような思考も，科学と呼ばれる探求も，ことばなしには不可能だった。そして歴史という記録も，ことばなしにはありえなかったわけです。

2. ことばは「身体」である

　さて私の考察のフェーズ1は，ことばの身体性です。ことばは「身体」であるという話をしたいと思います。アンドレ・ルロワ＝グーラ

ン（André Leroi-Gourhan；1911-86年）に『身ぶりと言葉』（荒木亨訳，新潮社，1973年。ちくま学芸文庫，2012年）という本があります。グーランは自然人類学者で，古生物学者ですけれども，社会というものを生物学が有する身体の基礎から議論をしていて，進化に関してなかなか面白いことを書いています。

■ 2足歩行とことば

　前章で，佐藤俊樹さんが常識を半分疑うということを話されていますが，ここでも同様にちょっと常識のように思われている見方を変えてみましょう。たとえば人間への進化において，漠然と「脳」が非常に重要だったというイメージが強い。人間にとって頭脳の進化は決定的であった。つまり脳がほかの動物に比べてどんどん巨大になり，なぜかは分からないが突然に変異し，高度に機能分化した。それが人間という種の進化の原因であった，そういうとらえ方が，何か常識となっている印象があります。

　しかしグーランは，その「頭脳中心主義」に対して，「身体中心主義」の説明が繰り広げていて，そこが面白い。彼が進化の一番中心に置くのは「2足歩行」なんです。つまり「足」の基礎が確立することであり，「手」による細かで自由な工夫が可能になることであり，結果として「口」が解放される。直立位での2足歩行を持続的に行う，そこに集約されていく身体という装置の進化が，じつはことばの問題と非常に密接につながっている。それがグーランの議論の骨格です。

　どういうことか。2足歩行とは要するにかなり不安定な身体技法なんです。だから，赤ん坊は最初からは歩けない。2本足で歩くということは，バランスをちゃんと自分で認識し，平衡をつくり出すとともに，筋肉による動きをコントロールしつづけなければならない。しかも人間は浮力で水に浮かんでいる魚ではなく，空気の中に放り出された内骨格の脊椎動物です。つまり骨で自立する身体を支え，その構造をつないでいる筋肉で微妙にバランスを調整しながら，自分自身を移動させる。そうした調整ができて初めて，2足歩行が成功するわけで

す。それはたいへん高度な自分の状態の検知と調整の産物です。それぞれの部分の筋肉への情報伝達であるとか協働であるとか，バランスを感じるセンサーとか，いろいろなものを神経系でつなぎ合せて，2足歩行の回路を発展させてきた。そうした身ぶりの誕生のほうが先行していて，その身ぶりの継続の中からやがて神経系の中心に位置する脳の機能の発達が出てくる。グーランの進化の説明は，脳の発達に先行する直立歩行の新しい身ぶりの誕生を，大切な変化とみる点で「身体中心主義」なのです。

■手の解放，口の解放

　じつは何年か前になるのですが，私は足を悪くしてしまって，ある時期に松葉づえで歩いていました。すぐに装具を着けて，その状態からは解放されるのですが，松葉づえは大変だなと思ったのは，あれは手を使っての4足歩行なんです。手がふさがっている状態だから，授業に行くときに配布資料をどこでもつか。これは結構たいへんです。口にくわえるかという感じになってしまいました。結局，最後はバッグを利用して背中に背負うことにしましたけれども，そのときに，ああ2足歩行というのは手の自由を生み出したのだと思いました。つまり手が解放されることにおいて，口で物をくわえなくてもよくなった。もちろん，バックの作成も，きちんとそこに詰めることも，手の動きなしには難しいわけです。

　ともあれ直立の歩行という身ぶりは手の解放，口の解放という，重なり合う可能性のプロセスを生み出した。グーランの図（図1）を見ると「指」がどうモノをつかむ装置として自由なものになっていったかが分かります。ライオンの場合には指がそれぞれ独立に動くようにはなっていない。それがサルの段階になり，人間の段階になってくると，一つひとつの指が独立に動く。ただし，独立した指を使ってきちんとモノをつかみ，自在にあやつるためには，指示を持続的に出し，現状をフィードバックしつづけなければいけない。独立に動く自由ということは，逆にいうとそれをちゃんとコントロールをしていかなけ

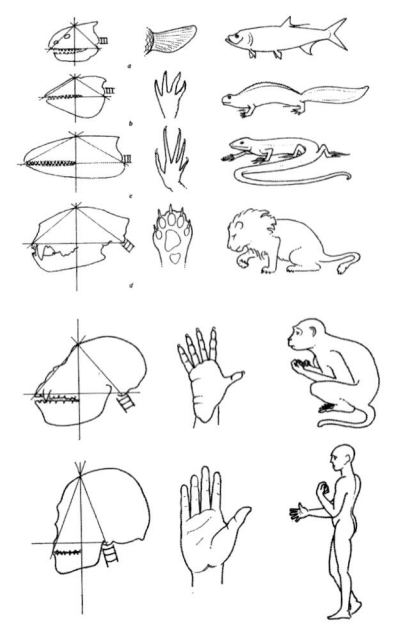

図1　脳と手と身体構成

（出典）　A. ルロワ＝グーラン，荒木亨訳『身ぶりと言葉』新潮社，1973年，p. 49。

ればいけないということで、だから不安定さと可能性としての自由というのは、じつは隣り合っているのですね。

■声は身体を楽器とする音楽である

　声も、身体技法として考えると、いろいろな筋肉の動きを協調させることで、長く持続的に話すことができている。じつは2足歩行の持続と同じ、複雑な調整の産物なのですね。つまり人間の「声」としてのことばは、「手」の動きと同じように微妙な筋肉の動きが生み出した、じつに多様な鳴き声だった。平たくいうと、ことばとしての声は音楽である。身体を楽器にした、曲の演奏なのです。食道が直立歩行によって伸びて、そこに声帯というリードがついた、笛のような構造をみんな身体の中に有しています。それを使って、呼気を筋肉で微妙にコントロールして声を出す。だから身体は楽器で、ことばつまり声

は音楽の演奏です。また作曲でもあるんです。ほかの動物には真似できないくらい微妙な差異に満ち，複雑で精巧な音楽を，人間の身体は作曲し演奏することができる，これは非常に大きな進化でした。

　動物たちにも，「さえずる」とか，「鳴く」とか，「吠える」とか，「いななく」とか，さまざまな特徴的な音を口から出すけれども，声といわれる複雑な音節構造をもって，そしてしかもかなり長い，文法のような構造を有する発声の継続は難しくて無理でしょう。しかし人間は息をコントロールして，複雑なリズムや音程の音の連なりを発声できると同時に聞き分けることもできる。声としてのことばは，そういう身体装置の構成と身体技法の訓練をもって，初めて可能になっているわけです。ミシェル・フーコー（Michel Foucault ; 1926-84 年）が「言表 énoncé」ととらえた特質ある発話行為への注目も，この局面に光をあてたものでしょう。

　「鳴き声」という，この表現も奇妙ですよね。「声」がすでに入っている。つまり，人間の言語である声のとらえ方を前提に，その上でほかの動物たちの発する信号を全体的に指し示そうとしている。しかし「鳴き声」は，声が成立をした後にその機能を投射してつくった表現だから，何か後知恵ですよね。これは論文を書いていて困ったんですよ。人間はほかの脊椎動物たちの「〇」とは違う，固有の「声」を発達させた，と書きたかったのですが，この「〇」を埋めるにふさわしいことばがないんです。

　比較的近いのが古語の「音」ですね。「音」と書いて「ネ」と読む。虫の音とか，そういうものを指すので，音(ネ)は声とは違う。だけど論文では，振り仮名を振っておかなければ誰もネと読んでくれません。それから「音」という日本語の古語に，たとえばオオカミの遠吠えだとかそういうものが入っていたかというと，たぶん含まれていなかったのではないかと思います。だからほかの脊椎動物の口から発せられる全てを指し示すわけでもない。

　そこからいえるのは，ことばというのはじつは不完全で，つねにぴったりとあてはまる在庫が用意されているわけではない。足りないも

のもあります。考えられていないことは，それを表す適切な表現をもたない。先ほどの困難にしても，人間以外の脊椎動物を全部ひっくるめて論ずる必要がなかったから，新語としても生み出されなかったんでしょうね。

■ことばはもう一つの手である

　ともかく声は身体が奏でる音楽である。そのことを確認して，最初の話題である，道具に戻りましょう。普通，私たちは道具として何らかの物体・物質を考える。たとえば「石斧」は道具である。それは何か1つで完結しているかのようにみえる。「金づち」を貸してと言われて，自分でもっていれば，間違えずに貸すことができる。モノとしての道具は，それ自体が完結した用途というか機能というか，役立ち方をもっているように感じられる。だけど声には，そもそも形がない。石斧とどこが根本的に違うのかというと，声は「物体」ではなくて「現象」なんですね。身体の振動現象です。この現象をもとに，人間という動物は言語というたいへん根源的な道具を，まさしく身体の上につくり上げてきた。

　物体としての道具は，自分の外側にある環境を切り取って，何かの役に立てるという形でつくられているわけです。たとえばサルが，棒をもってきてバナナを落とすとき，その棒は環境の切れ端です。自分たちの「外界」に存在する物体であるわけです。それに対して，声という道具は，身体という「自分」に内在している。自分を振動させるという現象によって生み出した道具が言語であり，声なのです。

　ことばは身体であるとは，ことばの基礎がまず身体現象であることを言い表しています。その身体現象である声は，人間が社会を構成したり，文化を形成したりするための根本となる技術である。

　それは，もう一つの「手」である，といえます。このもう一つの手は，現実の物をつかむことはできないけれども，形がない概念とかイメージとか，あるいは意味をつかんで，渡すことができる，そういう道具なのです。触れられないもの，見えないものをつかんだり，動か

したり，それからそいつを分けたり組み立てたりすることができる。

しかし，ことばの身体性は，この物体としての身体の原初的な意味だけにはとどまらない。だからほかのフェーズと重ね合わせて考えていく必要があるのです。

3. ことばは「社会」である

フェーズ2に移って，ことばは社会であるという話をしたいと思いますが，それはことばがなぜ他者に通じるのだろうかという問いと深くかかわっています。

意味が他者と共有されているからことばは通じるという説明は，けっして間違いではないのですけれども，いささか不十分な結果論です。よく検討してみると，じつは同語反復，トートロジーで，なぜという疑問の本質に深く切り込むものではありません。もう少し視点を変えて，ことばの力を発生論的に考える必要があります。

■自己と他者の身体の共振

先ほど自分の身体を振動させる，そういう現象によって生み出した道具が言語であり，声であると言いました。そのとき，じつはもう一つの身体が振動している。自分の声帯や耳だけでなく，他者の耳も同じように共鳴しているのです。身体性を中心に考えると，声のメカニズムは自己と他者の身体の共振であり，共振する空間の共有なんですね。声という現象の内側で，共振する空間が生み出されている。しかも，それを自分の耳も聞いていて，その現象それ自体をコントロールしている。そこに，ことばが他者に通じるということの一番の基礎があり，ことばの社会性の謎解きのカギがある。つまり意味の共有は，じつは声の振動の他者との共有の後に起こるのです（図2参照）。

最初に声は共鳴の現象として共有される。「はじめにことばありき」という一節が『新約聖書』のヨハネ伝に出てくるけれども，それは身

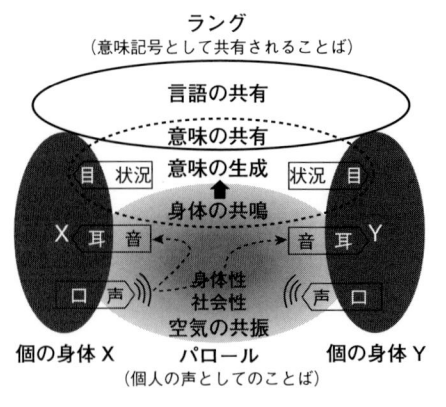

```
                    ラング
           （意味記号として共有されることば）
              ┌─────────────────┐
              │    言語の共有     │
              │ ‥‥意味の共有‥‥ │
         ┌────┤   意味の生成    ├────┐
         │目 状況  ↑       状況 目│
         │      身体の共鳴         │
         │ X  耳  音  ⇄  音  耳  Y │
         │       身体性            │
         │       社会性            │
         │ 口 声  空気の共振  声 口 │
         └────────────────────────┘
         個の身体 X   パロール   個の身体 Y
              （個人の声としてのことば）

         図2  声による言語の形成の模式図
```

体の共振であり，空間の共有であり，その中で意味が調整をされていく場の共有としてのことばの本源性を指し示しているのですね。いろいろな状況が重ね合わせられて，そのつど発せられる声もまた状況・環境として作用しつつ，その集団においてある種の安定した意味が立ち上がっていくのです。それまでにおいて蓄積をした経験が指し示され，重ね合わせられる。それが声というか，ことばの本源的なメカニズムなのです。だから，ことばは脳が自由に発行することができる銀行券すなわち紙幣のようなものではない。脳がこういう値打ちや意味を込めて流通させるぞ，と宣言することで，そのまま世の中に生み出されるものではない。むしろ，交流の中から自然に形づくられ，貨幣として機能するようになったような歴史を背負っているのです。それゆえ，状況の共有の中で意味が共有可能なものとして析出してくるというメカニズムを考えたほうが，声の身体性と言語の社会性をつなげることができるんですね。

■声を受容する「耳」

　少し寄り道をしますね。聴覚というのは，生物の進化の歴史のどのあたりから発展してきたか。グーランの本を読むと，脊椎動物の固有の意味での「聴覚」は大体，魚の段階から発展してきたらしいのです。

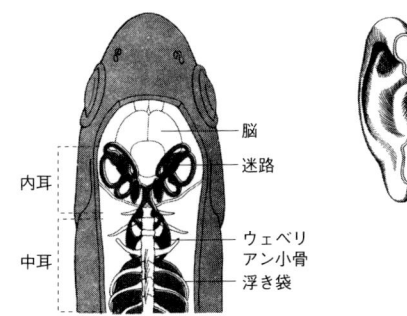

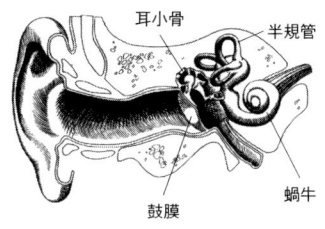

図3 魚の耳と人間の耳
(出典) タイム社ライフ編集部『音と聴覚の話』タイムライフインターナショナル，1969年，p. 100, 61。

　人間の身体が空気を媒介してその音を感じているのと同じように，魚は水という媒質をとらえながら身体で音を感じているのでしょうね。底のほうをはっているメクラウナギとかカブトウオとかが，原型的な聴覚器官をもっているらしいのですが，あまり微妙な水の動きを音として聞き分けているわけではなさそうです。少し進化してくると魚に浮袋が出てきて，水中を泳ぐようになってくる。この浮袋は，身体で感じた振動に共鳴して増幅する役目を果たして，接続する平衡器官でもある内耳にその刺激が伝わる。これは耳の基本的なシステムと同じなのです。魚で基本的に生まれたそれが，より音を伝える能力の低い空気の中でも機能するように鋭敏になって，人間の聴覚につながっていく（図3）。

■ことばが社会をつくり，そして個人をつくる

　そこから考えると，人間は空気の中に浮かんで，その底のほうを歩いている魚であるとイメージすることができるのはないでしょうか。空気の海の中を2本足で歩いている。この空気の振動は，先ほど説明した声の身体的なメカニズムを通して，空間の共有，そして意味の共有を生み出している。意味を他者と共有することで，社会と呼べるような関係のあり方が出てくる。共有があればこそ，そこからの固有のズレを自覚する「個人」が出てくる。近代社会思想が価値をおいた

「自己」とか「自我」もまた，じつは言語に深く媒介されながら出てくるわけです。

　つまりことばすなわち言語は，情報を伝えて社会の共同性をつくるだけじゃなくて，自分たちの内面とか，個人の思考だとか，そういうものをつくる道具でもあったのです。だからことばは社会をつくると同時に個人もつくる。ここでいう社会は別なことばでは「公共性」だとか，公共のルールだということができます。一方，個人は「自我」とか「私」の空間だと言い換えることができます。これはもう一度，フェーズ3のことばは「空間」であるという説明のところで振り返ってみたいと思います。

■ ことばはもう一つの脳である

　さて，ここであらためて問うてみましょう。ことばは何のためにあるのか。みんな伝達の道具だ，意思を伝えるためにあるのだと答えて，片付けてしまいたがるんですね。だけど，ことばは伝達の手段であるというだけにはとどまらない。それは思考の手段ともなっている。考えを組み上げる手段でもある。ということは，外側に伝えるだけでなく，自分の内面で思っていることを積み上げる道具でもある。

　このようなことばの二重性は，人間がほかの動物とは違う内面世界を生み出し，社会関係を形成する契機になります。これは，人間の社会や文化にとって，あるいは人間という存在にとって，非常に重要なものであるといえます。そういう意味でいうと，ことばは「もう一つの脳」であるといえるでしょう。

■ 声と文字と活字

　この「もう一つの脳」としての力を，私の専門に近いメディア論の知見を補いながら説明してみます。

　今回の講義の主題であることばは，その表象の形態からもっとも身体的な現象である「声」，手によって外化され定着した「文字」，そして機械的・技術的複製を内包した文字としての「活字」すなわち印刷

文字の3種類に，長いあいだ分けてきました。写植やドット文字のような非活字は，基本的には印刷文字だからまあいいとして，電子の文字やコンピューター画面の文字はどうかという意見がすぐに出るだろうと思いますが，さしあたりは複製の文字ということで，「活字」のメタファーの中に含意させておくことにします。この3つのことばの形態は，いろいろな点でもっている力が違います。

　声は空間で共有される。だから今ここで伝わっている。状況の中で共通の理解とか，感じとかを生み出す上では結構効果的なものです。そこに存在しているみんなを，同一の空間の中に巻き込んでいくから，です。ただし声は消えてしまうんですね。だから，みんなの経験として記憶の中には残っていくけれども，ここで生み出された共通のものは非常に現在的なもので，その場でしか現象していないというもので消えてしまう。

　これに対して文字は，身体的な記憶とは異なる「記録」という水準を生み出します。書かれたものという形で，記憶を外部化し，物質化します。別の言い方でいうと，客観化し，対象化するんだということもできるでしょう。そういう形で，状況＝場に依存した現象としてのことばから，もっと客観化した，外部化したことばに移行する。そしてその意味内容を，空間的・時間的に離れたところにいる別の人と共有したり，検討したりすることができるようになる。ことばの意味を，自分の共振する身体から引き離して検討できるようになる。現象の現場から切り離され，少し距離をもって記録を集めて確かめることや比較することができればこそ，そうしたことばとの新しいかかわりが生み出される。

　その可能性をさらに広い社会性に押し広げたのが，活字という印刷文字です。活字によって，文字で書かれた記録は，正確に機械的に複製される。同じものを多数つくることができますから，書かれた内容の公共化がなされます。みんなが同じ記録を見ることができるわけです。じつはこれはときに「印刷革命」と呼ばれるような，近代社会形成の大きな転換点でもあったのですが，その変容は別の長い物語にな

るので，ここでは複製の特質に触れておくだけにしましょう。

■声の文化と文字の文化：ルリア，オングの研究

　ともかく，声と文字のメディアとしての力が違う。それは伝わり方が違うとか，記憶と記録の存在形態が違うとか，そういう違いだけではないのです。そのメディアを使いこなす人間の思考様式や想像力の様式の違いを生み出すものでもあるんだ，というのがここで考えてみたい論点です。

　A. R. ルリア（Alexander Romanovich Luria；1902-77 年。ソ連の発達心理学者）の 1930 年代の認知心理学的な研究によって，文字を習って，文字で教育を受けた人とそうでない人の思考のスタイルの違いが明らかにされています。彼は，十分ではないが文字の技術をもつ人と，まったく文字が書けない人という 2 つのグループで，思考のスタイルなどに違いがあるかということを調べました。そこで取り上げられているのと同じようなテストを日本語に置き換えてみます。

　ここに「斧」「鋸（のこぎり）」「鑿（のみ）」「丸太」の 4 つのことばがありますが，この中に仲間外れが 1 つだけあります。それは何でしょうか。

　そう，答えは「丸太」です。理由は，ほかのものはみんな道具とか手段なのに丸太は材料だというわけです。だから素材と道具という違いで，丸太が仲間外れだと分かる。そのときに私たちの脳での思考は，どういう作業をしているのかというと，この 4 つのことばが示す概念に，もう一つの水準のことばである「素材」か「道具」かという 2 つの概念を重ね合わせているのです。1 つが仲間外れになるという判断は，2 つのグループのことばが重ね合わせられたところで生まれている「論理ゲーム」なのです（図 4）。

　ところが声の文化の中にいる人たちにとっては，その論理ゲームはあまり意味がないと感じる。そのゲームに積極的には乗ろうとしないのです。たとえば，鋸だけがあったってしょうがない，役に立たない，丸太がなければ仕事ができないじゃないかと答えます。鋸も便利だけど，鑿も加工には必要だし，だからこの 4 つはみんな仲間だというふ

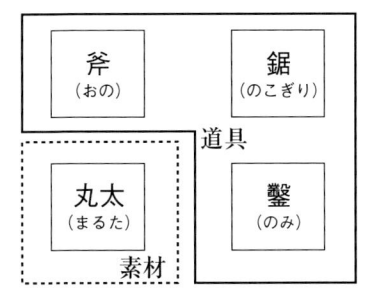

```
┌─────────────────────────┐
│ ┌──────┐   ┌──────┐    │
│ │ 斧   │   │ 鋸   │    │
│ │(おの)│   │(のこぎり)│  │
│ └──────┘   └──────┘    │
│ ┌┈┈┈┈┐ 道具             │
│ ┊┌──────┐  ┌──────┐    │
│ ┊│ 丸太 ┊│  │ 鑿   │    │
│ ┊│(まるた)│  │(のみ)│    │
│ ┊└──────┘  └──────┘    │
│ └┈┈┈┈┘                 │
│     素材                │
└─────────────────────────┘

図4 ルリアの「論理ゲーム」の一例：分類
```

```
三段論法（推論の一つの形式）
① 寒い所にいる熊は白い （大前提）
② 北極は寒い所である （小前提）
③ 北極にいる熊は白い （結論）
```

図5 ルリアの「論理ゲーム」の
　　一例：三段論法

うに答える。

　使っている状況を満たしている意味から考えればそうでしょう。だから，この答え方には一定の合理性があるわけです。それに対して，素材と道具という別なカテゴリー，あるいは別な水準の概念を組み合わせたところに現れる「論理」の合理性もある。その概念のフィルターの下での合理性のゲームに慣れている人にとっては，すぐに丸太が仲間外れだということが分かる。

　この種の合理性のゲームの別の事例を挙げてみましょう。「三段論法」です（図5）。たとえば寒いところにいるクマは白い。北極は寒いところである。という命題を前提に，北極にいるクマはどんな色をしているのか。もちろん，「白い」というのが答えになる。それが「論理的」であると思われています。

　これに対して，声の文化の中にいる人たちからは，どんな答えが返ってきたか。「北極には行ったことがないから分からない。クマもいるかもしれないが，さて白いか黒いか，見たことがないね。」

じつは経験主義にもとづくならば，これはこれで一つの合理的な答えです。一方の「三段論法」のもつ合理性は，①，②の論理的な帰結として③が出てくるという，ことばの内側での前提条件の上下関係や規定関係のルールから引き出されます。文字の文化に慣れている人はそういうゲームの中での分析や，記述されている命題の包含関係を考えるとか，そういういわば「論理」ゲームへの参加が身についているわけです。参加といってもいいし，巻き込まれているといってもいい。だから，北極にいるクマの色がどうなのかは行ってみなければ分からないという答え方のルール破りを選ぼうとしない。

　つまり，文字の技術がわれわれの認識や思考のプロセスに介入することで，声で織りなされていることばの結びつきや状況との関係が解体され，意味や定義の輪郭が再構成される。文字を学ぶという経験によって，あるいは文字の文化と触れることによって，新しい態度が生み出される。ルリアはそうした議論を行っています。

　同じような読み書き能力による変容を，W. J. オング（Walter J. Ong ; 1912-2003 年。アメリカの英語学者，哲学者）も『声の文化と文字の文化』（林正寛・糟谷啓介・桜井直文訳，藤原書店，1991 年）の中で論じています。読み書き能力というのは，ある意味で既存の常識や経験を壊してしまう危険な力でもあるのだといっています。

　声の文化の中では，「金平糖は甘い，甘いは砂糖，砂糖は白い……」とか「きれいなきれいなお姫様」というように，砂糖は白くて甘いものだし，お姫様は必ずきれいなものと決まっている。つまりお互いが既存の常識的なレトリックをある意味でいうと確かめ合いながら，そしてその関係性を疑わずに，その共通理解の基礎の上でコミュニケーションがなされていく。けれども文字で書かれたことばの世界においては，固定的なレトリックの事実関係や，それぞれの文脈での意味のズレや違いを疑い，解体をすることが可能になる。ここでいう「解体」こそが，じつは分析といわれる作業なのです。ここで使われた意味とそこでの表現に含まれている意味は，同じことばを使っていても違うことを指しているなど，意味としての結び目の質の違いを検討し

ていく分析的な態度や，論理のつながりの正しさにこだわるとか，そういう身ぶりが生まれる。それは声の世界になかったある一つの可能性であると同時に，ある種の不安定さであり，そしてある種の自由でもあるんですね。

■活字の公共化が生み出したもの

　活字については，声や文字とは異なる「公共化」や「公共性」を指摘することができるでしょう。印刷技術が社会に何を生み出したかを論じたエリザベス・アイゼンステイン（Elizabeth L. Eisenstein；1923年–。アメリカの歴史家）の『印刷革命』（別宮貞徳監訳，みすず書房，1987年）に，たいへん面白いことが書かれています。

　高校入試レベルでのルネサンスの三大発明というと，火薬と羅針盤と印刷術ですよね。グーテンベルクの印刷術は，ルネサンスという文芸復興の時代を開き，近代科学の基礎を築き上げた。それは印刷術が正しい情報の流通と共有とを生み出し，マス・メディアとして大きな役割を果たしたからだと，そう思われています。それは大筋として間違っていないのですが，しかし正しいよい情報が大量生産されて多くの人々に届けられたというイメージは，じつは危うい。アイゼンステインは，その時代にどういう本が出されて，印刷技術はどのように応用されたかということを丁寧に調べて，意外なことを発見します。

　印刷の黎明期には，さまざまな『聖書』が版にされた。中世の粗雑な編集というか転写や加筆・注釈の勝手なプロセスを経て，いろいろなものが混じった，いわばいいかげんな写本も印刷時代にたくさん複製されます。要するにひどい『聖書』がたくさん出て，みんなの手元に届けられる。そうすると，それらを批判的につき合わせて読み，研究する人たちが出てくる。そういう混乱の中から，書誌学的にオリジナルな聖書，もっとも原型に近いテキストを探るような読み方が出て来たというのです。極端な言い方をすると，多様な形で「間違った」テキスト，上書きされた不完全なテキストがみんなに共有をされたことで，疑問や批判が生み出された。すなわち「正しい」テキストはど

ういうものであったのか、どちらがもともとの形を残しているのかというオリジナル探しの疑問が生まれ、その根拠を追究するための書誌学的な批判の論理も発達することになった。

　つまり、マス・メディアとしての印刷技術の誕生によって、正しい情報が公共的に共有されました、ではなく、さしあたりは写し間違いや間違った考え方まで含めて正確に複製されたということのほうが大事だった。誤りも含めて共通のテキストがみんなに共有された。写本は要するに書き写しですから、一つひとつがユニーク（個性的）であり、どれも互いに違うものになる。けれども、印刷術という複製技術が生み出したのは、間違いまで含めてみんなが同じテキストを共有する環境です。そうした状況こそが、探究や批判の公共性を生み出し、起源の学問的な研究を生み出した。英語の中では出版（publish）と公共（public）という、ことばのつながりもあります。活字はことばの社会的な存在形態において新しい水準を開いたのです。

4. ことばは「空間」である

■ことばと「空間」

　すでにフェーズ3の、ことばがつくり出している空間の主題に入り込んでいるかもしれませんね。ことばの把握における「空間」概念の有効性は、いろいろな形で提示することができるでしょう。

　まず第1に指摘するべきは、すでに述べたような声の空間性でしょう。話し手と聞き手の間の空気の共振ということについては、先ほどふれました。空気が満たしている空間を媒介にして、声という現象が生み出されている。これは、空間というとらえ方そのものの特質にかかわることですけれども、大切なのは「空間」が他者という異質なものを内包し、複数性を内包している点です。空間は複数のものの共存、異質なものの共存によって開かれる場であるということもできるでしょう。じつは、ことばの空間性という論点で、わたくしは他者を巻き

込む力，異質なものとの関係をつくり上げる力を問題にしたいと思っているのです。

　第2に，ことばの意味それ自体の空間性も，見落としてはならない別な水準での特質です。ことばは，単語としてのことばが一つひとつ独立に存在しているのではなく，全体がネットワークのようにつながっている。網のような性格をもっている。つまりことばというのは，ほかのことばとの空間的な関係において，その位置関係において意味をもっている。

　だからこそ，ことばが織りなす空間の中で，人は人間として成長することともいえるでしょう。ことばの海の中で，人はことばを使う能力を得るのです。ことばを使いこなす能力というのは，いわばことばの海という環境の中を泳ぐ能力なのです。だから，人間が母語といわれるようなそれぞれのことばの中に生み落とされて，それを使えるようになることは，じつはそのことばの空間の中で，立ち上がって2足歩行ができる身体を得ることでもあるのです。

■ことばの中の意味がある？

　少しネットワークとしてのことばの性質について，補足説明をしておきたいのですが，私たちは，ことばの中の意味というものを，おにぎりの中の梅干しのように思いがちです。ことばの中に意味が入っている，と。しかしこれは大きな間違いです。

　ことばは，網みたいなものだからです。ほかのことばとの位置関係によって，初めてそこに意味が生まれる。だから意味はその結び目みたいなものなのです。ことばというのは，この網をたどっていくと，また出発点に戻ってきてしまうトートロジーのようなものになっています。

　ですから，議論で相手を怒らせるのは，結構簡単です。それはどういう意味？　それはどういう意味？　という，相手のことばの揚げ足取りをどんどん繰り返していけば，そのうち相手は，いらいらして理解する気があるのかと，面倒くさいを通り越して，怒るに違いない。そ

の会話はけんか別れになって，たぶん人間関係をすごく悪くします。そういうことが簡単にできるぐらい，ことばというのは，どうどう巡りしやすく，すぐに説明できないところに行き着いてしまいがちなのです。国語辞典だってそうです。Aを見よとあるのでAを引くと，Bを見よと書いてあって，Bを引くとCを見よと書いてあって，Cを引くとAを見よと書いてあることって辞書の中でたくさんあるでしょう。あれは別にその辞書をつくった人がいいかげんだからではなくて，ことばの本質に依存している。ある種のネットワーク性みたいなものから免れるわけにはいかないということがあるんですね。そのような意味で，ことばは媒体であり，メディアであり，道具的であると同時に，状況的であり環境的であり，現場的でもあるのです。

■状況の中のことばと空間の分裂

　状況的といったのは，意味のネットワーク性や空間性も，まさしくそのことばが使われている現場とじつは密接にかかわっていて，私は何か抽象的で理念的な話をしているわけではないのです。先ほどのルリアのテストのところで，道具として「斧」が出てきましたが，たとえば斧が役に立つものだと思われる状況は，じつはすでに対象との関係とか，手段のほかの選択肢の可能性とかが，もうすでに関係として埋め込まれているのですね。つまり「斧」で割られる対象との関係を含んでいるからこそ，この道具の効用とか特質を感じることができるし，判断することができるのだと思います。

　割られる対象が，すでにわれわれが生きる状況によって与えられているというのが前提です。たとえば手で割れない堅いもの，薪とかです。『八つ墓村』の殺人事件では，被害者の頭になりますが，そういう何か割られる対象がイメージされている。そういった対象との共在の中で斧ということばの効用が成り立っています。さらに手段の複数性，斧なのか，鋸なのか，鑿なのか，類似のいろいろな道具の想像の配置の中で，斧の位置が決まってくる（図6）。そういう対象や手段の複数性を前提としながら，斧ということばの有効性や適切さが成り

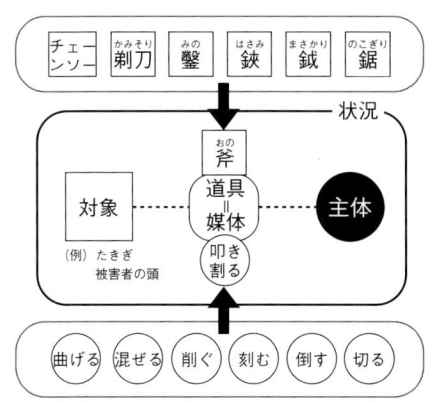

図6 言語の空間性・ネットワーク性

立っている，このことばの集合体のありさまを，ここでは空間ととらえてみたいのですね。

　注意しなければならないのが，こうしたことばの意味が共有されている「意味空間」が，じつは分裂しやすいということです。つまり，基本的にことばは仲間同士が共有している記号であり，共同体的なものであるがゆえに，他方で分裂しやすい。その空間をすでに共有している同士の中では，そうだよね，そうだよねという頷き合いだけでも，十分に通じている。けれども，その共通理解は分裂しやすいし，ばらばらになりやすい。

　だからこそ，ことばの「翻訳」が必要になる時がある。「翻訳」は，いわばネットワークのつくり直しであり，つまり意味の網の目の結び直しなんですね。それは英語と日本語というような国民国家の公用語の間だけではなくて，じつは世代の間でも必要になります。たとえば，「やばい」ということばを，世代の間でずいぶん異なる。今はいい意味で使ったりするけれども，だいたいある世代までは「やばい」は危険なこととか悪いことのほうにしか使いませんでした。こういう変化はたぶん数限りなく例を挙げていくことができる。

　世代という論点が出てきたところで，そろそろことばの歴史性に話を進めましょう。

5. ことばは「歴史」である

■「全然うれしい」？

　ことばは「歴史」であるというのが，本日の講義の最後のフェーズです。そんなにむずかしいことをいいたいわけではありません。われわれがいま現在使っていることばに，あまり意識はしていないのだけれども，忘れられてしまった歴史が刻み込まれている。そのことに，ちょっとみなさんの注意を向けてもらいたいのですね。

　たとえば，「全然」ということばを考えてみましょう。「全然うれしい」という表現があります。最近ではそう話す人が多くなってよく聞くようになったので，あまり変だと思われなくなってきたのですが，最初に聞いたときには，私はちょっと奇妙な感じがして，笑いだしてしまいました。なぜか。多くの人たちがたぶんそう説明するでしょうが，「全然」にはその後につづく否定詞が必要だからです。たとえば「全然うれしくない」のほうが自然ですよね。だから「全然うれしい」という肯定表現は，なんか変じゃないか感じるというわけです。

　ところが日本語の中に，否定表現の肯定表現への変化という例がこれまでもたくさんあったようです。私が読んだエピソードを挙げますと，たしか柳田國男（1875-1962年）のエッセーだったと思いますが，小さな子どもたちが「とてもうれしい」と言ったときに，江戸時代生まれの祖父・祖母たちが可笑しそうに笑い出したという。明治の初めに生まれた柳田もあまり「とてもうれしい」を変なことばだとは思っていない。われわれと同じです。でもよく考えてみると，「とても」という副詞もまた，とても何々でない，というように，否定詞が付かないと安定しなかったのです。その点は，じつは「全然」と同じですよね。

　ことばの使い方も感じ方も，どんどん変わっていくわけです。それは，ことばの感じ方が「世代」や「地方」や同じ「職業」の仲間たち

という共同体の空間の中である種の常識として成り立っているからだということなのでしょう。そしてことばを強調して使うという場面では、しばしば方向を逆転させるというのが簡単で効果的であったという事情もありそうです。「やばい」が、「危険だ」ということから、意外にいいじゃないかとか、あり得ないほどにおいしいとか、ひっくり返った意味になるのも、逆転による強調ですよね。たとえば「素晴らしい」ということばは、江戸時代の意味を載せた古語辞典を引いてみると、「とんでもない」という悪い意味で載っています。それから、「すごい」も、もともとはさみしくて、ぞっとするようなという意味であったものが変わったものです。

■論理と理屈の違い

　もう少し複雑な例も紹介しておきましょう。「論理」と「理屈」ということばの使われ方に刻み込まれている歴史性です。

　「理屈」ということばはもう近世には使われていて、江戸時代に書かれたものの中にも出てきます。もともと中国ですでに熟語として生まれていたらしい。日常生活の中にも入り込んでいく中で、いろいろなニュアンスが付け加わった。だから「屁理屈」とか、「理屈倒れ」とか、「理屈っぽい」とか、いまも日常的な会話で使われている。これに対して「論理」は、じつは明治の初期にロジック（logic）の翻訳語としてつくられたことばで、比較的新しい日本語です。しかも、学術的な用語として哲学の論文やアカデミズムの中で使われただけなので、いうならば無色透明なまま、なかなか普通の会話では使われなかった。だから、あんまり活用形というのかな、新しい合成語を生み出していない。屁のように値打ちがない役に立たない論理は結構ありますけれども「屁論理」とはいいませんし、論理ばかりで追及しようとする人を「論理っぽい」というかというと、いわないでしょう。

　論理と理屈というのは、同じある種の「理」（筋道、ことわり）の組み立て方であるにもかかわらず、理屈のほうにはどちらかというと批判的な、その理屈を振り回す人を批評するような使い方がある。

漢字制限以前には，理屈ということばの「クツ」に洞窟の「窟」の字が使われていることも珍しくありません。そうすると，このクツの音が，ほかにどんな語感を類似のものとして呼び寄せるのかを考えてみたくなりますね。たとえば「偏屈」とか「鬱屈」とか「退屈」とか「窮屈」とかが，頭に浮かびます。もともと「窟」というのは，曲がって穴になったようなところを指す。曲がってゆがんだりしている，あるいは行き止まりになっている。そうたどっていくと，何となく理屈が，理の行き止まりをからかうような批評のことばとして使われていることも理解できるような気がします。

理屈がそういう批評の力を込めて使われてきたのに対して，論理のほうは文章の世界，それから哲学とかそういった学術の世界の中で無色透明に使われていたが故に，あまり活用形を生み出せなかった。意味としてはほぼ同じようなところを指していながら，こうした違いが，じつはことばの中にすでに刻み込まれていることも，使われ方の中から知ることができる。そういう意味で，私はことばというのは歴史でもあると思うわけです。

■世態学 vs 社会学

もちろん，歴史性というのは過去のことばかりではありません。未来のこと，いままで存在しなかった意味を指し示すためにも，ことばは必要です。そして日本語もまた，新しい状況に必要な新しいことばを工夫してきたのです。

たとえば明治の開化の時代に，ソサエティー（society），ソシエテ（societé）という外国語とその背後にある思想を受け入れるために，いろいろな訳語が工夫されました。最初から「社会」と訳されたわけではありません。「社会」ということばに安定する前には，たとえば「会社」という理解も「社中」という表現もあったし，「仲間」とか「社交」とか，「世間」とか，いろいろなことばが工夫された。それはそもそもソサエティーという外国語で表象される関係そのものが，江戸時代までのことばにないものだったからです。そういう新しいこと

ばを2つの文字（漢字）の組合せにおいて，その2つの文字の合力というか，組合せが生み出す空間性において受け止めようとしたのが明治の時期の旺盛な「翻訳」だったと思います。それはことばのもつ受容力でもあり，またそういう新語をつくる努力をさまざまな経験を動員しつつ行ったんだと思うんですね。

　社会学も，東京大学で最初に講義をされたときは「世態学」という名前で，後に美術史で有名になるフェノロサが講義する。「世」の「すがた・ありさま」の学という意味ですが，この世態学ということばの下で社会学の方法が組織され，あるいは大学の講座ができていれば，ひょっとしたら調査の実践や実証的な観察の制度化が早まったかもしれない。そういうことも含めて，ことばは常識としてみんなを縛りながらも，新しいあり方を考えていく方法としては不可欠なものなんですね。

6. ことばは社会学の基礎である

■ことばはもう一つの皮膚である

　最後に，ここまで説明してきた「身体性」「社会性」「空間性」「歴史性」が交叉するポイントに，ことばは皮膚であるという論点を加えておきたいのです。先に，ことばは器用なもう一つの「手」である，考える「脳」であると申し上げましたが，もう一つ，感じる「皮膚」でもある。

　皮膚は外界と自分とを分ける。自分という領地の境界でもある。だけど，「分けている」だけではなく，じつは皮膚は非常に敏感なセンサーになっています。センサーは，いろいろな意味を感じ分けるわけです。

　たとえば，身体に触れる。握手することから，ハダカで抱き合うまで，触れ合うことも多様です。センサーは触れることが担いうるさまざまな意味の可能性の中から，状況にふさわしいものを選択するでし

ょう。「選択」というのはひどく意識的・意図的なことばですので，感じ分けるという意味でとらえてかまいません。抱きしめられることで，癒されたと感じることがあるでしょう。同じく触れることであっても，愛されていると感じる場合と，セクシュアルハラスメントとしか感じられない場合もあるでしょう。そのとき，身体は経験として感じ分けています。

　ことばにもじつはそういう機能がある。だから，ことばによって人は傷ついたりする。あるいは勇気づけられたりもする。それはことばが社会的なというか，空間的なある種の，人間の皮膚以外のもう一つの皮膚として，それを通じて感じることができるからなのです。

　そのように考えてくると，手であるとか，もう一つの手である，それからもう一つの脳であると，もう一つの皮膚であるということまで含めて，ことばはある種の身体性をもっていて，その身体性は私たちがつくり上げてきた社会の原理や社会のとらえ方と密接に結びついているわけです。

■ことばから社会がみえてくる

　やや駆け足の話をまとめますと，ことばはもう一つの「手」として伝えるというだけではなくて，もう一つの「脳」として自分たちの考える手段としてもあり，また，もう一つの「皮膚」として感じる手段でもある。そういった複合的な役割をもつ，あるいは複合的な能力をもつことを，われわれはどれだけ使いこなしているだろうか。それは，たぶん学問をやっていく上でも，人間を理解する上でも，また日常的に生活をする上でも，じつは大切で不可欠なことなんです。

　と同時にことばは，社会学がみようとしてきた社会をことばそのものの中に刻みこみ，写し出している，たいへん面白い存在だと思います。ここではきちんと説明することができませんでしたが，分からないもの，未知のものと向かい合うところでも，ことばは重要な役割を果たします。そして分かりやすさに隠されてしまっているもの，見失って忘れられてしまっているもの，当たり前と思われて問われないこ

とを疑ったり探ったりする，そういうときの道具として，われわれの人間の主体性の一番最初のところにある。であればこそ，ことばを使いこなす能力を育てることは重要だと思うし，そこが学問の基礎であり，社会学の原点だと思う。

　ことばなんて自分はもうしゃべれているし，これまでだってずいぶん使ってきたし，そんなの分かっているよと思うのは，学ぶ態度としてはやや怠惰でしょうね。そうではなくて，ことばを切り口に社会がみえてきたり，自分の考え方がみえてきたり，そういう不思議なものだと私は思います。そこを見つめ直してみるのは，みなさん自身の社会学のとらえ方を新たに生み出すこととけっして無関係ではないと，私は思っています。

[参考文献]
佐藤健二『ケータイ化する日本語：モバイル時代の"感じる""伝える""考える"』大修館書店，2012年。
吉見俊哉・若林幹夫・水越伸『メディアとしての電話』弘文堂，1992年。
浅羽通明『「携帯電話的人間」とは何か："大デフレ時代"の向こうに待つ"ニッポン近未来図"』宝島社，2001年。
岡田朋之・松田美佐編『ケータイ学入門：メディア・コミュニケーションから読み解く現代社会』有斐閣，2002年。
A. ルロワ゠グーラン，荒木亨訳『身ぶりと言葉』ちくま学芸文庫，2012年。
W. J. オング，林正寛・糟谷啓介・桜井直文訳『声の文化と文字の文化』藤原書店，1991年。

4
怪物のうわさ
クダンの誕生

佐藤 健二

　社会学が経験的に積み重ねてきた問題処理の定石に，個人が社会をつくるというパラダイムを離れて，社会が社会をつくるというパラダイムに説明をもち込む方法があります。

　この本のスタイルは，普通の社会学とすこし始まり方が異なるかもしれません。あえて，家族や地域社会から語り出すのと違う説き方を選んだのは，社会が社会をつくるという論点に気づいてもらいたいからです。

　自分はことばをしゃべっていると意識するとき，それはことばを話す人たちが，自分たちはことばをしゃべっているということを，ことばで語ることで対象化しているんです。だから気がついたときには，もうすでにみんなことばの中にいる。それが社会的に共有されているわけです。それは社会が社会をつくることの一例でしょう。ことばは個人の次元にというより，社会の次元に属しているということが，そこで気づかれる。

　本章では，そのような「社会が社会をつくる」という側面から，さらに考えをすすめ，ことばがつくり出している想像力を分析していきます。想像力の産物であるさまざまな観念やイメージを私たちが共有したり，ことばの世界の中にさまざまな意味をつくり出したりしていく営みも，社会学の中心テーマになることを理解してください。

1. クダンという怪物

■お化けもまた社会学の対象である

　本章で扱うのは，お化けとか妖怪とかいわれているものの話です。人間の空想の産物とされている怪物もまた，じつはその社会のもつ歴史的な特質と深くかかわっている。その例として「クダン」という怪物を取り上げてみたいと思います。

　クダンは，戦争の終結や疫病の流行を予言したといわれる，人面獣身の怪物です。変化妖怪の研究者の間ではそれなりに知られていますし，作家の内田百閒が昭和の初年に小説にしたりしています。この怪物を人々が話題にするという事実があるわけで，その話のメカニズムに社会学からどう迫ることができるのか。みなさんと一緒に考えてみましょう。

　社会学では，社会意識論という領域の中で，流言やうわさ話も研究されてきました。この怪物のうわさも，当時は流行として認識されていたはずです。それならば，従来の流言研究が蓄積してきた考え方と，ここで紹介するアプローチが，どこで重なりどこで異なることになるのか。みなさんも考えてみてください。

■クダンの発見：第２次大戦下の日本における流言

　さてクダンについて，まず考察の基礎となる素材は，文献として書き残された記録です。もちろん，今流布している流言の研究なら，その伝え手や伝播流通の現場を押さえなければなりません。しかし，今回のクダンは，もう忘れられかけている歴史上の存在です。だから記録を素材にせざるをえない。しかし，質問紙調査やフィールドワークの現地調査だけが社会学の方法ではありません。テキストを通じても社会は分析しうる。しかも資料の存在形態それ自体が，社会学の目でみると，たいへん多くのことを物語っています。今日の話は，そうい

表1　クダン関係資料一覧表

① 神戸の件（1945年）
「三月中ニ於ケル造言飛語」南博・佐藤健二編『流言』近代庶民生活誌4，三一書房，1985年，p. 227。

② 岩国の件（1943年）
「十二月中ニ於ケル流言蜚語」南博・佐藤健二編，同上，1985年，p. 32。

③「件子」の流言（半田知雄の1943年日記から）
前山隆『移民の日本回帰運動』日本放送出版協会，1982年，pp. 188-9。

④「松浦の島々」（1932年採集資料）
桜田勝徳『未刊採訪記〔Ⅰ〕』名著出版，1981年，p. 342。

⑤「江島平島記」（1932年採集資料）
桜田勝徳，同上，1981年，p. 369。

⑥「件の話」
井口宗平編『西播磨昔話集』全国昔話資料集成8，岩崎美術社，1975年，pp. 273-4。

⑦ 名古屋新聞社「汽車栗毛」の記事（1905年）
宮武外骨『人面類似集』私刊，1931年，p. 59。

⑧ かわらばん「件獣之写真」（1867年）
中山栄之輔編『江戸明治かわらばん選集』柏書房，1974年，図版49。

⑨ かわらばん「大豊作を志らす件と云獣なり」（1836年）
小野秀雄『かわら版物語』雄山閣，1960年，第130図。

⑩ かわらばん「くたべ」
『太陽コレクションかわら・新聞Ⅰ』平凡社，1978年，p. 84。

⑪「流行くだべ」『道聴塗説』第二〇編（1829年春）
三田村鳶魚編『鼠璞十種』中巻，中央公論社，1978年，p. 317。

⑫「どだくという物の絵図はやる」高力種信『猿猴庵日記』（1828年4月）
『日本都市生活史料集成四城下町編（Ⅲ）』学習研究社，1976年，p. 652。

⑬「文政十丁亥冬諸国時行」
宮武外骨『奇態流行史』大正11（1922）年
→『宮武外骨著作集』第四巻，河出書房新社，1985年，p. 397。

う歴史社会学の手法の紹介でもあります。

　この**表1**の中の①に挙げてあるのは，戦時中の憲兵隊資料に現れる1945年の3月26日の検挙事例です。神戸地方では「件」が生まれ，「自分の話を聞いた者はこれを信じて3日以内に小豆飯か，『オハギ』を食えば空襲の被害を免れる」と，松山市のある職工が氏名不詳の通行人の雑談からそれを聞いて，自宅において知人に漏らした。「憲兵

説諭」と書いてありますが，憲兵がお説教して帰したという意味です。まだ戦時中で，流言は治安上の問題でもあったため，軍事警察組織である憲兵隊に取り締まられたわけです。

②も同じく，岩国市のある下駄屋に「件」が生まれて，「来年4，5月頃には戦争が済む」と言ったというものです。どうもこの地域で，家政女学校生徒1人が不義の子を出産したといううわさがあったようですね。旅館業をやっていた63歳の女性が，その風評に憶測を加え流したということで，これは所轄署で罰金を取られています。私が最初にクダンのことを知った資料は，この2つの憲兵隊資料でした。

戦争下での民衆の意識の状態をうかがわせる奇妙な話は，じつはいっぱいあります。たとえば「赤飯とラッキョウを食べると空襲を免れる」だとか，「金魚を拝むと空襲にあわない」とか，あるいは「弾に当たらない」まじないとか，いろいろあります。

クダンについても，それらに似た非合理な話としても扱えるような気もしますが，そう片付けてよいのかどうか。もう少し資料探索の範囲を拡げて，さらに考えてみましょう。

■サンパウロの「件子」

戦時下のうわさ話にクダンが登場した例は，日本の中だけではなかったようです。前山隆さんの『移民の日本回帰運動』（日本放送出版協会，1982年）という本の中にも，クダンの痕跡をみつけることができます。前山さんはブラジル移民社会を研究した人類学者ですけれども，彼は半田知雄というブラジルの日本人会の会長の日記を引用している。その昭和18（1943）年7月のところに，「『件子（くだんご）』の流言がサンパウロ市にもつたわる」とある。その内容はというと，「あるところで人頭獣身の赤子が生まれ，予言してすぐ死んだ。……今年中に戦争はすむ。むろん枢軸側の大勝利である……そしてブラジルには戦後疫病がはやる……ご託宣をおわり，『よって件の如し』と叫んだ」という。「これは大事件があるたびにあらわれるもので，予言は絶対的中，ゆめゆめ疑うべきものにあらず」ということを，実際に見た人の手紙である人

に伝えられ，その人からさらに聞いたということで，相当良識のある人まで信じていると，半田さんは日記に伝聞として書いている。クダンゴという形でここでは出てきますが，予言といい，すぐ死んでしまったことといい，これはクダンの類話に間違いないでしょうね。

■昭和初期におけるクダン

　表1の①〜③は，広くいうと第2次世界大戦下のうわさ話です。一方，④〜⑥は，もう少し早くて，時期的には10年以上さかのぼる。④と⑤の出典は，桜田勝徳（1903-79年）という民俗学者が九州から瀬戸内海にかけて，西日本のほうの採訪したときのフィールドノートです。桜田の旅は昭和7（1932）年ですから，その当時にその地方で見たり聞いたりした事実だと位置づけることができます。そこに出て来るクダンの話は大体，先に述べたのと同じで，人間の顔をしてことばをしゃべる，しかし身体は牛のような動物であって，生まれてすぐ死ぬという内容が共通しています。

　たとえば④には，そのクダンが伝授した方法がどこからともなく流行ってきた，とあります。軒ごとに藁苞(わらづと)をつるしたり，特殊な食べ物をこしらえたりする。この特殊な食べ物をつくるというのは，最初の話で出てきたオハギか小豆飯を食えばという方法とも重なりますし，それを行えば流行病にはかからないという対抗方法を教えるところもつながっているわけですね。

■明治期にも拡がっていたクダンの知識

　ちょっと面白いのは表1の⑥で，『西播磨昔話集』に入っているものです。この本には，われわれが「昔話」ととらえるものよりも少し幅の広い，「世間話」あるいはその地方で語られているかなり新しい話も混じっています。話の内容だけではなく，それを伝えた行商人のような，いささか怪しげな人物のかかわりなどが描写されているところが面白い。

　「人間の頭をした牛の子が100年の間には必ず1頭は生まれるもの

じゃという伝説がある。これは要するに人間と牛との混血児らしいが，生後1週間しか生きていないものであって，その生きているうちに様々な予言をするが，その予言がまた恐ろしいほど的中するのであるから，何事によらず間違いのないことを件の如しといい，昔から証文の末尾には必ずこの語句を付けて，『証書仍而如件』と書いたものである。」この話を記した井口宗平（1885-1971年）は昔話や諺の研究者で，自分の父親の豊吉（1854-1933年）から伝え聞いたものだと考えられています。

「私が未だ青年のころのこと，この件の遺骸だというものを風呂敷に包んで負うて，赤インキで木版刷りにした紙片を配って米や銭を貰い歩いて来た男があった」と書いている。青年の頃にというのが，自分の話なのか父親のことなのかちょっと分かりませんので，あまり確かなことは言えません。息子のほうならば，日露戦争の頃から大正時代頃と考えられますし，父親のほうならば，江戸末から明治の初めでしょう。ともあれ，その紙片には，「件の一言は，彼の女に7年以下の豊作と申し立てにて斃死せり」と記してあって，その上に人面獣身のクダンの絵が描いてあった。井口自身は留守をしていて，この男がもち歩いていた「乾物」の「件」を現実に見ることはできなかったのですが，実際に見た家人によると「猫の子ほどの大きさ」であったとあります。なんだか民放のテレビ番組で，いいかげんなレポーターによる不思議なもの発見のコーナーで紹介されそうな感じですね。よくつくり物の怪物のミイラで，猿と魚をつなぎ合わせた人魚が出てきたりしますけれども，そういうものだったのではないかと思われます。

それから表1の⑦は，1905（明治38）年に，これは名古屋の新聞に載った話として，宮武外骨が引用しているものです。可能ならば宮武の情報源となった新聞を確かめる必要がありますが，このもともとの記事はまだ確認できていません。しかし「件」が剥製になって博物館に陳列されているということが，九州の肥前地方のうわさとして載っています。前の話の「乾物」の「件」を連想しますね。さて「明治38年」が日露戦争の年であるということは，はたして意味があるの

だろうか。ここまでの資料だと1943年も1945年も第2次大戦下で，1932年は満州事変の後とも考えられるし，1905年は日露戦争の直後。何となくクダンは「戦争」と関係があるのだろうか，そんなふうにもみえてきます。しかし，たんなる偶然かもしれません。

■江戸期にさかのぼる

さて今度は**表1**の⑧です。そろそろ，資料がゆるやかに時間をさかのぼる形で，古い時代に向かっていることにお気づきでしょうか。⑧のもともとの形態は，カラー刷でして，いわゆる錦絵なんです。多色刷のかわら版というべきで，美術品というよりは，時事的なネタを扱っています。

ここの中に，「夫この件という獣ハ古よりあるという説有。先にも文政年間に，此獣出る」とあります。この文政年間に出たという話は，じつはこの後に紹介する⑩～⑬の資料に対応するんですが，それは後でまた指摘します。このかわら版の文字を読んでみましょう。昔出たクダンについて，「年中の吉凶を諸人に知らしめ，我姿を家の内に張置ときハ，厄難病難を除くといふて，三日にして死せしといふ。夫ゆへ，皆銘々に其図を求めたりとある老人のはなしなり」と，その言い伝えを紹介した後，そもそも「この件といふ獣ハ牛の腹より産れるなり。形は牛にして面は人間のごとくなるが，頭にハ角をいただき，能くものいふなり。故に文字は人べんに牛という字を出也」とあります。

でもって，今回は出雲の田舎のほうでこの4月に生まれた。そして「当年より諸国稀なる豊作なり。然りといへども孟秋のころに至り，悪しき病流行する事あるべしと吉凶を示し，三日にて落命せるとぞきたる故，右の次第を諸人に伝え志しめんと爰に其の図を顕出すものなり。必銘々に求め玉ひて家の内に張置疫病の難を除き玉へといふ」と書かれています。それにつづく文章は，何か養生論みたいな内容で「夫病ひの根元といふハ皆食物より生るなり。」だからほどほどに食べなきゃいけない。さらに「附て曰　證文またいろいろの書附のおはりに仍而如件と留るハ，全く相違な記ゆへという事なり。そハ

この獣のことばよりいひ出すなりとぞ」という形で,「よって件が如し」の語源論が展開される。

　ちなみに,このかわら版はいつ頃に発行されたかが版面の印から分かります。近世には印刷物に刊記の制度がなく,発行年月日は明記されないのです。しかし「改印」という検閲制度があるために,いつ発行の許可を得たかが名主の検印で分かり,それが結果的に発行年月の推定に使える。それが1867（慶應3）年の4月ですので,最初の戦時中の例から数えると,70年以上も前になります。

　その次の資料もかわら版で天保年間ですから,それよりも30年ほど前で,ここにやはりクダンが出たといっています。「大豊作を志(し)らす件と云(いう)獣なり」というから,大豊作を知らせたことが分かります。

　表1の⑩～⑬はさらに時間をさかのぼって,文政年間です。文政10年前後ですから,1820年代の終わりですね。天保のかわら版からいうと10年ばかり前になります。⑩はこれまでの内容とほとんど同じです。⑪では,「越中国立山に,採薬を生業とする男あり。一日山深く入りて尋ね覓(み)しに,下に図せし如くなる山精顕(やまのせいあらわ)れ出でて,我は年久しく此の山に住めるクダベという者なり」と名乗る。今度はクダンじゃなくてクダベとなっていますが,予言するところは同じです。「今年よりして三五年(さんごねん)の間,名もなきえしれぬ病流行して草根木皮も其の効なく,扁鵲(へんかく),倉公(そうこう)も其の術を失うべし」,扁鵲,倉公というのは薬の神様ですね。「されど我が肖像を図写して,一度これを見ん輩は,必(かならず)其の災難を免るべしと告畢(つげおえ)て,かき消すやうに失(うせ)にけりといふ」。牛から生まれたという記述はありませんが,形は図で見ると人面ながら四足動物ですので,類話でしょう。

　⑫では,「世間に,どだくという物の絵図はやる」と「どだく」となっていますが,これは文字の読み間違いではないかと思います。「くだん」あるいは「くだべ」と崩し字で書いたのを,「どだく」と解してしまった可能性があると思うのですが,それはもとの高力種信（1756-1831年）の『猿猴庵(えんこうあん)日記』の現物を見ていませんので,推測にとどめておきます。つまり,文政の頃に「クダン」と発音がたいへん

近い「クダベ」という怪物が，薬売りの本場である越中立山のあたりに出て，世の中のことを予言したという話が流行していたということが分かります。

さて，このクダン，戦争の線で説明すればうまく説明ができるかという思いつきでは収まらず，じつは江戸期までさかのぼる歴史をもっていた。文政年間に流行っていたとすると，日露戦争からさらに100年ぐらい遠い時代になります。しかも予言内容も「戦争」だけではなく，疫病もあれば豊作もある。むしろ予言をめぐって，あるいは「クダン」という呼び名の理由をめぐって，あるいは姿を書き写せといったというあたりなど，もう少し別なつながりを考えていく必要がありそうです。

クダンの誕生は，どう説明することができるのだろうか。この話がどういうふうに生まれたか。やはりこの話に含まれている要素の分析から始めるべきでしょう。

2. 流言・うわさの研究の展開

■キャントリル『火星からの侵入』

そこに踏み入る前に，これまでの社会学の流言研究の展開を少し振り返ってみたいと思います。なぜ振り返るのか。流言・うわさ話にはある一つの研究手法が常識化しています。その常識にわれわれの研究もかなりとらえられているところがあって，その縛りを解く必要があると思っているからです。

流言の研究は，1940年代にアメリカで進みます。その背後には政治体制下の情報管理とつながる問題関心があった。もう一つ，ラジオという形でのメディアの発達も重要です。ラジオの普及以降，うわさ話が社会的に大きな影響を与える問題ととらえる構造ができるわけです。

有名な研究の一つとしてキャントリル（Hadley Cantril；1906-69年）の『火星からの侵入』があります（*The Invasion from Mars*, 1940；斎藤耕

二・菊池章夫訳，川島書店，1971年）。1938年のハロウィンにオーソン・ウェルズのラジオドラマ「火星からの侵入」が放送されるのですが，これはニュース仕立ての番組だったこともあって，人々にある種のパニックを引き起こします。そこを分析したのが，このキャントリルの研究でした。

■オルポートとポストマン『デマの心理学』

　社会心理学者のオルポート（Gordon Willard Allport；1897-1967年）は40年代ぐらいから流言の問題に取り組んで，そして，40年代の終わりにポストマン（Leo Joseph Postman；1918-2004年）と一緒に『デマの心理学』（*The Psychology of Rumor*, 1947；南博訳，岩波書店，1952年）という古典となる研究をまとめます。

　今日にいたるまで，流言というと一番有名なのは，このオルポートとポストマンの「R〜i×a」という図式です。すなわち流言（Rumor）の大きさというか量は，その話題の重要性（importance）とその話題の語り方のあいまいさ（ambiguity）の積で決まると。一つの要素は，その話題がその社会で重要であるかどうか。もう一つの要素があいまいさで，その語り方の中にさまざまな解釈を生み出すような余白がたくさん含まれているかどうか。その積の大きさによって，流言が活性化するかそうでないかが決まるという定式です。

　これは常識的には何となく説得力がありますが，1970年代になって，ここでいう重要性が結局は事前に確定できないことが分かり，その因果関係の説明における有効性が疑われるようになります。重要だからといって，全てが流言の源となるわけではないからです。むしろ，あいまいさがさまざまな解釈やコミュニケーションの異常増殖を生み出していくか，そこにゲーム論やさまざまな理論枠組みが導入されていくことになるわけです。

　それはさておき，オルポートとポストマンが依拠した実験的な手法は，その後の流言研究に大きな影響を与えています。この実験の基本は，伝言ゲームのような状況をつくり出して，伝えられる内容がどの

図1　オルポートとポストマンの実験に用いられた図版
(出典)　G. W. オルポート＆ L. ポストマン，南博訳『デマの心理学』岩波書店，1952 年，p. 85．

ように変容していくか調べるものでした。具体的には，まず被験者にある絵を見せます。そして，被験者はその絵にもとづいて次の人に，どういうことが起こったかの状況をできるだけ正確に説明してくださいと求められます。その中で，どれだけ情報が変形してしまうかを測定し，分析していきます。

その絵の一例が図1のようなもので，電車の中で，黒人と労働者風の男とが口論をしています。被験者は，さらに次の被験者にこの状況を伝えてほしいといわれ，その次の被験者はさらに次の被験者に状況に伝えるようにいわれます。

この実験の結果，オルポートとポストマンはこの伝言ゲームの中において，ある種の「平均化」が起こる傾向，ある部分が「強調」される傾向，そしてもともともっていた考え方に「同化」しようとする傾向の3つを見出し，伝言ゲームにおいては認知がそうした方向に歪められていくと結論づけます。歪みが生み出される条件を「偏見」という形で論じていった。

一つ例を挙げると，この労働者風の男の手のところにかみそりのようなものをもっているのが分かるでしょうか。実験では，話の変容の中でかみそりが白人の労働者の手から黒人の労働者の手に移ってしまうことが指摘されます。それは黒人に対する偏見などが作用して認知

のほうが変化してしまうことの発見だったわけです。

　いかに伝言ゲームの中で情報が歪み，間違った情報が生み出されてしまうか。その問題意識で流言を操作化したのがオルポートの一つの業績で，その後の流言の研究の主流はそういう歪みの測定を軸にしているといえます。

■流言はデマ？　虚偽？

　ところが流言は，それでは間違った情報と定義されるのか。つまりは虚偽であり，その意味でデマなのだろうか。試しに『広辞苑』を引くと，デマとは根拠のない風説と書いてあります。また，『デジタル大辞源』を引くと，根も葉もないうわさを言いふらすことが流言とあります。流言蜚語についても根拠のないのに言いふらされる無責任なうわさ，デマと書いてある。このようなとらえ方は，オルポートの流言研究法の基本と重なっているといえる。と同時に，新聞などにおける「誤報」というとらえ方とも重なっている。そこでは虚偽の情報，間違い，誤り，そして根拠がなく，事実でない。さらに謀略によって意図的に流される情報としてのデマが，流言のとらえ方の中心になっているように思えます。

　しかしながら，たぶんこれはいささか狭い定義ですね。もう少し自由に考える必要があると私は考えます。たとえば，流言を伝えている人たちも，話している内容は事実でないと知りながら伝えていたりする場合がある。さらに虚偽とはいうものの，じつは事実の断片は入っていることがたいへんに多いわけです。だから虚偽とか事実でないという断定を最初からその定義の中に入れてしまうと，実際にそこで話されている現実とずれてくる。あるいは現実を直接に観察するときの足かせになるんです。

　それから，実験室状況と現実の社会とは異なる。オルポートの研究は確かに優れた実験だったと思うんだけれども，そこには「人はみんな情報を正確に伝えるものだ」というある種の仮定が前提とされてしまっているわけです。実際に，できるだけ正確に再現してくださいと

いう約束のもとで，この伝言ゲームの実験は始まっているわけね。そのルールを破る人はいない。けれども，社会的な状況の中では，できるだけ正確に伝えましょうということが至上のルールではない。受けるためにより面白くしたり，こんなことを知っていると自慢したりとか，いろいろな動機において人は話をしている。

　つまり，オルポートは問題を情報の変容に絞って，それを測定する手法を洗練させ，科学的に流言をとらえようとした。そのことによって流言は，間違った情報がどう生成するかというところに囲い込まれてしまったわけです。しかし現実の流言の流布においては，コミュニケーションがすごく活性化して，いろいろな話題やバリエーションが生み出される異常な増殖現象そのものを流言ととらえなければいけない側面もある。そこでは，話を面白くしたり，つくったりという意図的な変形も入るでしょう。間違った情報という観念が強まれば強まるほど，流言を撲滅するには，正しい情報をみんな伝えさえすればよいという結論のほうになだれ込んでいくことになってしまう。たぶん，これはあまりに倫理的で貧しい結論です。しかも戦争中の流言研究の場合，情報統制が一方にあった。情報を統制する側からすれば，情報をどれだけ適切に伝えていくかという問題関心のもとで考えるわけですから，正しい情報を公開すればいいことはじつは最初から決まっている。

　反対に，情報統制それ自体を批判して，流言に真の民衆の声があると理想化してしまう研究もあります。流言は隠された世論であって，その中には人々の現実に対する本音や正しい判断がある，という解釈です。これもその気分は理解できますが，不十分な把握でしょう。流言の中にこそ真実があるというのは，あまりにもロマン主義的な民衆主義で，流言のダイナミズムをとらえそこなっているように思います。

■『流言蜚語』

　先ほどアメリカでの社会心理学の研究を紹介しましたけれども，日本での研究も早く，清水幾太郎（1907-88年）の『流言蜚語』（日本評

論社）は 1937 年に書かれています。1947 年発行の岩波書店版のほうが一般に流布しているので，これを戦後民主主義と結びついた著作だと勘違いする人も多いのですが，もともと清水の関東大震災の経験に根ざし二・二六事件の流言体験などに裏付けられた著作です。いい本だと思いますし，その社会学に敬意を込めて，じつは私も『流言蜚語』というタイトルの本を書きました（有信堂高文社，1995 年）。清水幾太郎先生が生きていれば，その手法の違いにあるいはお小言を言われたかもしれませんが，娘さんの清水禮子先生から好意的な評価をもらったのは，想定外にうれしかったことの一つです。

　この本の中で，憲兵隊の流言資料の発掘と分析をし，私はそこで先ほどから話題にしているクダンを初めて知ったわけです。私の歴史社会学の方法にもかかわるので，この憲兵隊の流言資料のことに触れておきたいと思います。

　駒場の助手をやっているときに，東京大学新聞研究所（現・情報学環）の教授で社会心理学者であった池内一（1920-76 年）の流言資料の再発掘を試みたことが，この研究の出発点となります。論文からこの資料が存在することは想像していたものの直接お伺いする機会がなく，池内先生が亡くなられてから奥様にお願いして，ご自宅から発見していただいた（図2）。しかしながら，この資料がいったいどこで

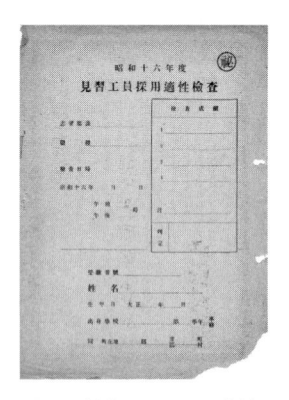

図2　池内一旧蔵流言資料の記入面（左）とウラ面（右）

どんな経緯でつくられたのか，最初は分かりませんでした。

そのとき突破口になったのは，記載されていた紙の裏側だったんですね。これは戦争中に書き写されたもので，すでに紙が不足していたのでしょう。その裏紙に，見習い工員用の適性検査の問題が印刷されていた。それで裏紙のバリエーションをつなぎ合わせてみたら，海軍技術研究所で行われていた適性検査だということが分かった。しかも，池内さん自身が，海軍技研で社会心理の研究をしていたことも，ほかの文献で分かってきた。どうもこの筆写作業は憲兵隊ではなく，海軍技術研究所で行われたのではないか。そのときに，これまでの適性検査の残り紙が再利用され，裏白のところに謄写版で罫線が刷られて，使われたのではないか。その後，まだ生存していた関係者たちを訪ねていって，ようやく，この資料が技研に集った社会学・心理学の研究者グループの研究の一環で，知り合いの伝手をたどって憲兵隊から借り出され，技研で研究用に書き写されて，そのまま研究員だった池内さんの手元に残されたものであることが分かったのです。

そういう意味でいうと，内容だけじゃなくて，資料の形態にもまた，社会のありようが刻印されている。資料の文字通り「裏側」とか，そういうところにも記録が残っているんですね。資料の社会的な存在形態を読むことは，内容情報を読むことに負けず劣らず重要な作業となりうる。だからデータを一面的に見ていてはやはりだめなんだと思うんですね。

3. 既存の説明の問題点

■資料から引き出せる6つの特徴

さて，クダンの分析に戻りましょう。歴史社会学の視点とメディア論の視点から，クダンについての既存の説明を検討し，その問題点を考えるところから，新しい解釈を模索したいと思います。

第1節で取り上げたクダンという怪物の資料からは，6つの特徴を

引き出すことができます。第1に，この怪物はどうもクダンという名前をもっている。第2に，文字ではこのクダンとは，にんべんに「牛」と書く（「件」）。第3に，クダンの特徴を描写する絵に対する言及がある。その絵では，どうも人面で獣身，人の顔をして獣の姿をしている。第4に，クダンは予言をする。しかもそれが必ず当たる。第5に，災いについて，それを免れる方法について情報を教えてくれる。対抗呪術といってもいいでしょう。第6に，証文で「如件」とか「仍而如件」と必ず書くのは，この怪物の予言がきっと当たるということに由来している。

　以上の6つの要素が，**表1**にある①〜⑬の資料から抽出できそうです。資料ごとにそれぞれの要素を含まれているかどうかをチェックして，表にしてみます（**表2**）。○印はその通りあてはまること，△印は何か類似したことをいっていることを示しています。そうすると，資料形態としてはかわら版で伝えられたバージョンにおいて，これらの情報はかなりそろって網羅的に現れているのが分かります。それからもう一つ，予言をすることに関しては，全ての話に共通している。どうもそこがキーポイントであるように思えます。

　このようにしてみると，クダンという呼び名，「件」という漢字，それから予言をするということ，このあたりをきちんと説明をしないと，このクダンの説明にはならないのではないか，ということがぼん

表2　クダンの資料の内容分析

資料形態 記述内容	流言 ①②③	民間伝承 ④⑤⑥	新聞 ⑦	かわら版 ⑧⑨⑩	随筆 ⑪⑫⑬
(1) 呼び名	○○○	○○○	○	○○△	△
(2) 漢字の「件」	○○○	○○○		○○○	
(3) 図像的特徴		△		○○○	○○○
(4) 予言する	○○○	○○○	○	○○○	○○○
(5) 対抗呪術	○　○	○		○○○	○○○
(6) 起源「如件」		○○○		○○	△

やりみえてきます。

■既存の説明① 社会的・政治的不安あるいは集合的不満

さてそれでは，既存の説明はどういうことになっているかをみてみます。クダンについての既存の説明を，4つほど挙げます。

既存の説明のその1は，社会的・政治的不安あるいは集合的不満によるものだという解釈です。

大体この種の何か奇妙な話というのは，政治的な不安とか，社会的な不安，あるいは集合的な不満をもち出して説明することが多いんですね。奇妙な話，非合理な話があると，その前提には動機となるべき社会不安とか集合的な不満があるというわけです。別の研究者の概念では，構造的ストレイン（structural strain）とか社会的緊張（social strain）といってもいいかもしれません。基礎に社会的で集合的な不安・不満がある。こういった説明枠組みのもとで，突然に話題となった奇妙な話，非合理な話の流行を説明する。

たとえば「口裂け女」なんかがさかんに話題にされると，都市社会の不安で説明しようとする。あるいは「学校の怪談」を民俗学で研究した常光徹さん（『学校の怪談』，ミネルヴァ書房，1993年）の議論では，「学校の怪談」が流行する背後には集合的な不満や社会不安があって，子どもたちの中に集合的な不安があればこそ，その表象として怪談が語られる。さらに，そこに管理教育への不満を結びつけて説明したりする。トイレをめぐるいろいろな不思議が，青い紙か赤い紙かみたいな恐怖まじりの話題が，どのようなメカニズムでもって管理教育への不満に結びつくのかよく分かりません。けれども，そういう説明はよくなされるわけですね。

私も，集合的な不安や不満の関与はあり得ると思います。それを媒介要因の一つとして設定するのは，必ずしも間違いではない。しかしながら，クダンの説明において，基本の枠組みとしうるのかどうかについて，私は否定的です。よく考えると不満とか不安というものは遍在しているのです。どんなところを掘り下げていっても，不安や不満は

みつかる。ということは，いつでも事後的に不安や不満のタネは何かみつかるわけです。話題の「重要性」が，じつは後から一般的に発見されて，それなりの説明力をもつのと変わりない。しかし，ある特定の形や内容をもつ不安・不満が，どのように予言する怪物と結びつくのか。そこはきちんと説明されていない。

『学校の怪談』を書かれた常光さんは，クダンについても論考を書かれています。そこでの論理は，やはり江戸の社会からつづくある種の不安，民衆の不満みたいなものがクダンの話とか，人魚の話とか，そういうものに結びついて表出されているというものです。しかしその説明では，このクダンの話で重要な要素と思われる「予言をする」という実践が導き出せないのです。

■既存の説明② 構造的な両義性

次の説明方式は，構造的な両義性，アンビバレンス論です。境界的存在（マージナル）であるものの多くは，何か特別な力をもっているという考えにもとづく説明です。人類学者のメアリー・ダグラス（Mary Douglas；1921-2007年）などをもち出しながら，観念上の分類の混乱とか秩序の攪乱が，差別や逸脱に結びつくと論じていく。あるいは一方では崇拝し，一方では排除するというスティグマの議論も，この人類学的な境界性論・両義性論からとらえようとします。

すなわち，クダンは自然的なものである動物と文化的なものである人間との境界的な存在であるというわけです。人魚も，人と魚の境界的な存在である。そういう境界には特別な意味づけがある。境界では，何か不思議なことがよく起こると思われているという観察が重ね合わせられます。両義性論では「橋」や「村境」や「黄昏時」も，場所的・時間的な境界であるということをいう。

私としては，これは人類学的な説明としての文化のダイナミズムの一つの見方であり，ある視野を開くことを認めた上で，やはり予言をするということには結びついていない。その点で，あまりに一般的であり，不十分ではないかと思います。クダンの話のもつ何か重要なと

ころを，この構造としての両義性の上に立つ説明枠組みは，うまく説明していないのではないかと思うのです。

■既存の説明③ 信仰・伝統の衰弱

3番目の説明は，衰退論というか零落論というか。これも割といろいろなバリエーションがあるタイプなんですが，信仰とか伝統とか神の考え方がだんだん弱まってきた。その衰弱の結果，妖怪的な存在，魔物的なキャラクターが生み出されたという説明です。あるいは神が零落をした結果だ，といってもよい。旧来は宗教的な権威であり，信仰によって明確に意味づけられていた，その意味づけが衰弱した結果，怪異なものと解釈されるようになった。つまり宗教，信仰，伝統的な権威が衰弱したことで，非合理な存在となり，奇異とか奇妙とか不思議なものになった。つまり神が零落をして妖怪になったんだという説明です。

こういう主張はロマン主義文学の考え方の中にもあって，ハイネ（Heinrich Heine ; 1797-1856年）の『流刑の神々』（小沢俊夫訳，岩波文庫，1980年）という議論は，こういう考え方を代表しています。ギリシャ神話の中で出てくるさまざまな神々の零落と放浪，たとえば山羊の脚や角やヒゲをもつ牧羊神がドイツのゲルマンの森の中に入って，いたずら者の妖怪的な存在になってしまう。あるいは土着的な神の意味づけがキリスト教の支配の中で塗り替えられて，小人や精霊や悪霊に変容してしまう。ギリシャの神話や，中国の古典や，日本の神話でも，同様の説明があてはまる事例があります。猿田彦が天狗になるとか，水の神がカッパに零落するとか，かつての神としての意味づけの弱体化を指摘しうるわけです。そういうところから，民俗，怪奇譚，都市伝説の中の妖怪を説明しようとする。

これもそれなりの妥当性をもつ理論枠組みなんですが，クダンをこれで説明するとどうなるのか。クダンという怪物のもとになっている，そもそもの神的な存在を探さなければなりません。つまり，その姿が何か人と動物の中間的な存在で，予言をして，しかもそれがちゃんと

当たるという存在が，信仰の対象になっているかどうか。何かの神の痕跡をもっている，そういう原型を探せるかということです。カッパの場合は，水神信仰のような対応物を探し出すことができた。だけどクダンでは，どうか。残念ながらお目にかかってない。対応する信仰も探し出せないところに何かそういう神がいたはずだと説明したとしても，論拠がなくて，仮説としても非常に弱くなってしまいます。

■既存の説明④ 戦争という非日常
　最後の4番目が，これも割合よくあるのですが，非合理性とか非日常性に基本的な説明を委ねてしまう。戦争という非日常が，何か信じられない，そういう想像を生み出しているんだという説明です。戦争状況の非合理性は，これは最初の集合的な不安だとか不満という解説とも，部分的に重なっています。特殊な状態のもとでの異常心理としてこの流言を説明する。その前提となる動機に，反戦だとか厭戦の気分を置いたりする。つまり，クダンのような奇妙な話がたくさん出てくるのは，戦争という抑圧状況のもとでのある種の非合理な表象で，それは反戦，厭戦の気分が生み出したものである。反戦，厭戦の局面では，ある種の合理性を主張しています。

　ただし，異常や非合理という理解が，ここで起こっていることの説明になっているのかというと，はなはだ危うい。常のものじゃない，合理的なものじゃないといっているだけなので，クダンという怪物の行為の中身がまったく説明されない。予言するのも非合理で理解しがたい行動の中で位置づけられるだけであって，あまり納得のできる解釈になっていないという違和感があります。

4. クダンを読み解く

■書字の知識が重要な社会の成立
　それでは代わりに提出されるべき私の新しい説明はどうか，という

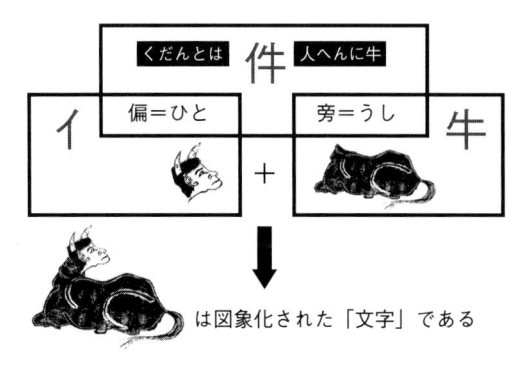

図3　クダンの図像は漢字の図解

ことになります。

　クダンの姿の説明，すなわち人面で牛の身体をもつ図解（図3）は，絵じゃなくて文字なんだというのが，私の第1の説明なんですね。件(クダン)という文字は，「人」偏に「牛」と書く。だからこの話に，たまたま絵が添えられているんじゃなくて，この話の本質は漢字の絵解きだということです。漢字を絵で描くとこうなる。つまりこの話の中心に置かれている怪物クダンは，図像化された文字である。

　なぜ文字が主題化されるのか。ある意味で簡単な普通の漢字の図解だという主題の背後に，文字を書くこと，あるいは読み書きの知識が重要になってきた社会がある。この仮説を前提に，19世紀初頭にまでさかのぼるクダンの話の誕生は考えられるのではないか。このクダンの話題の面白さは，読み書きが社会生活の技術として重要になってきた当時の社会の，文字をめぐる知識に依存しているという解釈です。

■「証文」が媒介する社会の成立

　第2の説明は予言にかかわることですが，それは第1の説明の文字の重要性と密接に絡み合っています。文字の重要性については，「証文」の存在が裏付けてくれるでしょう。証文というのは，つまり契約書です。ですから契約が重要になりつつある社会という言い方も可能でしょう。当時の社会では，読み書き能力が媒介する人間関係，ある

いは証文が取り結ぶ約束が，非常に重要になりつつあったと考えなくてはいけないのではないでしょうか。

　ここから先ほどからこだわってきたクダンの予言力の根拠は，契約ということをめぐる知識であり，経験ではないかという説明を提出したいと思います（図4）。証文という書かれたものが媒介する関係の中に，クダンが予言をして，その予言が当たるというメカニズムを説明するカギがあるのではないか。近世末期の日本社会は，紙が多く生産されて以前ほど貴重なものではなくなり，日常生活のさまざまな領域に侵入していきます。証文もまた，日常的に社会活動に織り込まれた存在であった。

　さて契約とは，これはそもそも未来の状態に対しての約束です。たとえばお金を借りて，返すことを誓う。返すことができなかったならば，みんなに笑われてもそれは甘んじて受けますとか，土地を取り上げられても文句はいいませんとか，未来の時間に属するできごとについて約束（promise）し，宣言（declare）するわけですね。それと予言（predict）することは，未来のできごとを述べるという意味で，構造的には同じです。つまり，証文の文章はまさにそういう意味で，未来の状態を述べることであり，それを約束するものなのです。

　歴史学者たちは，近世社会において，庶民の日常生活がそういう証文すなわち契約的な関係の中に織り込まれていくことを明らかにしています。たとえば中世と近世で，紙に書かれた文書の残り方が全然違うわけです。近世は，文書量の爆発といわれるくらい多く残っている。

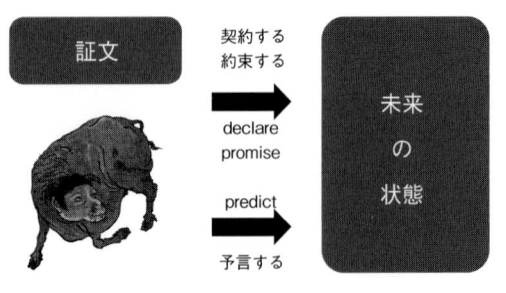

図4　クダンの予言力の根拠は証文の経験

時代が近いというからではなくて、多くの人々が読み書くようになったからであり、紙も大量に生産されるようになった。日本における19世紀の初めは、庶民のリテラシーもかなり高かったといわれています。つまり、生活のいろいろなところに紙というメディアが入り込んで、そして社会生活の技術として文字を読めることとか書くことが重要な能力になりつつあった、そうとらえることができます。

■「沼神の手紙」と「カッパの詫び証文」

そういう目で考えてみると、ちょっと面白い話がこれまた昔話として採集されています。それは「沼神の手紙」といわれている話型のもので、どういう話かというと、ある男が隣の村にちょっと用事があって行くことになった。そうすると、村外れの沼のところで呼び止められます。大体美しい女性です、呼び止めるのは。呼び止められて、隣の村まで行くんだったら、この手紙を届けてくれないかと手紙を預けられます。男は、いいよと受け取ってすたすたと歩いて行く。

すると、途中で会った坊さんに声をかけられる。お前の顔には死相が表れていると言われるわけです。何か変わったことはなかったかと坊さんは訊ねる。いや、思いあたることはないけれど、そういえばさっき手紙を受け取った、と答えると、この坊さんはちょっと見せてみろという。その手紙を開けて読んでみると、それは隣の村の化け物にあてた伝言で、この男の生き肝を進呈申し上げるということが書いてあった。つまり、そのまま知らないで届けに行くと、その化け物に食われちゃうわけですね。この後はいろいろバリエーションがあるのですが、多いのはこの坊さんが手紙を書き換えて、この男に財宝の入ったつづらを与えろとして、めでたしめでたしとかいう終わり方になる。

さて、この話でちょっと考えておかなくてはいけないのは、この男自身は手紙を読まないんですね。もちろんそれが信義だからということもあるかもしれませんが、たぶん文字が読めないのです。だから手紙の中身を知ることはできず、手紙を読んだのは坊さんです。つまり男は文字を読めない、これが一つ。

それからもう一つは、その手紙を託した化け物のほうは、文字が書ける。たぶん受け取るはずだった化け物も、当然ながら文字は読めたはずです。どこかで教育を受けて、文字を習ったんですね。まあこの時代に電話や無線通信はありませんが、そもそも人知を超えた化け物なんだから、テレパシーでもなんでも伝言すればいいじゃないかと思うけれども、わざわざ手紙を書いているわけですよ。つまり、妖怪までも文字の読み書きができる。

　逆にいうと、この話の全体のテーマは何かというと、安請け合いの災難であり、無文字の悲劇なんです。文字を知らないと、じつは思いもかけなかった災難に遭うことになるというのが、この話の大きな教訓なのです。文字が読めないとたいへんなことになる。この教訓は当時すでに文字が重要な社会生活の技術になっていたということにつながります。クダンの背後にある文字の重要性も、そうなのです。

　それから、各地に残っているカッパの詫び証文の話も、同じくリテラシーの重要性を物語るものでしょう。カッパが自分の悪さについて詫び証文を書くという民話は、全国各地にたくさんある。ただ人間にお詫びをしたというだけじゃなくて、詫び証文を「書く」という形で、人々はカッパのことを理解すると同時に、証文の重要性を含む話でもあるのです。

■声としての知識・教養の位相

　文字の知識や契約の時間感覚とともに、3番目の説明の要素として重要なのは、これが声の文化の一つだという論点です。「クダンのごとし」というのは、誰でもが声で知っているフレーズだったということです。

　つまり、証文の終わりに「如件（くだんのごとし）」と書く。そのことはみんな知っていて、なおかつ「クダンノゴトシ」という、このフレーズをみんな耳で覚えている。その共有された常識が、この話を支えています。誰もが知っている証文の結びの文句で、もちろん目でもよく見るけれども、耳でも覚えている慣用の常識である。しかしながら、なぜ「如

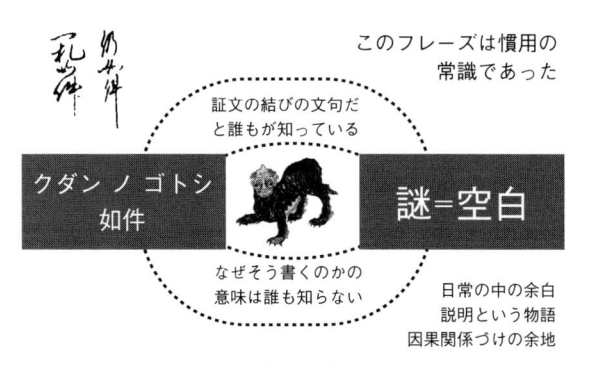

```
                        このフレーズは慣用の
                           常識であった
           証文の結びの文句だ
            と誰もが知っている
   ┌─────────────────────────┐
   │ クダン ノ ゴトシ        謎＝空白  │
   │   如件                          │
   └─────────────────────────┘
            なぜそう書くのかの
            意味は誰も知らない
                           日常の中の余白
                           説明という物語
                           因果関係づけの余地
```

図5　声としての慣用と由来の分からなさ

件」と常に書くのか，となると，そのフレーズの意味は知らないし，うまく説明できない（図5）。こういう知識は，じつは日常生活の中にはたくさんあります。とりわけ日常的で使い慣れていることばに多い。たとえば別れるとき，なぜ「さようなら」というのか，すぐにうまくは説明できないでしょう。だけど，たぶんこのフレーズは誰もが知っているわけです。

　このように常識と思われることの隙間に，謎というか余白というかがある。何かちょっと分からない部分があって，その分からない空白を素材に，面白い話をつくり上げる。パロディーにしたり，ちょっとしゃれた説明をひねり出したりという，遊びの余地がある。このように意味を説明できない余白があればこそ，因果の説明という物語が書き加わったのです。クダンの予言が必ず当たるから証文の終わりにそう書くのだという話は，そういう常識のスキマに書き込まれた。つまり「くだんのごとし」というフレーズを誰もが知っているからこそ，証文で「如件」と書くのはこの獣に由来するのだという話に言及する面白さがあるわけです。

■ゲーム：多様な動機の包含

　4番目にまとめたのは，むしろ全体的な流言の見方にかかわることでもあります。すでにこの講義でも触れたように，流言においては集

合的な不安だとか，非合理性を中心にした説明や，偏見や差別意識の存在を重視する立場があります。そこでは流言を，みんな信じてしまったからこそ，間違った話が流布したという前提を置きがちなんですね。つまり，その情報は誰かその命題を信じている人がつくり出したのだとなりがちなのです。

　ところが，流言を１つの複合的なゲームとして考えると，じつはそこには笑い話としてつくり出される部分もあるではないか。面白く受けるために，そういう話題が付け加えられたという，信じたからとは異なる動機も考えられます。さらに批判的，啓蒙的に語ることもまた，意外なことに流言の拡大にじつは寄与しています（図６）。

　たとえば，先ほどの表１の③のサンパウロのクダンゴのところに，相当良識ある人までが信じているという記述がありました。しかし半田さんは，たぶん信じていないんですね。信じていないけど，そのことを話題にして，こんなばかげた話が世の中ではいわれているらしいよと批判的に語ったと推測されますが，そうした流布への関与もあるのです。

　たとえば⑪の越中立山の話の最後に，「近年流行せし神社姫の類にて，好事家の申出せし戯作一笑すべし」と書いてあるのは，これは明らかに啓蒙的な立場からの批判ですし，冗談として生み出したのは好事家であると考えている。しかしこうした他人事の語りが，じつはその情報を広げていく上では非常に大きな役割を果たす。とりわけ新聞などは，批判的・啓蒙的に語る中で情報を広めていく役割を，たぶん

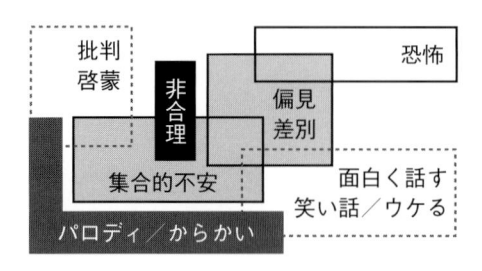

図６　流言は複数の動機を包含するゲーム

無意識のうちに積極的に果たしていきます。最初に述べたラッキョウを食べると爆弾に当たらないなんていうのは，これは『高見順日記』の中に出てくるけれども，彼は当時の朝日新聞に出ていた話を日記に引用している。だから朝日新聞によって，全国的に知られるようになった話だろうと私は思うのです。

　つまり，流言を広めたのは誰かという問いを立てた場合，それを信じていた人たちだけが，あるいは恐怖に感じたような人たちだけが担い手なのか。というとそうではなくて，じつはパロディーとしてそれを話す人たちも，それから批判的に啓蒙的に話す人たちも，流布に力を貸している。その話の社会的な流布は，じつは多様な動機を含み込むゲームのようなものなのではないか。そういうことが，これまでの流言のケースを研究してみると分かります。

■パロディーの要素
　とりわけ，このクダンの話はかなりパロディー的な要素，笑い話的な要素が無視できないものとしてあって，その流布拡大にもそうした要素が大きく関与したのではないかと，私は思っています。
　第1節の江戸期の説明のところで「クタベ」についてふれましたが，表1の⑩では，「くたべ」とフリガナを振って書いてある漢字がありますが，いわば文字のつくりものです。にんべんに「久」という字と「田」という字を組み合わせています。それからけものへんに「部」と書いてある。クタベと読ませているけれども，じつはこんな字はないんです。この文字は，声での読みを合成してつくられた絵文字なんですね。さらに，このクタベの流行をもとに，そこから「スカ屁」というパロディーをかわら版にしているものがある（図7）。「越中の尻が洞にスカ屁というものを出でて，肥やし取りに告げていわく……」と始まる。クダベの「部」を「屁」に変えているわけです。
　面白いのは文字で遊んでいるところです。左端は「家内まめべくそくさい延命うたがひなし」と書いてあるのですが，「まめべく」というのは，「まめ」は誠実とか達者というでことで，身体が健康でとい

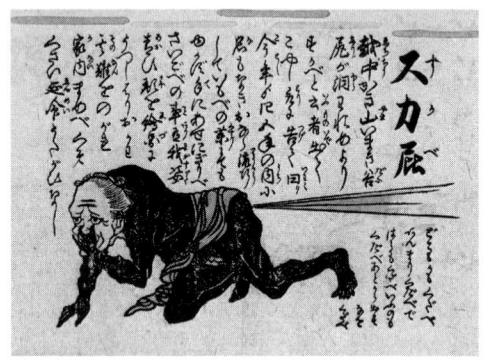

図7　かわら版にみられるクダンのパロディー的な要素
（出典）　両方とも『太陽コレクションかわら版・新聞Ⅰ：江戸・明治三百事件』平凡社，1978年，p.85。

うことを意味します。そくさいは息災で，障りなく無事であることを指す。ところが，全て平仮名で書かれて，しかもそのくぎり方で明らかなように，これは豆を食べて屁がでるという意味での「豆屁」と「糞」と「臭い」という，二重の意味を重ねています。右下にある，「どこもかもくだべ，あまりくだべで，腹もくだべ」という書き入れは，クダベという予言する化け物の流行を明らかに揶揄しているわけですよね。

　そう考えると，このクダンという怪物の話そのものが，ある種のパロディーではないかという解釈にも，リアリティが出てきます。たとえば安政の大地震の後に「難獣」という化け物が出たというかわら版

が出る。これも当時の文書にしきりに現れる「難渋」というフレーズを踏まえた表象です。図柄は明らかに安政の大地震の後に儲けた人々を意味している。たとえば屋根屋とか，柱やコテを使う大工，それから顔のあたりには花魁でしょう。簪と，櫛，笄なんかは吉原の繁昌を皮肉っているのでしょう。安政の大地震の後に急に景気がよくなった，いくつかの職業の図示によって，このパロディーが成立している。その表象を集めて，ほかの人たちは困っている，難渋しているというあたりをひっかけ「難獣」という図像をつくっているわけです。

■判じ物，なぞ，ことば遊び

　こうした話題の取り上げ方は，近世だけの話かというと，そんなことはない。もちろん近世に「盲暦」や「道化判じ物」なんていうのがあって，絵による文字の表現はクダンや難渋のパロディーだけに留まらない。全て絵で描かれているように見えるのが，じつは「判じ物」で，つまりは謎ときのことば遊びになっている。「手」の絵に濁点を描いて「で」と読ませるのは簡単なほうですが，今だって似たようなものはある。たとえば「ギャル文字」はケータイ時代の絵文字で，平仮名や片仮名や漢字の文字を，日本の文字だけでなくアルファベットやギリシャ文字まで動員して，似た形に分解しつつ表象させる遊びですが，それは隣り合う言語文化です。ギャル文字で書かれた「⊃я ё，ナょωτヵゝレヽτゑヵゝωヵゝレ」Ma£ヵゝ？（これ，何て書いてるか分かりますか？）」を読むのには，それなりの修練がいるでしょうね。

　つまり，私がここで言いたいのは，先ほど既存の説明で例に挙げたような社会心理学的な集合的不安だとか，両義性とか，信仰の衰弱とか，その説明はたぶんクダンの誕生した場に迫り得ていない。クダンという想像力が立ち上がってくる場は，もう少し固有のもので，そのメカニズムを掘り起こすためには，資料をじっくりと分析する必要がある。このクダンの場合は，意外なことに文字の読み書き能力という論点と，それを必要とする社会，あるいは証文が媒介する未来の時間，さらに笑い話の要素などが読み取れるのではないかという分析の一端

を紹介しました。

　ただし，このクダンの話に入り込んで読み込んだ，ある化け物の誕生のメカニズムや，そこに作用している力の分析は，化け物一般の話には全然ならない。全ての妖怪にあてはまる話ではなく，クダンという化け物に固有の分析です。だけれども，その固有性に入り込んで初めて，近世から第2次世界大戦敗戦前後まで語られた化け物の表象の，想像力の誕生の場に迫ることができる。

　その誕生の場は，ゲームのような複合性をもっている。その存在を信じているとか，恐怖や不安を感じているという動機だけではなくて，パロディーのような距離感だとか，あるいは笑い話としての文化とか，そういう動機の介在も考えないといけない。もちろん知識人の中では，しゃれた笑い話やパロディーとして生み出されたものが，聞き手の文脈が違うところでは別な受け止められ方をすることは大いにあるでしょう。そういうことも，流言の拡大の過程では考えなければならないし，丹念にたどっていく必要があると思います。つまり，聞き手のコンテキストが変われば，同じ話でも恐怖とともに受け止められたり，深く信じられたり，あるいは逆に批判的な啓蒙の対象となったりする。そういう複雑なゲームとして流言は分析できるのではないでしょうか。

■声＝発音から考えた場合

　最後に蛇足のような念押しですが，クダンという読み，発音についての考察を付け加えておきます。民俗学の手法の一つに，声に注目することで，文字が媒介をした歴史意識よりもさらに古い層を探ることができるという方法意識があります。文字が介在する以前の感覚までたどれるという可能性は，私は民俗学の重要な発見であったと思います。たとえば『蝸牛考』（柳田國男，岩波文庫，1980年）というカタツムリの方言の分析は，その方法を使って，都を中心とした歴史の重層を浮びあがらせる面白いパースペクティブを開いた。

　それならば，クダンもまた声に注目したとき，文字介在以前の歴史が浮かび上がるのだろうか。つまり「件」という文字から切り離して，

クダンというこの音だけで開かれる，想定していなかった歴史はあるのだろうか。それを調べてみる価値はあります。

ところが「くだん」は，声に注目して探ってみると「クダリ」という名詞や「クダル」という動詞の音便，つまり発音上の便宜から生まれた変形なのです。「くだり」とは，文章の中の一部分を指す。つまり，漢字で書けば「件」とか「条」とか「章」とかで指される部分で，英語ならば「terms」という語がほぼぴったりあてはまる。さらに「くだる」は下るで，つまり縦書きに書かれた文字列を読むことが下るなんですね。読み下しといいますよね。

そういう意味でもクダンということばそれ自身が，その発音において文字以前の口承の意外な歴史を証言するということは，どうもなさそうです。むしろ書かれたものの一部分を表すという形で，もう一度文字の世界に戻ってきている。つまり書かれたものがかなり入り込んだ社会の日常，そこでの知識のあり方ということを前提としないと，たぶん説明できないのではないかなと思いますね。

声の流言と文字の世界とのかかわりは，現代でももちろん重要な領域だと思います。現代社会では，たとえばウェブのような形での新しい場が開かれていて，流言の議論はもっと複雑なメディア環境の考察を必要とするだろうと思います。しかしながら，そうしたメディア環境においても，ことばがいかなる想像力を媒介するかという考察の重要性は変わらない。ことばによって媒介されるある種の感覚や，それが作用している場を丁寧に読み解いていくことで，私は流言の研究は社会の見方そのものを広げてくれるだろうと思います。集合的不安や不満のような一般的な概念を，何の疑いもなしにすっともってきてしまうと，かえって流言という形でのコミュニケーションの異常増殖が生み出される場に迫れないと思うのです。

［参考文献］
佐藤健二『流言蜚語：うわさ話を読みとく作法』有信堂高文社，1995年。

清水幾太郎『流言蜚語』日本評論社，1937年。（第2版，岩波書店，1947年。）
G. W. オルポート & L. ポストマン，南博訳『デマの心理学』岩波書店，1952年。
R. L. ロスノウ & G. A. ファイン，南博訳『うわさの心理学：流言からゴシップまで』岩波書店，1982年。
木下直之・北原糸子編『幕末明治ニュース事始め：人は何を知りたがるか』中日新聞社，2001年。

5
建築紛争の現場から
「景観」をめぐる秩序形成

清水 亮

　本章では建築紛争と景観の話を取り上げます。建築や景観については工学分野で扱われることが多いですが，社会学の目ではこのような対象から何が見えてくるのかを紹介します。

　近隣の人同士が挨拶するとか，落ち葉を掃くとか，「まち」がもっている，ある種の自生的な秩序はたいへん重要です。そういう細かな秩序から法律のような規制の仕組みに至るまで，それらが連なって，地域社会や都市の生活の秩序は維持されています。

　ですが，法律は現実社会をいつも上手に秩序づけるとは限りません。建築紛争が起こるのは，法や制度と現実との間(はざま)で住民の不満が蓄積しているところです。そこでは人々が声をあげ，さらに新しい秩序（法制度）形成を求めています。このような動きである「住民運動」に着目することで，その中に働いているさまざまな論理の存在などの社会のあり方が分析できるようになります。

　物理的環境のように思える街並みや景観も，その背景には人の活動や運動が積み重なって成立しています。人と土地・自然・植物などとの関係性が視覚的に表象された「社会」をそこに発見することができます。

　このように考えると，本章で問題とする「景観」も，その時代の理念やパワー，社会の方向性が作用した「場」として分析でき，「社会が社会をつくる」という，社会学のテーマになるのです。

1. 社会問題の現場に飛び込む

■新領域創成科学研究科とは？

　新領域創成科学研究科というところにおります，清水亮と申します。私がいるところは東京大学の中でも柏キャンパスというところで，その中の環境学研究系の社会文化環境学専攻です。

　環境学研究系では，多くの分野の専門家が「学融合」の理念にもとづいて協力することによって，複雑化・多様化する環境問題に対して世の中に解決策を提示していくことを目標として教育・研究活動を行っています。

　分かりやすく言うと，さまざまな環境問題をどうやって解決していくか，あるいはもっと広く，これからの環境をどう創造するかを考えていくとき，どうすればよいかという問題があります。環境学研究系のアプローチは，理系の領域の人たちだけが技術的な解決策を考えるのではなく，文系の領域の人たちからもアイデアを出して考えていこうとするものです。だから文系の人も技術的なことも考えなくてはいけません。なので，日ごろから理系と文系が一緒になって仕事をしています。「学融合」というのはそういう形で，同じ問題を，違う分野の人たちが，テーブルを突き合わせて一生懸命議論を交わしながら，いろいろな技術をもち寄りながら考えていく学問形態のことです。

　そんなわけで理系の研究室に文系から進んでいく人もいますし，私の研究室でも，建築学の専門の学生がじつは大半で，あとは都市関係をやっていたりとか，工学部から来る人も結構多いんです。逆に文系の人が少なくなっているぐらいなんですけれども，そういう形で，日ごろからいろいろな議論を戦わせながら，新しい学問をつくっていくところであります。

■阪神淡路大震災からの復興まちづくり

　最初に私が注目して研究をすすめてきたテーマを3つ紹介します。

　一つは震災復興のまちづくりです。1995年に起きた阪神淡路大震災，これが私の研究の発端になります。当時私はまだ大学院生だったのですが，今日お話しする建築紛争とか，まちづくりの話もここからスタートしています。

　被災した神戸のある町が私のフィールドだったんですが，ここが復興していくとき，何が課題になるのかということを，プロセスを調査しながら研究してきました。このときに，社会学の人間だとコミュニティーというソフトの話だけになりがちなんですけれども，復興の話を考えるには，現実にはハードウェアの話を抜きにはできません。それで，建築とか都市計画とかを，現場に入ってそこから勉強するというふうにして，今に至っているわけです。

■諫早湾干拓事業をめぐる漁民・市民運動

　もう一つ，諫早湾の干拓事業があります。もう15年たっていますけれども，いまだに現場に行って私は調査を続けています。そういう感じで，長くいろいろな現場にかかわり続けるというのが，多くなっています。諫早湾の干拓事業は，問題が起きる発端をたどると1952年ぐらいまでさかのぼります。最近の展開だけでも，1982年以降の話になります。私がここの現場に初めて飛び込んだのは，2001年です。長い歴史からすれば新しいほうで，新参者なんですけれども，それでも気がつくともう9年たちました。

　それからもう一つ，これは東京大学に来たころから始めた研究ですけれども，建築紛争とか景観，まちづくりです。本章では，これについて詳しく説明していきます。

■研究のきっかけ

　これまでの4章では佐藤健二さんや佐藤俊樹さんが，社会学的なものの考え方を説明されました。私からするとお2人とも大先輩でして，

1．社会問題の現場に飛び込む

大学院にいるころに俊樹さんは，ちょうど他大学の助手になったばかりでしたが，まだ本郷によく来られていたので，面倒をみていただきました。健二さんは非常勤講師で東大に来られていたので，私は授業を受けていました。
　そういう人たちにいろいろ教わりながらやってきたんですけれども，私が大学院生のときに，まさに常識を手放すような話を俊樹さんが華麗にやられるんですね。そしてその才能をもって，私がいろいろ書いてくるつたないものをばっさりと切り捨てます。
　それに一生懸命ついていこうとしたんですけれども，ある時期に思ったのは，この人たちにはかなわないと思って，それで方向を転換して，ああやって本を読んだり，いろいろ現象をふっと見ながら，物事を頭の中で考え抜くというのよりも，私はもう現場に飛び込んじゃえと。現場に行って教わってしまえというほうになったんです。そういう方向にずっとシフトしていきました。それで現場に入り込むというタイプで，自分は違う道を生きようと思ったんです。
　そこで考えたのは，一つはまず社会問題というものの現場に，そうやって飛び込むということ。そして現場の声を聞きながら，そして現場から考えるということです。なので，大体月に1～2回はいろいろな現場に出張して，そこでさまざまな人たちの話を聞いたり，議論をしたりしながら，問題を考えていくというのが，私自身の社会学のスタイルになっています。そうやって現場の一つとして選んだのが，この建築紛争というテーマです。ですが，その建築紛争にいく前に，まずは住民運動についてふれます。

2. 住民の論理・開発の論理・行政の論理

■住民運動を知っていますか？
　住民運動というのは，普通の人はあまり縁がないんじゃないかと思います。私の学生時分にはまだ学生運動の余波の余波ぐらいというか，

最後の学生自治会だとか，いろいろな運動のようなことをやっている人たちがいました。一応，大学の正門の前には必ず立て看板があって，学費値上げ反対などを訴えて書いてありました。

今ほとんど大学には，立て看板がなくなり，景観という意味ではよくなったかもしれませんけれども，そういう運動に携わる学生がほとんどいなくなったと思います。なので，そういう運動的なものは，なかなか皆さんにはなじみがないかもしれません。

仮に何か運動らしきものをしている，マイクをもって街頭で訴えている人がいても，話を聞こうと思わずに，何かやっているなとすっと通り過ぎてしまう。一生懸命ビラを配っている人がいても，受け取らないのが基本だし，受け取っても，ああ，ティッシュが付いてないやと，ぽいっと捨ててしまうというのが多いんじゃないでしょうか。

そういう意味では住民運動をやっている人とか，何がしかの運動をやっている人というのは，ちょっと変わった人として見られていて，自分がその立場に立って，拡声器のマイクをもって演説できるかといったら，やっぱり躊躇する人が多いと思います。

ですが，はたしてそうだろうか。一般にはそうやって変わり者と思われているかもしれないですけれども，よくよく話を聞いてみると，じつは住民運動というのは，何かに異議申し立てをしている運動だということが分かるんです。もちろん中には変な人がまったくいないわけじゃないと思いますが，「運動をやっているのは変な人」というのは別に統計データにもとづいた理由があるわけではなく，見る人が勝手にそう解釈しているだけなんですね。

半ば常識というわけではないかもしれませんけれども，そういうふうに普通ふっと思ってしまうことを，ちょっと常識を離れてみると，いろいろなことが考えられます。

■住民の論理

住民運動をやるのは大変です。なぜかというと，そういう人たちも普通に生活しているわけですから，仕事をもっていたりします。それ

をやった後に，余力の中でやるわけです。しかもそうやってチラシをつくったり，いろいろな集会をするのに場所を借りるために飛び回ったり，いったいどれだけの時間がかかるか。

　皆さんもサークル活動などの課外活動をやっている人は多いと思いますけれども，自分の本業であるはずの勉強と，どうバランスするかとかいう問題に行き当たることがあるでしょう。下手するとそれが侵食して，本分のほうが小さくなることもあります。たとえば勉強とそういうものの両立の話でいえば，教師や親からは勉強しなさいと言われるわけですが，でもそれをやりながらも，別の活動も大事なんだと思っているから，みんなそっちを一生懸命頑張るわけですね。

　それと同じように，この人たちにとっても，そういう運動的な活動ってすごく大事なんです。だからこそ，それだけ一生懸命，職場の人から，すぐに定時に帰っちゃって何かやっているよと思われても頑張るんです。チラシを配って，何度断られても，何度嫌な顔をされても，チッとか言われても，それでもやり続けるんです。

　それだけ苦労しても主張しなければいけないという言い分が，そこにはあるんです。怒りとか，いろいろな感情があります。どうしてもこのことはおかしいだろうと，訴えたいことがあるんです。ここではそういうことを，〈住民の論理〉と名前をつけておきたいと思います。住民にはそうやって言いたいことがある。それにのっとって，じつは異議申し立てをしているんです。住民の側からすると，おかしいじゃないかというような形ですね。

■開発側にも言い分がある

　同じように，こういう言い分というのはほかの立場にもあるわけです。ここでは取りあえず開発と建築に限りますが，そういうことをする人たちには，その人たちなりの言い分があります。開発を企業がする，デベロッパーが何かするときには，デベロッパーとしては市場の原理の中でお金を稼がなきゃいけない。株式会社であれば，株主に対してきちんと責任を果たさなきゃいけない。お金もうけをすることは

そういう意味ですね。資本主義社会ではそういう仕組みになっていますから，お金稼ぎして何が悪い，そのためにルールにのっとって開発をしているんだという言い分になるわけです。

■行政と法規制

こういう事態を調整すべき存在として行政というものもありますけれども，行政には行政の，やっぱり同じように理屈，言い分というものがあります。それぞれ〈開発の論理〉だったり，〈建築の論理〉だったり，〈行政の論理〉だったり，そういうものがいろいろあるわけです。

そういうものが社会の中にはいろいろあって，その中で，いろいろなパワーバランスが発生し，秩序というものが生まれてきます。

この秩序として一番，目に映りやすいものは何かというと，法律です。この法律というものは，誰でもその存在を知っていて，詳しい中身はたいてい知らないながら，その法律というものにのっとって，何かうまく秩序立てられているんだと普通は信じられています。法律に書いてあることで，いいということはやっていいし，だめということはやっちゃだめというのが，基本的なルールなわけです。もっとも，その中身がどういうふうにつくられているか。みんなあんまり詳しく知らないと思います（特に建築の問題などは非常に難しいので）。

いずれにしても，そういう法とか秩序が，私たちが生まれてくる前からあって，さらに知らないところで，気がついたときには出来上がっています。そうやって，法とか秩序が世の中に当然のように存在するはずと思い，そこからスタートしてしまうと，それにずっと従わざるを得ないわけです。

■社会のいろいろな問題の種がある

しかし，そういった法や秩序が本当にうまい具合にできているかというと，必ずしもそうとは言い切れません。だからそういう，法律を典型とするような既成の制度や秩序と，現実の社会で言い分をもって

いる側から起こしていく論理とは，いろいろなところで対立したり，ぶつかったり，ずれたり，そういうことを起こします。言ってみれば，住民運動が起こっている場所というのは，そういう社会の矛盾が現れている，「すき間」のような部分なのです。

なので，先にもう今日のお話の1つ目の結論を言ってしまいますけれども，なぜ住民運動を追いかけるかというと，そこに社会のいろいろな問題の「種」があるからです。そしてその矛盾したところを突いて，どういう矛盾があるのかというのを調べていくと，世の中がじつはどうつくられているかという，社会のつくられ方というものが垣間見られる。そこだけ見れば全部を見られるなんていう，大それたことは言いませんけれども。

建築というのはこういう理屈でできているのか，だから住民の側の発想なんていうのは全然入ってないから衝突するんだとか，じゃあ，それを解決するためにどういうことが必要か，やっぱり住民にも少し言い分を言わせる機会を設けなきゃいけないのではとか，あるいはもうちょっと，そんな上からの目線ではなくて，住民がもっと主体的に，自分から街をつくるようになっていくためにはどうしたらいいかとか，たとえばそういったことが，この中から引き出せるようになるわけです。

■さまざまな建築紛争の争点

建築紛争というと，欠陥建築の問題も中に含まれますが，今日の話ではそうした問題は除外します。ここで取り上げるのは，中高層の建築物，マンションが一番典型ですけれども，こういうものの建築紛争を中心にします。さらにその中の景観問題に注目して考えていきたいんですけれども，まず建築紛争でどんなことが争点になっているかを紹介します。

建築紛争の争点は，日照，通風，採光の阻害，風害，電波障害，プライバシーの侵害や，工事中の騒音・振動，工事車両による交通問題など数多くあり，このようなことから近隣住民と建築主との間で紛争

が起こり，裁判に発展するケースも少なくありません。

　また，完成後の住生活への影響も問題です。たとえば大規模なマンションや巨大なオフィスビルや商業施設など大容積の建築物ができると，そこに人口が一時的に増えます。オフィスビルの場合だと，昼間の人口がわっと増えますが，夜間になるとそういう人たちはだいたいいなくなります。それから，大規模なマンションだと，急激にその街の人口が増えます。そうやって周辺の住環境が大きく変化し始めます。

　このため学校が足りないとか，公共施設が足りないとか，いろいろな都市のインフラストラクチャーが不足するという事態がよくあります。この不足にそのまま対応していると，学校などの場合，一時的な増加に対応した後は教室が余ってしまうことが起こります。

　また，そうしたものが出来上がったために，急に周辺の道路が混雑することもあります。大型のショッピングセンターが出来ると，郊外型でも都市型でも，土曜日や日曜日には駐車場渋滞が起きることがあります。左側1車線ずっと全部，駐車場に入るために並んでいる光景を見たことがありませんか。周りの道路との関係をきちんと考えないで造られるので，左側1車線全部止めたりすることになるのです。本来2車線で通行していたような道路が，右側1車線になるので，全体でその周囲の交通の渋滞が発生する。いずれも変化が急に起こるための事態です。このほかにも，大気汚染や災害時の避難場所の問題もあります。

■景観問題とは

　景観問題について言うと，新しい建築物が出来て景観が失われるという話がよくあります。景観というのが何なのかというのは，これは後で再定義しますけれども，一般的には眺望とか見た目です。景観というと，視覚的に目に映るようなものをイメージすることが多いわけです。中高層の建築物が建つと，いい眺望だったのが見えなくなったりします。そこでよく争点になるのは，眺望と建物の高さの問題です。高い建物が建つと，周りからいろいろな文句が出るというのが，一般

的な構図になっています。

　もう一つ，街並みと合わない建物が出来て，景観が失われるということがあります。じつは高さもその一つなんですけれども，ある連続性の中に異質なものが生じるという問題です。

　高さのほかにも，建物に使われている材質，色とか，壁の位置など，いろいろなものが景観問題のテーマになってきます。言い方を変えると，こうしたものが街並みをつくっている要素なんです。なので，これらをめぐって議論が多くなされてきました。

3. 景観問題の事例演習

■ケース1

　ここで，少し景観問題を考える練習をしてみましょう。

　これは都内の街で撮ってきた写真です（図1）。皆さん，こういう写真を見せられて，どこに目がいくでしょうか。

　じつはこの写真を見せたのは，1つの疑問をいだいてほしいからです。

　もう1枚違う写真をお見せします（図2）。これは，先ほどの写真にあった建物の右隣のほうを別の角度から撮っているものです。私の

図1
飯田橋（1）

＊　以下の写真は全て著者撮影。

図2
飯田橋（2）

ように街に関心をもって，そればかり考えている人間にとっては，街を歩いているといろいろなことが気になってきます。

　すでに答えを書き込んでありますが，気になるのはここに1本引いた補助線なんです。街を見ながら私が頭の中でこのような補助線を引いているわけですが，これを引いて見えてくるのは何かというと，建物の高さが揃っているということです。ほかに壁面位置も概ね揃っていますね。いまは揃っているからいいとか，いないから悪いとか，そういう話は別です。取りあえず揃っているということが，ここで分かります。

　そのような意識で最初の写真に戻って，補助線を引いてみます（図3）。この写真は，少し分かりにくいですけれど，前の通りは図2と同じ「外堀通り」です。補助線を引いてみると，本来は何となくこう

図3
飯田橋（3）

3．景観問題の事例演習　　127

図4
神楽坂

いうふうに高さが揃っていたらしい，あるいは本来は揃っているべきみたいな状況が，ちらっと見え隠れしてきます。1つだけ建物が高いんですね。

　図4はその近くの神楽坂にある，大きなマンションですけれども，住む側からすると，こういうところに住んでみたいなとか，上のほうは眺望がいいだろうなと思うかもしれません。でも，足元に住んでいる人たちからすると，気になる存在となるのがおわかりになるでしょうか。

　図5は二子玉川です。少し以前の写真なので，まだ造っている途中です。この建物も明らかに周辺から突出して高く大きいので，裁判で争われることになりました。

図5
二子玉川

■ケース2

　図6は小樽，観光地です。小樽運河が手前にあります。この街は古い運河と倉庫群が1つのセットになって歴史的街並みとして保全されていて，それが観光資源になっています。かつては北のウォール街といわれるぐらい港町として栄えた場所ですが，今はこうして観光に力を入れています。

　でも，観光地だからこそ景観が大事で，雰囲気が大事なはずなのに，こうやって後ろ側に高層マンションができてしまいます。これは制限の問題があると思います。そのため，いろいろな形で反対運動をやっても，法的には問題はないので竣工してしまうケースです。

　図7は有名な宇治の平等院の鳳凰堂ですが，よく見ると右側にマンションがあります。京都という土地が景観をすごく大切にするとこ

図6
小樽

図7
宇治　平等院

図8 京都市街のマンション

ろにもかかわらず，こうやって実際に建物ができてしまう現実があります。

こうした事態を重くみて，京都市では2007年に「新景観政策」を打ち出しました。規制をかなり厳しくし，しかもその中では建物，新しく造るもののデザインまでコントロールし始めました。

たとえばこれはマンションですけれども，京都のあるところで撮りました（図8）。いつできたかとか，細かいことは確認していません。普通に街をぶらぶら歩いて撮っただけの写真なので，実際にこの建物が新景観政策によってそうなったかどうかまでは確認していませんけれども，でも今のルールでは，新しいマンションを造ったりするときには，このような「和風」のテイストを入れなきゃいけないというルールになっているんです。

これがいいか悪いかは好みの問題です。「これで和風か？」と思う人もいるし，「やっぱりこういうことは大事だよね」と思う人もいます。なので，京都の新景観政策については賛否が分かれています。でも，取りあえず導入して，いろいろな議論をするところに意味があると思います。

■ケース3

図9はこれまでと違うケースです。これはイタリア文化会館というところで，九段から千鳥ヶ淵のほうに少し入ったところにあります。

図9
イタリア文化会館
（千鳥ヶ淵）

　この建物は窓を囲む格子状の壁面が全面赤に塗られています。この赤色が問題になりました。読売新聞グループ本社の渡邊恒雄会長が，このイタリア文化会館のことを「極めてグロテスクな建物」であるとしてクレームをつけたのです（朝日新聞 2007 年 2 月 3 日付朝刊）。付近は靖国神社や千鳥ヶ淵戦没者墓苑があるので「日本人にとって非常に神聖な場所」「墓苑などと調和する色に変えてもらいたい」というわけです。イタリアのダレーマ副首相兼外相来日の記者会見の折りに，ダレーマ氏に対して渡邊会長がこういう発言をしました。

　これが美しいかどうか，景観を壊しているかどうかというのは，人によって判断が分かれると思います。いい赤だと思う人も結構いるだろうし，やっぱり何かちょっと落ち着かないねという人もいるかもしれません。

　ここには取り上げていませんけれども，某漫画家が新築した紅白横シマ模様に塗られた家も，近隣住民から景観上問題があるといわれて訴訟を起こされました。結果的には東京地裁の判決で住民側の請求は棄却され，漫画家の家はそのまま建っていますが，そういうふうに，建築紛争というのは，色やデザインというようなものにまで及んでいます。

■ケース4

　図 10 は，これまた違う例で，山梨県甲府の中心商店街です。補助

図 10
甲府の商店街（1）

　線を入れておいたので分かると思いますが，商店街にとって大事なことは，壁面の位置がそれなりに揃っていることで，この揃い方やアーケードが，この街を商店街という，集合的な存在に仕立て上げています。もし，この線がガタガタだったら，商店街の一体感は失われてしまいます。
　問題にしたいのは，写真の左上に見えている建物です。近くに行くとこれは図 11 のような感じになっています。これも，ただこれだけ見ていると分からないと思いますので線を入れてありますが，そうすると，ここにスペースがあることが分かります。よく見ると左上にアーケードの屋根がありますから，もともとのラインから下がって建っているわけですね。

図 11
甲府の商店街（2）

図12
甲府の商店街（3）

　図12は建物の側面です。側面も少し下がっています。このように下がることを壁面後退（セットバック）といいます。なぜ壁面後退をやるかというと，じつは上に建物を伸ばすことができるからです。そうやって容積率を稼ぐ総合設計制度という仕組みがあります。壁面位置をこうやって後退させると，周りに空き地ができます。ごみごみとしたところに，ちょっとした人の入れるスペースができるからみんなのためになるでしょうというわけです。この貢献と引き替えに，容積率のボーナスを与えるというのが制度のあらましです。この仕組みはさまざまなところで使われています。

　ここで考えてみてほしいのは，そうやって容積率を増やす，つまり床面積をなるたけ多く取ろうとする発想についてです。何で最大化しようとするかというと，当然自分の利益につながるからですね。デベロッパーがやる場合は，その増えた床を売れば，お金になります。デベロッパーがやらなくて，自分で造った場合でも，利用できる空間が増えて使い勝手が増すわけですから，そういう意味で利益の最大化の発想と同じです。

　一方で，それをやるためには壁面位置をずらしているわけです。壁面位置を逆に統一しようということは，どういう意味をもつかというと，他者に対する配慮をしているということです。他者というのは，ここでいうと隣の店だったり，その隣の隣だったりです。そういう商店街の全体がみんなで揃えるから，「街並み」というものができるわ

けです。こうやって自分を他者と合わせて調整するということで，まちづくりの共同性ができあがります。

■景観問題と社会学の接点

　ここで問題にしているような景観とか街並みとか，そういう都市の集合的な要素は，こうした他者に対する配慮や利害調整から出てくるんです。察しのいい方なら気づいていると思いますけれども，こうした共同性のようなものが生まれてくる場こそが社会なんです。景観を扱っていますが，人と人との関係を問題にしているということです。

　そうした関係がどうやって出てくるかということですが，たとえば自己利益を最大化するような建物ばかりずっと並んでいると，そこはあまり社会のつながりが出てきません。社会がきちんとうまくつながって，1つに調整されて出来上がるためには，そこに要素間の関係性というものが大事になります。

　社会学というものの物の考え方としては，そういう個別のものに対する，その関係のあり方に注目しようという発想が強いです。個と全体を考えていく，部分と全体，個人と社会とか，そういう2つのものをつなぎ合わせていくような，そういうものの関係性がどこに成立していくのかということをみようとするのが，社会学のオーソドックスなものの見方だと思いますけれども，そうしたものが景観問題には見え隠れしています。街を歩いているだけでも，そうしたものの断片があちこちに存在しています。そういうふうにしてじつは街が出来ているんだということが，分かってきます。

　皆さんはたぶん，日ごろあんまりそんな意識もなく街を歩いているでしょうが，私は街中でもそんなところばかり見て歩いているんですね。気になってしょうがないです。もうほとんど職業病だと思いますけれども，そういうふうにして街というものを観察してみると，いろいろなことが見えるというのが，面白いところかなと思います。

4. 国立マンション訴訟

■経緯

　そうした街並みの問題が深刻化して面白いとばかり言っていられなくなり，裁判になったケースもあります。これから紹介するのは，非常に有名な例で，国立マンション訴訟と呼ばれる事件です。細かい経緯を書いていくと，延々とかかってしまうので，要点だけかいつまんで説明をします（詳しくは石原一子『景観にかける』，新評論，2007年）という本をお読みいただければと思います）。

　まず，あるデベロッパーが東京都国立市でマンション建設用地を購入しました。そしてその土地にマンションを建てようとしましたが，住民の間に建設反対運動が起こります。そして住民は国立市にはたらきかけて，地区計画というものをつくろうとします。

　その地区計画は，高さの制限が入っているルールをつくるものでしたので，それでは予定していた建物が建てられないということで，デベロッパー側は慌てます。そこで1999年の7月に土地を購入したのですが，買った途端に話を進め，その半年後には，建築確認済証が交付されて，即日着工されてしまいます。それは翌年が明けて間もない1月5日という時期でした。

　住民側も一生懸命やったんだけれども間に合わず，地区計画が成立したのは1月31日でした。この時間差についても紛争の種の一つになりましたが，ここでは詳細は割愛します。

　さて，この問題に関する裁判は複数あるのですが，ここでとりあげたいのは，2001年の3月29日にマンションの20mを超えた部分の撤去を求めて，デベロッパー側を被告に住民側が提訴した裁判です。これは民事訴訟です。2002年の12月18日，東京地裁の一審判決が出ました。ここで住民側が勝訴したんですね。これで社会的にすごく有名になりました。新聞にも大きく記事が載って，全国から国立を見

に来る人たちが増えたそうです。

　もうこのときにはマンションが出来上がってしまっています。出来上がっているマンションの上のほうを切り取りなさいと，全部そこは壊しなさいという命令でした。今までこんな判決は出たことがありません。それでみんな驚いて注目されたんですが，大体こういう画期的な判決は二審の高裁でひっくり返されるんです。実際，そうでした。最終的に最高裁でもそのまま，東京高裁の判決が支持されたので，住民側は負けました。何だ，負けて終わりじゃないかと思うかもしれませんが，唯一住民側が勝ち取った部分があります。それが「景観利益」という言葉です。

■現場検証

　そのマンションの周辺の状況をすこし詳しく説明します。

　JR国立駅の南口から「大学通り」という4車線道路が一直線に走っています。道路の幅員は広く，歩道，緑地，自転車レーンを含めて約44 mもあります。道の両側には桜とイチョウが植樹された並木道になっています。道の途中には名前の由来になった一橋大学があり，この大学も豊かな緑に囲まれています。

　この大学通り周辺の景観には，多くの人が美しさ，心地よさを感じるのではないかと思います。

　周辺の街は閑静な高級住宅街で，ほとんど低層建築物ばかりです。その中の一角に問題の敷地があります。ここはもともとTという会社の建物があったんですが，それが移転することになりました。跡地をデベロッパーに売却したところから事件が始まります。

　マンションの見た目は図13のような感じです。353戸，地下1階，地上14階建て（最高地点43.65 m）。周りがほとんど，せいぜい3階建てぐらいまでのところがわりと多い地域ですけれども，その中に14階建てのものがぽんと出来上がる。

　ちなみに，これは当時のデベロッパー側のホームページに書いてあったのですが，このマンションの説明の中に特記事項として，既存不

図13
マンション遠景

適格建築物であるという断り書きがあります。つまり，（地区計画前に滑り込みで造ったため）建て替えのときにはこの計画に従い20 mを超える高さの再建築はできないということを記載しているわけです。

　周囲は図14のような感じです。このイチョウ並木の高さというのが，おおよそ20 mと思ってください。並木を超える高い建物はほとんど見られませんが，問題のマンションだけしっかり顔をのぞかせています。図15を見るとマンションと並木との高さの関係がよく分かるでしょう。

　脇に回って見てみると，やっぱり少し威圧感がある感じです（図16）。前の通りから，大きい通りじゃなくて，これは横の生活道路の側から見てもこんな感じに見えます。大きいからだめとかいいとか，それはいろいろな見解の相違はありますけれども，少なくとも周辺の

図14
国立 大学通り（1）

図 15
国立 大学通り (2)

図 16
マンション近景

　住民たちの多くは，これはやっぱりよろしくないと言ったんです。ちなみに，周辺の住宅地は図 17 のような感じです。これはマンションのすぐ隣になります。

■判決の流れ
　こういう状態がこう生まれたということで，裁判になったわけです。まずその一審判決の一部をみていきましょう。
　一審判決の景観についての判断は要約すると，長期にわたる自己規制の継続の結果，社会通念上も良好な景観と認められ，地権者の所有する土地に付加価値を生み出した場合には，土地所有権から派生するものとして景観利益を有するに至ったと解し，これは法的保護に値する，というものでした。法律に詳しい人は分かると思いますけれども，

図17 マンション周辺の住宅街

　ここでは土地所有権から派生するものとして，景観利益を考えています。一審判決では，最終的に，景観に対する侵害が継続するから，20 m部分は撤去せよ，という結論になったのです。
　これが二審では住民側の逆転敗訴となります。二審判決の判断は要約すると，個々の地域住民が，独自に私法上の個別具体的な権利・利益として良好な景観を享受するものと解することはできない。良好な景観の形成は，行政が主体となり整備されるべきである，というものでした。景観なんてものは，個別の住民が一生懸命何かをして享受できるような，そういうものじゃないと。行政が主体になってつくるものですよというわけです。都市計画とか，そういう街をコントロールするのは行政の仕事であって，住民がやるものじゃないと言っています。
　最終的に，最高裁の判決が出たのが2006年3月30日です。そこでは，「良好な景観に近接する地域内に居住し，その恵沢を日常的に享受している者は，良好な景観が有する客観的な価値の侵害に対して密接な利害関係を有するものというべきであり，これらの者が有する良好な景観の恵沢を享受する利益（以下「景観利益」という）は，法律上保護に値するものと解するのが相当である」とされます。
　良好な景観の恩恵を受ける利益，景観利益は認められる，それは法的保護に値する。初めて最高裁がこういう判例を出しました。2006年以降，この景観利益という言葉が，いろいろな裁判で使われるようになっています。もっとも，住民の請求自体は「建物の建築は，行為

4．国立マンション訴訟　139

の態様その他の面において社会的に容認された行為としての相当性を欠くものとは認め難く，上告人らの景観利益を違法に侵害する行為に当たるということはできない」として棄却されています。

■「景観利益」をどうとらえるか

こういうようなことが起きたので，「景観」というものがあちこちで議論されたり，使われたりするようになりました。ここにみるように，国立マンション訴訟以降，景観利益というものがあるんだということで，いろいろな裁判の中で，住民側がそのことをもち込んで闘うようになりました。そして裁判所も景観利益の存在を認めるようになりました。

表1にいくつか例を挙げています。これで全部というわけではありませんが，このようにいろいろなところで訴訟が起こっています。

でも，国立マンション訴訟の話に戻しますけれども，この事件の場合のミソは何だったかというと，そうやって景観利益は認めたんだけれども，住民の上告は棄却されているということです。景観利益というものはあるし，ここの地域の景観は法的保護に値する。大学通りについては，整備された経緯や，街路樹と建物の高さの調和などから景観利益があるんだというわけです。整備され，維持されてきた経緯をそれなりに評価しています。

つまり，そうやってみんなが守ってきたものの延長線上に，何か高いものを造ろうとした人が出てきたときには，そんな高いのを造っちゃだめだよと交渉に行って，納得して引き下がってもらってきたので

表1 景観が問題となった訴訟

2005年	洛西ニュータウン	京都府京都市
2006年	ときわ台	東京都板橋区
2007年	玉川学園	東京都町田市
2007年	石垣島吉原マンション景観訴訟	沖縄県石垣市
2009年	鞆の浦景観訴訟	広島県福山市

す。そういうプロセスの中で出来上がってきた街なんだと，ここで認めているんです。一審でははっきり言っていましたけれども，そういうものの積み重ねとして，保護するに値するだけの景観利益が生まれたんだということです。

　だけど，問題はここから先なのです。そういうものを規制で守るような条例もない。建物自体も法令違反もない，建築基準法に違反していない。ということで，最高裁の判決文では「相当の容積と高さを有する建築物であるが，その点を除けば本件建物の外観に周囲の景観の調和を乱すような点があるとは認め難い」となっていて，容積と高さの点に関しては調和をそれなりに乱しているということを認めてはいるけれども，その建築は「景観利益を違法に侵害する行為に当たるということはできない」というわけです。

　言い方を変えると，景観利益を侵害しているとまで言って，これをコントロールする，制御するというには，やっぱりちゃんとした条例だとか，そういう規制が法律や条例レベルのものになっている必要がある。法治国家なんだからそれを守りなさいという話です。

　そういう意味では，住民の人たちは満足していません。でも，世の中はがらっといっぺんに変わるものじゃありません。だからこうやって物事が変わっていったり，新しい秩序が生まれていくときは，どうしても段階的なんです。今まではまったく見向きもしてくれなかったのに比べると，景観利益という言葉がこういうところで認められていく，市民権を得ていく。やがてそういうものがもっと積み重なっていくと，力関係がひっくり返り始めて，必ずしも条例だとか法令までになっていなかったとしても，それなりにそういう活動がちゃんとあるんだというだけで，景観利益が認められるケースというものが，徐々にではあると思いますけれども，生まれてくる。国立の事例はそういう素地をつくったのだと解釈できます。

■景観問題への関心の高まり

　このように景観というものがいろいろなところでいわれるようにな

りましたが，もう一つ別の流れとしては，最高裁判決の前の2004年に景観法が制定されています。景観法というのは，これも法律の話なので，細かい中身の話には入りませんけれども，これも景観を守ろうとするときに，使い勝手がいいように国がつくった法律なんです。後押しというわけではないですけれども，景観に対する関心がそれなりに全国的に高まっているからこそ，こういうものが成立しているわけです。

そして2009年のことになりますけれども，広島県福山市の鞆の浦というところで，開発差し止めの判決が出ました。これは広島地裁の一審判決です。鞆の浦は非常に風光明媚なところでして，朝鮮通信使の寄港地だったとか，いろいろな歴史的ないわれもあるような有名なところです。その鞆の浦というところで開発の動きが起きました。港の両岸を埋め立てて橋を架け，交通の便をよくして，地域活性化を図ろうという話です。これに対して，ちょっと待ってと言って立ち上がった人たちがいました。いろいろ揉めて，地域を二分しながら，ついに訴訟になりました。

最終的には，ここでもやっぱり原告側は景観ということをテーマにもち出しました。そして，まさに裁判所もそのことを認めることになりました。もしこの埋め立てを実行して，道路を通してしまったら，未来永劫この景観が失われるということで，この景観利益の重要性というものが，一審の判決文の中できちんと書き込まれているんです。もちろん細かいことをいうとほかの要素もありますけど，そういう形で開発の差し止めが成功したという例です。そして判決から2年8カ月を経て，2012年6月，広島県知事がこの計画を撤回することを表明し，ひとまず架橋・埋め立ての問題については区切りがおかれました。

■住民運動の次のステップ

さて，こういう闘いや紛争が，全国のいろいろなところで起きています。でも，今までは一つひとつがばらばらにやっていたんです。ば

らばらにやると，ノウハウというのがなかなか蓄積しないんですね．

　普通考えると，そんな裁判沙汰なんて，一生に何度も経験する人っていないわけです．急に目の前にマンションとか，何か高い建物ができる，困った，どうしようと言って，いろいろ勉強したり何かして，そうやって運動というものにたどり着き，どうやって闘えばいいのかとか，何を争点にすれば闘えるのか，いろいろなことを，一つひとつ学習していきます．当たり前ですよね，そんなこと最初から知っているような人ばかりじゃない．というか，むしろ知ってる人なんて圧倒的に少ないんです．

　だから住民運動というのは毎回ゼロからスタートして，仮にいいところまで行っても，そこで終わってしまうんです．そうするとその先になかなか進んでいかないんですね．

　景観利益という言葉を勝ち取ったけれども，それでも実際の建物を阻止できなかった国立の人たちが中心になって，これを乗り越えるために次のステップを考え出したんです．それが2005年に出来た，景観市民ネット（正式名称；手をつなごう！　国立発・景観市民運動全国ネット）です．こういう動きの中で，個別の運動をやっているところの支援をやっています．定例会で月に1度集まって，情報交換したり，相互にアドバイスしあったり，互いの裁判を傍聴しあったりしています．国立の運動を経験した人たちが紛争現場に出かけていって，こうしたらいい，ああしたらいいと助言します．場合によっては専門家をあっせんします．弁護士をあっせんするようなケースももちろんあります．そういうことを活動としてやってきています．

　そのようにほかの地域の運動を支援している人たちはみんな悔しさとか無念な思いをしているんです．たいてい，自分のところで負けてきていますから．そういう人たちが他地域でまさにリベンジを図ろうという感じです．そうしたことで，一つひとつ経験が積み上がっていくわけです．東工大の桑子敏雄さん（環境倫理学）が，「空間の履歴」という言葉をつくりましたけれど（桑子敏雄『空間の履歴』東信堂，2009年），それをちょっと参考にして，住民運動のこうした展開とい

うのは経験を履歴化していくという作業じゃないかと私は表現しています。そういうことを今彼らはやっているんです。

　そうこうしているうちに，さらに建築基準法や都市計画法などの制度改正に向けた組織的活動が必要だというところまではたどり着いています。だけどこの人たちは，個別のことを応援するのを一生懸命やっていて，とても丁寧に扱うので，なかなか組織的な活動まではたどり着けていません。でも意識はそういうところに向かっていて，部分的にやっと動き出したかなという感じです。

　また，2008年には「景観と住環境を考える市民ネットワーク」という，似たようなグループも出来ました。趣旨ははっきり言ってほとんど同じだと思ってください。こうした問題に関して全国のいろいろな運動をやっている人たちが手をつないだということです。景観市民ネットとメンバーに一部重なりはありますけれども，組織のあり方とか運動の進め方とかに少し違いがあります。2つ目の団体ができたんですね。

5. 新たな秩序形成に向けて

■制度と現実の間の乖離
　こういうことを追っ掛けて，私はあちこちの事例をみているわけです。景観にかかわる制度としては特に建築基準法と都市計画法がすごく大事な仕組みになっていますけれども，こういう制度と現実の間にはいろいろな乖離があって，そこに社会問題が発生している。必ずしも既存の秩序が正しいわけではないということです。

　住民には住民の理屈があって，それは聞きに行けば分かりますけれども，なるほどと思えるようなことがいっぱいあるんです。でも，民主主義の国家でありながら，事実上，住民個人は意志決定にはそう簡単に参画できない現状があります。なので，その中で別の論理，開発の論理とか，そういうものが非常に強く反映されて，今の，日本の建

築とか都市に関する法体系は出来上がっています。そこで問題がいろいろ発生している。

発生しているというのは事実ですけれども，それに果敢に挑んでいる人たちがいる。住民運動，もしくは住民運動から派生して出来上がってくる市民運動体がそういうことを担っているわけですね。そういう問題解決のプロセスの中で，このように法律をつくって欲しいという，具体的な提案もしています。それを聞いてその通りに法律が改正されるという単純な話ではないですけれども，まさにそういう新たな秩序をつくろうとする動きというのが，市民の側から出てきているということです。

それから，ざっくり言えば，景観という言葉が成立していくプロセスも見えてきます。景観利益ということを言いましたが，景観利益という言葉は景観権とは違います。権利よりも前の段階が，利益という言葉で表現されています。そういう，景観に関する新たな秩序形成が今まさになされていて，それを私は現場に入りながら観察をしているわけです。

さらに住民運動に関していうと，自分の問題が終わると，勝とうが負けようが終わり，もうこれで普段の生活に戻りますという人のほうが多いです。でも，それだけじゃ済まない，さっき言ったようにリベンジを図って，他地区の支援へ立ち上がる人たちがいる。そういう中には，個別の運動を一生懸命支援していく人もいれば，法改正の動きをしていく人もいる。こういうことが今，現場では起きています。

■「景観」とは？

私なりにこういうことをみていて，最近考えていることを一つ紹介しておきますと，景観は視覚的なものというイメージが強いですが，実際にはその中にいろいろな住民の運動などの活動や，まちづくりのプロセスが入っている。そういうプロセスが景観の厚みをつくっているんですね。

そして現在では，それが景観利益のような形で評価されるようにな

ってきている。だから，単純に見た目のよさを守るというだけではなくて，じつはそれをつくり出している全体のプロセスが重要になるわけです。

　そう考えると，景観というものは単に人とか土地とか自然とか，そういうものの構成体というだけではなくて，それをつくっている人たちがいる。土地とか自然とか建物という対象だけではなくて，それをつくっている人たちがまずいて，その人たちと対象物との関係性を，視覚的に，目に見えるような形で表現したものが景観であると私は思います。

　だから景観というものが表現されたり，景観にかかわる問題が起きてくるときには，単に見え方だけじゃなくて，その後ろに非常に多くの活動の歴史，厚み，経験が履歴化されている。景観問題は，そういうものをじつは扱っているのではないかと思うのです。景観はそういう意味の言葉に今転換しつつあるのではないか，というのがここでの結論です。

［参考文献］
五十嵐敬喜・上原公子編著『国立景観訴訟：自治が裁かれる』公人の友社，2012年。
石原一子『景観にかける：国立マンション訴訟を闘って』新評論，2007年。
自治体景観政策研究会編『景観まちづくり最前線』学芸出版社，2009年。
西村幸夫『風景論ノート：景観法・町並み・再生』鹿島出版会，2008年。

6
常識を抉る手法としての「比較」
現代中国を眺めながら

園田 茂人

　本章では東アジアの受験戦争に関するエピソードからはじめ，学歴や教育が生み出す収入格差に対する意識の日本と中国の比較を，調査データをもとに解説していきます。

　常識をうまく手放すことが社会学の根幹にあるという点についてはこれまでの指摘の通りですが，本章ではその手放し方が少し異なります。

　格差をデータでとらえたとき，いつの間にか格差が悪いことを前提にデータを見てしまいがちです。ところが，格差があるとどうしていえるのか，どの社会でも私たちが思っているのと同じように格差が悪いことだとされているのかなど，いろいろ考えなければならないポイントがあります。

　データをつくる際もそうですが，データを解釈するときにも，常識をうまく手放すことが必要です。いつのまにか常識的に考えてしまうことの危険を，自ら気づくことができるかどうか。そんなことを，本章では考えてみたいと思います。

1. ブレインストーミング

■ ITASIA とは？

　私は15年間,「文学部社会学科」という枠の中で教えていたのですが,何か新しい挑戦がしたいというので,2005年から早稲田大学のアジア太平洋研究科に移りました。ここは大変面白いところで,英語と日本語の授業が半々,留学生が3分の2,社会学者は私だけ。やっている研究や分野もいろいろで,異種格闘技戦みたいなところでした。そこで4年間勤務して,母校の東京大学に戻ってきました。情報学環と東洋文化研究所の協力にもとづいて,学際情報学府・学際情報学専攻に設置されたITASIA（アジア情報社会コース; Information, Technology, and Society in Asia）という,大学院の授業を担当しています。ITASIAはアジアや世界の舞台で専門的職業人として活躍することを志す学生を対象としています。全ての授業は英語で行われ,日本語能力は前提とされていません。学年は10月から始まります。日本人学生が少ないのが大変残念です。

■ 高学歴者は高収入に値するか

　まず,次の問いから始めたい。

　「あなたは,高学歴者／有名大学の卒業生は高い収入に値すると思いますか？　その理由とともに,みずからの考えを述べなさい。」

　皆さん,努力して東京大学に入ってきたはず。何も努力しないでここに来たという人はいないでしょう。皆何かを捨てて,ここに来ている。もしかしたら人間関係かもしれないし,豊かな人格を捨ててやって来たという人もいるもしれませんね（笑）。

　故郷を「捨てて」上京するには何らかの動機があるはずですし,私自身のことを振り返っても,東大に来るには大きな動機がありました。

私の父親は激しい親で，私が勉強しているとぶん殴ってくるような人でした。父は鹿児島の出身で，私以上に体育会系気質。私のような生意気な子供は，年に1回ぶったたかないと素直にならないというので，とにかく殴られました。高校2年生のときなど，この私の大きい体を投げ飛ばしましたからね，バコーンと。

　父は工務店を経営していましたが，ずいぶんとやり手でした。腕力だけでなく，経営力もあったので，工務店を継いだとしても父にあれこれ言われるのは目に見えていました。父の軍門に下るぐらいだったら，人生行路を変えたほうがいい。どうやったら父から逃れられるか。大学まで行って，父には絶対行けない学校に行ったら文句は言われないだろう。そう思ったのですね。

　実際，父の仕事は継ぎませんでしたが，父が後に「工務店は浮き沈みが激しい。お前が仕事を継いでくれないでよかった」と言ってきたのには，すごく複雑な気持ちがしました。私の逃げの姿勢を喜んでもらったのですから，それはもう，変な気持ちでしたね。

　——さあ，皆さんが考える時間がとれるよう，時間を潰しましたよ。いかがでしょう，東京大学に入ってきた／入る努力をしたことが，今後の高い収入に値すると思うか，どうか。

　ちょっと答えにくいかもしれないので，次に，この質問を2通りに言い換えてみましょう。それぞれについて，自分の思うところを回答してもらいましょうか。

■2種類の問い

　最初の質問。

　いい大学に入ってきたこと自身，評価に値すると思うか。

　この場合の「評価」というのは高収入を得るということも含めてです（あるいは高収入に特化してといってもよい）。中間的な回答もあるでしょうが，ここは思い切って，値すると思うか，思わないかで聞いてみましょう。値すると思う人はどれぐらいいる？　おお，半分ぐらい。値しないという回答も……半分ぐらい。はい，わかりました。

では，バージョンを変えてみましょう。

　皆さんが大学に入ってきたのは，東京大学に入ろうと思ったのはなぜでしょう。

　こういう質問をすると，「自分のやりたい学問があった」といった回答が出てきますね。しかし，あれはおかしな答えです。それはちょうど配偶者を選択する際に，「あなたの結婚の条件は何ですか」と聞かれて，「性格のいい人」と回答するのと同じくらい嘘くさいですね。というのは，回答が建て前的という以上に，こう回答する前に，いろいろな条件から候補を消しており，最後の最後にこうした条件を重視しているにすぎないからです。もっとも重要な条件は，もしかしたら，最初に候補を消すときの条件かもしれません。

　ともあれ，私は自分の事情を率直に話しましたから，皆さんも率直に回答してくださいね。

　皆さんへの質問はこうです。「この学校に来ようと思ったのは，いい収入／よい職業を得ようと思ったから」。この発言に賛成か，反対か。

　賛成な人……うーん，半分ぐらい。学校と，収入／職業とはまったく関係ないという人？　……やはり，半分ぐらいですね。

　この2つの問い，最初の一般的な問いと次の自分自身への問いへの答えが同じだったかどうか。自分の回答を振り返ってみるのも，面白いでしょうね。

2. 東アジアの夢？：有名大学進学への渇望

■**本章の問題意識**

　では，本題に入ります。先ほどの2つの問いに加えて，あと2つ問いを加え，東アジア全体ではどうか，日中を比較した場合ではどうかを考えていきたいと思います。

　有名大学に進学したいというのは，日本に限った話ではありません。

これからお話しする中国でもそうですし，韓国や台湾でも広くみられる現象です。

なぜ大学に行こうとするのか。そもそもその背後には何があるかを切り口に，「日本と中国を比べた場合，それぞれの特徴がどこにあるか」という問いを3つ目に考えたい。

もちろん日本と中国の間に共通性はあります。中国でもいい学校に合格するために一生懸命頑張るというのが一般的ですが，その背後にどのような価値観があるのかを考えたい。

日本からみた場合，中国の社会が特殊にみえるかもしれません。その特殊なみえ方というものを考えてみようということで，「なぜ中国では教育による収入格差が是認されるのか」という問いを最後で取り上げましょう。

■東アジアの進学熱

東アジア各国の大学受験に対するまなざしには，日本とは少し違うものがあります。

台湾では，台北の駅前に予備校街ができています。台湾の予備校のホームページにも日本と同じように合格者が出てきますが，もっと直接的な形で，「誰それは国立台湾大学のどの学科に受かった」と，個人名がずらっと出てきます。「ここの予備校に行くと台湾大学のここに受かる」という，直接的な宣伝がなされるのが常です。

韓国も，統一試験（大学修学能力試験）のときなどは，官民をあげて受験生を応援し，国中がものすごい熱気に包まれます。受験生を試験場に遅刻させまいとパトカーを走らせるほどですから。

最近は中国でも大学入試がメディアで大々的に取り上げられ，「誰それが，大学入試で1番になった」といった記事が新聞によく出ます。中国では，1番で合格した子供の名前は「状元（科挙試験を一番で合格した人）」といわれ，盛大に公表されるのです。

各国とも，とにかく，子供をいい学校に行かせることにエネルギーをかける。出身大学がその子の一生を左右すると思われているからで

すね。

　日本の有名予備校のホームページには，よく先輩たちの「合格者インタビュー」が掲載されます。これを見ると，どうしたら難関校に合格できるかは書いてありますが，なぜその大学に来たのかということについては，あまり書かれてない。「これで自分の人生が成功した」とか，「これで生活が保証された」などというインタビューは出てきません。

■そもそもなぜ大学に行くのか？：その背後にある力学
　何で学校に行くのか，その背後にどのような力が働いているのか。
　日本人の学校や教育に対するまなざしをほかの国々と比較してみると，いろいろ面白いことがわかります。
　2003年から，東洋文化研究所の猪口孝さんを中心にして行われた「アジア・バロメーター調査」と称する，アジア最大の比較世論調査があります。2006年調査では，日本，韓国，中国，台湾，香港，ベトナム，シンガポールといった儒教圏アジアを対象に，生活・規範・価値について調べています。
　この年，初めて「教育の機能は何か？」という質問を入れることに成功しました。「教育の機能として以下に挙げるもののうち，自分がそうだと思うものを3つまで挙げてください」，というものです。3つまでですから，回答の最高値は300％になります。日本の場合，合計値が若干低くなるなど，あれ？と思うこともありますが，総じて興味深い結果が得られています（図1）。
　グラフの「収入を増やせる」という回答の割合に注目してください。中国では全回答者の68.7％が「収入を増やせる」を選んでいるのに，日本では31.3％しか選んでいません。
　図2のように，回答者の学歴別に分析すると，低学歴者ほど「収入を増やせる」とする回答を選ぶ割合が増えるのですが，日本では，その低学歴者でも，「収入を増やせる」と回答したのは37.8％しかない。

(資料)「アジア・バロメーター調査」2006 年。

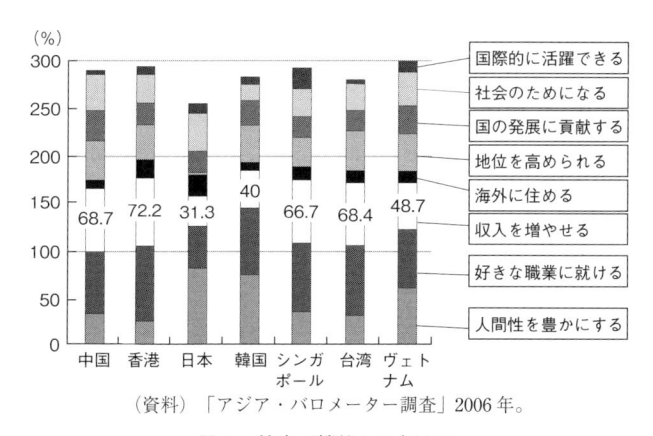

図1　教育の機能とは何か？

	中国	香港	日本	韓国	シンガポール	台湾
■ 低学歴	73.1	72.9	37.8	51.8	74.0	72.3
▨ 中学歴	67.6	72.8	31.7	36.7	64.3	70.9
□ 高学歴	61.1	68.6	30.2	37.8	46.6	60.5

(資料)「アジア・バロメーター調査」2006 年。

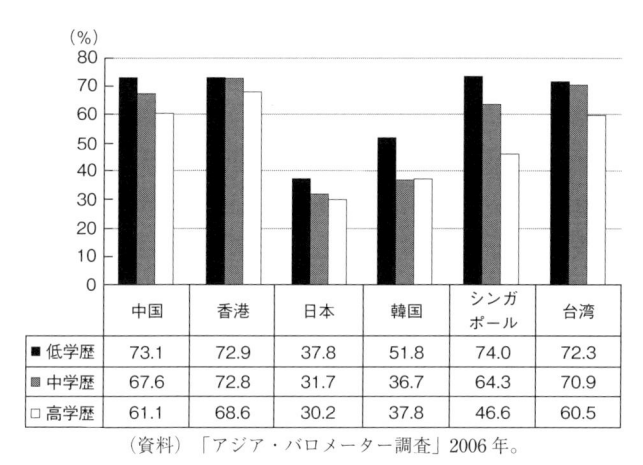

図2　高収入獲得手段としての教育：学歴達成別

　日本の回答者は建て前の答えを言っているのではないかという疑いもあるでしょうが，とすると，中国や香港など，ほかのアジア地域の回答も建て前なのか，という疑問が湧いてきます。

　ともあれ，日本（と韓国）では，高学歴獲得のための動機として収入があまり強く作用していない点は，注意しておく必要があります。逆にいえば，（日本や韓国を除く）アジアで教育熱が広がっているのは，学歴達成ができなかった親が，子供に教育を受けさせて高い収入を得

2．東アジアの夢？：有名大学進学への渇望　153

てもらいたいという，一種のリベンジ，再チャレンジを促そうとしているから，ということになります。

3. 学歴社会の日中比較：その異同を考える

■学歴別収入格差の大きい中国

図3は，日中の学歴別収入格差を示した図です。

日本のデータは破線で示してありますが，これは1995年に行われたSSM調査（社会階層と社会移動に関する全国調査）のスコアを使ったものです。最新（2005年）のデータを使えばいいのですが，中国と比較しにくい仕様となっていて，ここだけ1995年のデータを使っています。

中国のデータについては，1998年と2006年，4都市と書きましたけれども，天津，重慶，上海，広州の4都市で，私たちの研究チームが行った調査の結果を示したものです。

数値は，大卒以上の調査対象者の平均月収を100とした場合の，専門学校（日本でいう専門学校は中国だと大専となります）の卒業生や高校，中学以下の卒業生の平均収入の割合を示しています。

（資料）日本は「SSM調査」1995年。中国は筆者の研究チームが行った「中国4都市調査」による。

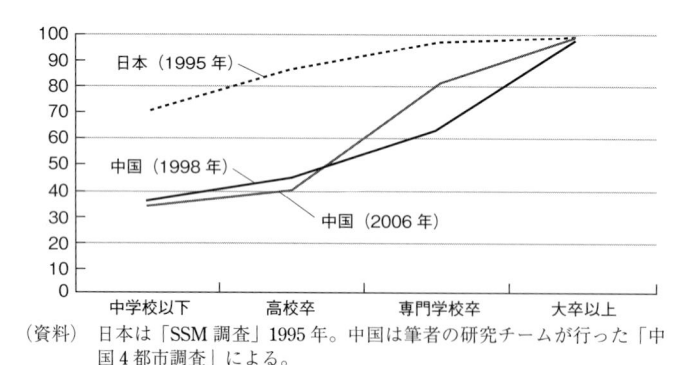

図3　日本と中国の学歴別収入格差

日本の場合，中卒以下の学歴の人たちの平均月収は，大卒の7割程度。これでも格差があるといえますが，中卒以下の学歴の人たちの収入が，大卒者の3割程度にしかならない中国に比べれば，格差は大きいとはいえません。確かに，日本で収入が学歴達成の大きなドライブにならないというのも，理解できる気がします。

　もともと中国でも，学歴の違いによる収入格差は存在していましたが，近年の経済成長によって，その格差は大きくなっています。高学歴者の収入の伸びが大きく，低学歴者の収入も上がったものの，その伸び率は高学歴者ほどではないからです。

■都市戸籍の壁

　図3から，学歴が中国社会にとって大きな意味をもっていることがわかりますが，それ以外にも，中国で学歴獲得競争が苛烈になる理由を見て取ることができます。

　たとえば中国では，都市と農村の戸籍が分かれています。日本にも戸籍はありますが，中国の場合は，戸籍によって受けられる福祉や教育のサービスが決まっています。都市戸籍をもっている人は，その都市で教育や福祉のサービスを受けられるのに対し，農村出身者が都市に出ていった場合，その都市戸籍をもっていなければ，これらのサービスを受けられない体制になっているのです。

　農村戸籍から都市戸籍への変更も，可能といえば可能です。しかし，いくつかの条件があります。その重要な条件の一つとして学歴があります。修士号や博士号をもっていることが，戸籍取得のための重要条件となっている都市があるのです。こうした状況にあって，農村の子弟ががんばって勉強し，都市戸籍を取ろうと奮闘するのは，当然といえます。

■何が収入を決定するか

　表1は，日本における収入決定要因を分析したものです。重回帰分析という手法を用いていますが，被説明変数が収入，説明変数が学

表1　日本における収入決定：2005 年

	非標準化係数		標準化係数	t	有意確率
	B	標準誤差	ベータ		
（定数）	3.14	0.09		35.14	0.00
学歴	0.23	0.02	0.14	10.21	0.00
性別	−0.95	0.03	−0.42	−32.97	0.00
年齢	0.07	0.01	0.08	5.66	0.00

（資料）「SSM 調査」2005 年。

（出典）園田茂人『不平等国家 中国：自己否定した社会主義のゆくえ』中公新書，2008 年，p.66，表 2-3（2）。

表2　中国における収入決定：2006 年

	非標準化係数		標準化係数	t	有意確率
	B	標準誤差	ベータ		
（定数）	1.29	0.14		8.99	0.00
学歴	0.53	0.02	0.38	21.44	0.00
性別	−0.18	0.04	−0.08	−4.47	0.00
年齢	0.12	0.03	0.07	4.03	0.00

（資料）「中国 4 都市調査」2006 年。

（出典）園田茂人『不平等国家 中国：自己否定した社会主義のゆくえ』中公新書，2008 年，p.66，表 2-3（1）。

歴，性別，年齢となっています。

　日本の場合，何が個人の所得に影響を与えるかというと，学歴も影響を与えますが，もっとも強い影響を与えているのが性別です。つまり，同じ学歴を獲得していても，男性か女性かによって，日本の場合，収入は大きく違っています。

　これに対して中国の収入決定を分析したのが表2です。中国の場合，性別も影響しているものの，学歴による説明力が抜群に大きい。女性でも高学歴を獲得すると，相当いい収入が得られるのですね。

冒頭で，以前早稲田大学のアジア太平洋研究科で働いていたと言いましたけど，私の研究室には中国沿海部の都市出身の女性が多かった。彼女らはがんがん勉強して，いい収入を得ようとしていました。「結婚して，旦那の収入で暮らす」といった感覚の女子学生は皆無でした。

■社会的不公平への意識はどうか

さて，図4は，いくつかの条件——性別，年齢，学歴，職業，収入，資産——をめぐって，「あなたの社会にはどの程度の不公平がありますか」と質問し，その回答結果を示したものです。ポイントは1点から3点までの3点スケールで，スコアが高ければ高いほど不公平だと思っていることを意味します。

日本と中国とでは，グラフの形が少し違います。日本では学歴に大きな山がある。つまり「学歴の不公平」が比較的想起されやすいのに対し，中国では「収入の不公平」には強い関心が向けられていても，「学歴の不公平」はあまり強く意識されていません。

中国では，実際に学歴によって収入が大きく異なっているのに，その不公平は強く意識されていない。他方，日本では，中国に比べて学歴が収入を決定している度合が低いのに，学歴の不公平が強く意識さ

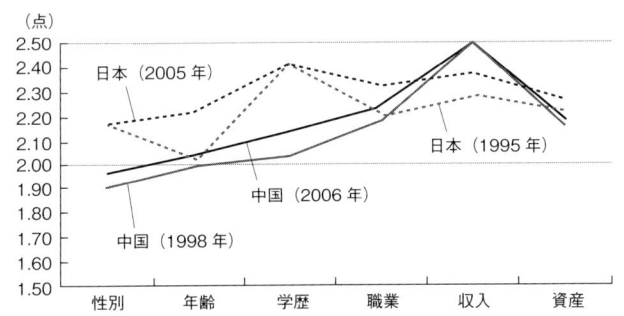

(資料) 日本は「SSM調査」1995年，2005年。中国は「中国4都市調査」1998年，2006年による。

図4 社会的不公平への意識：日本と中国の比較

(出典) 園田茂人『不平等国家 中国：自己否定した社会主義のゆくえ』中公新書，2008年，p.69，図2-6。

れている。何ともねじれた現象です。

■教育アスピレーションの差

なぜ，こんなねじれがみられるのか。もう少し考察を深めていきましょう。

図5と図6は，教育アスピレーション——子供に対する教育期待——を，日本と中国で比べたものです。

じつは，日本と中国の質問文が同じではないため，完全に比較することはできません。意味ある比較をするには，いろいろな条件をコントロールしないといけませんし，質問文が相手に同じように伝わらなければならないなど，細かい前提があるので，アバウトな比較だと思ってください。

日本では，「子供にできるだけ高い教育を与えたい」という文言に賛成か反対かの割合をみたのですが，興味深いことに，親が高所得かどうかは回答にあまり関係していません（グラフ実線）。何が関係しているかというと親の学歴で，学歴の高いほうで子供にいい教育を受け

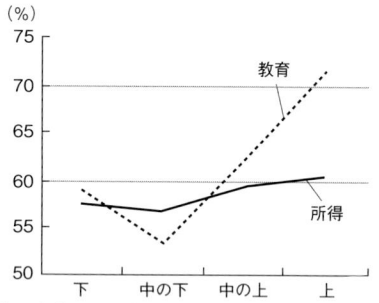

（注）教育の場合，大卒以上，専門学校卒，高校卒，中卒以下の4つのカテゴリー別に，所得の場合，4分割した中でのランク別に，それぞれが「子どもにはできるだけ高い教育を受けさせるのが良い」とする文言に「そう思う」「ややそう思う」と回答した率（％）の平均値を示している。
（資料）「SSM調査」1995年。

図5　日本における教育・所得階層別にみた子弟への教育アスピレーション
（出典）園田茂人・新保敦子『教育は不平等を克服できるか』岩波書店，2010年，p.89，図4-12。

させたいと思っています（グラフ破線）。これは明らかに，高収入を期待してのものではない。親が高学歴だから，子供にも高学歴を求めているだけです。

ちょっと聞いてみたいのですが，皆さんの中でお父さん，お母さんの両方とも大学を出ていない人はどれぐらいいますか？……ああ，健全だ，いる。よかった，よかった。私の両親とも大学に行っていないのですが，こうした諸君が東大に入ってきてくれていることは誇らしいですね。

他方，両親とも東大を出ているといった人もいるでしょう。日本では高学歴を獲得した人が，子供に対する教育アスピレーションが高いですし。

ところが中国では，所得があまり高くない人たちのほうが子供にエネルギーをかけているように思えます。図6は，「余ったお金をあなたは何に使いたいですか」という質問に「子供の教育費」という回答をした人の割合を示していますが，「中の下」に属する人たちの数値が高くなっています。

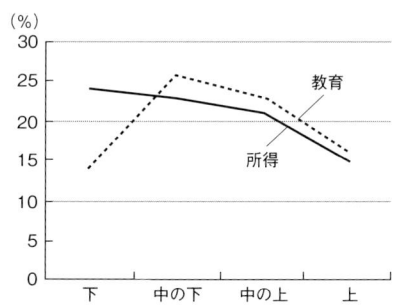

（注）教育の場合，大卒以上，専門学校卒，高校卒，中卒以下の4つのカテゴリー別に，所得の場合，4分割した中でのランク別に，それぞれが「あまったお金があった場合に何にお金を使いたいか」とする文言に「子女の教育」と回答した率（％）の平均値を示している。
（資料）「中国4都市調査」1998年。

図6　中国における教育・所得階層別にみた子弟への教育アスピレーション

（出典）園田茂人・新保敦子『教育は不平等を克服できるか』岩波書店，2010年，p.89，図4-13。

■高学歴志向の帰結

　これのデータは都市部の調査結果を示したものですが、農民工という、農村から出稼ぎに来た人たちを調査してきた結果も、似た現象を示しています。彼らは何のために働いているかと聞くと、「自分たちの生活を豊かにしたい」より、「子供の教育費を稼ぎたい」と答えます。社会の底辺にいるような人たちも、子供に教育を与えて社会的に上昇してもらいたいという希望が強いのですね。

　となると、何が起こることになるか。

　図7を見てください。これは2006年の「アジア・バロメーター調査」の分析結果を示したものですが、中国では、農村のできる子たちはみな受験勉強を通じて都市に吸収されてしまうため、都市と農村では、学歴構成がまったく違っています。

　ここに中国社会がもつ高学歴志向の一つの帰結を見て取ることができるでしょう。

■留学に対するスタンスの相違

　さらに面白い結果があります。

　図8と図9は東京大学と北京大学で行われた調査の結果を示したものです。

　北京大学に関しては私が早稲田大学にいたときに2008年の「アジ

（資料）「アジア・バロメーター調査」2006年。

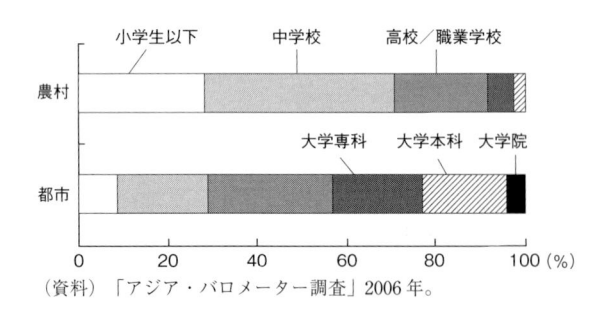

図7　中国における都市農村別にみた学歴構成

（出典）　園田茂人・新保敦子『教育は不平等を克服できるか』岩波書店、2010年、p.78、図4-7。

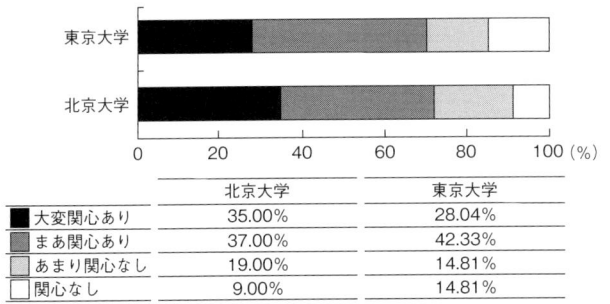

	北京大学	東京大学
■ 大変関心あり	35.00%	28.04%
▨ まあ関心あり	37.00%	42.33%
▨ あまり関心なし	19.00%	14.81%
□ 関心なし	9.00%	14.81%

(資料) 早稲田大学グローバル COE プログラム「アジア学生調査」2008 年。

図 8 エリート学生の留学への関心度：日本と中国の比較

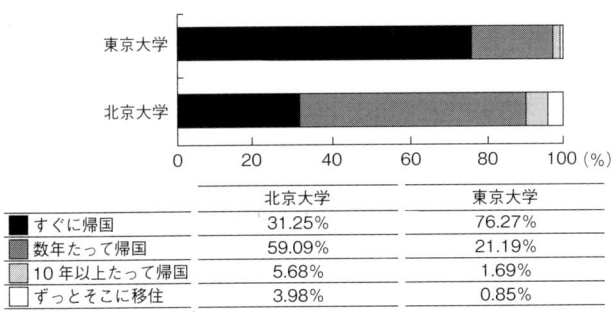

	北京大学	東京大学
■ すぐに帰国	31.25%	76.27%
▨ 数年たって帰国	59.09%	21.19%
▨ 10 年以上たって帰国	5.68%	1.69%
□ ずっとそこに移住	3.98%	0.85%

(資料) 早稲田大学グローバル COE プログラム「アジア学生調査」2008 年。

図 9 エリート学生の留学後の行動：日本と中国の比較

ア学生調査」というグローバル COE プログラムの一環として行った調査の結果で，サンプル数は 200 です。東京大学の調査については早稲田の学生が実施主体となり，1 学年 50 サンプル，理科系と文科系半々になるように調査したのですが，図はこれらの調査の結果を示しています（こういったサンプリング方法を割当法といいます）。200 サンプルは若干少ないですが，両大学，特に北京大学の特徴はよく表れていると思います。

図 8 は，「留学に関心があるか」という質問への回答結果を示したものです。東大でも北京大でも「大変」「まあ」という回答は合わせて 7 割ぐらい。

では，「留学した後どうするか」という質問に対し，東大の学生は，

7割以上が「すぐに帰国」と回答しているのに対して，北京大の中で，「すぐに帰国」という回答は3割程度にすぎません（図9参照）。中国では上海でも同じ調査を実施しましたが，大体似た結果が得られ，一番多い回答は「数年たって帰国」するというものでした。

　北京大学の学生は，キャリアアップのために留学し，留学先で就職先をみつけようとする。単に海外で勉強したいというだけでなく，職業達成も含めて豊かさを得ようとするドライブが強く効いているのですね。

4．教育による収入格差是認の3つの要因

■なぜ中国では教育による収入格差が是認されるのか

　先ほどの図3と図4を見てわかるように，中国では学歴による収入格差が非常に大きく，日本人からみると，どうみても学歴による不平等が存在しているようにみえる。ところが，中国ではこれを「不公平だ」と問題視されていない。

　なぜでしょう？

　3つほど理由が考えられます。歴史的な原因，制度的な原因，それに規範的な原因です。

■歴史的要因①「科挙」制度の伝統：その断絶と継続

　第1に考えられるのは，科挙制度の影響です。

　科挙とは随の時代から1300年にわたってつづいた官僚登用システムです。清朝末期の1905年に廃止されますが，いまだに科挙への記憶が残っている。先述の「状元」といった表現は，こうした記憶の存在を示唆しています。

　実際，現在の共産党の指導者がどのように選ばれているかというと，明らかに高学歴の人たちからリクルートされている。これも，科挙という中国の伝統的な要素を無視して説明することはできません。

中国にも士農工商という伝統があったのをご存知でしょうか。

　日本でいう士農工商の士は武士ですが，中国の士は士大夫(したいふ)を意味します。士大夫というのは科挙に合格した官僚で，世襲ではありません。頭がよくて試験に受からないと，士大夫になれない。中国の場合，どんなに優れた家に生まれても，その子供が試験に受からなければ，士大夫の伝統が途切れてしまうため，士大夫の家族は子供の教育に多大なエネルギーをかけてきました。

　この点に関して，個人的な思い出深い話があります。

　中華民国期の中国には孫本文(そんほんぶん)（1892-1979年）という高名な社会学者がおられました。現在の南京大学（当時の国立中央大学）で社会学を講じた方ですが，中国では社会学は1953年から1979年までご法度になります。「社会学はブルジョア科学だ」と断罪され，禁じられた学問となってしまうからです。孫先生は1979年に社会学が復活する数カ月前，亡くなられます。

　私は師匠である富永健一先生と一緒に，1984年，最初に中国に行って，それから中国の研究にはまっていくのですが，その3年後に単身南京に乗り込んだ際，孫先生のご子息にお目にかかって，お話しをする機会がありました。

　孫本文先生は江蘇省呉江のご出身で，十数代続いている士大夫の系譜にあるとのことでした。中国の近代をつくってきた社会学の重要人物に，こうした歴史的背景がある。このように，日本では想像できない知識人の層が中国にはあります。

　この科挙は，「ハイリスク・ハイリターン」な教育制度となっています。合格率が非常に低い。東京大学に合格するより，ずっと難しい。合格するまで何年も浪人するわけです。ところが，合格するや地位と権力がどっさり得られる。士大夫になることは，一種のチャイナ・ドリームだったのですね。

　科挙は，伝統的に平等な競争だと考えられてきました。誰もが同じ試験を受け，頭がよく努力した者が報われるようにできているからです。ところが現実はそうではない。経済的な余裕がなければ，何年も

浪人ができないからです．合格するまで10浪，20浪は当たり前でしたが，長年浪人するには，家が豊かでないと無理ですよね．

■職業評価の際に重要な基準とは

さらに，教育を通じた地位達成から，一種の「文化の型」を見て取ることができます．

図10は，データは少し古いのですが，中国では1993年，日本では1995年にそれぞれ行われた調査の結果を示したものです．職業威信調査といって，多くの職業を並べ，「あなたはこの職業のどれがいい職業だと思いますか」と質問して調査対象者に5点スコアを付けてもらった結果を示しています．少々えげつない質問ですが，このような調査が1960年代ぐらいから，世界中で行われるようになりました．その結果，「どの国でも似た職業評価の構造がある」といった知見が得られたのですが，興味深いことに，職業評価の際に重要な基準に関しては，国によって異なるパターンがみられます．

図10にある中国のデータは黒竜江省ハルピン市のものなので，どこまで国全体に一般化できるか注意しないといけないのですが，日本に比べて，影響力や貢献，技能が低く評価され，他方で教育，収入，

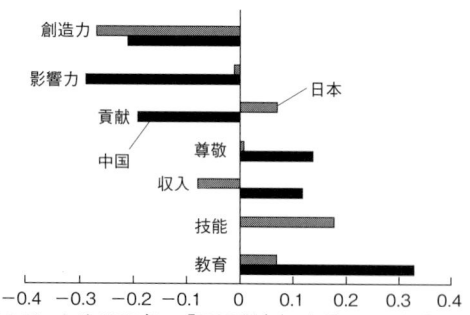

（注）日本のデータは1995年の「SSM調査」，中国のデータは1993年における「ハルピン調査」の結果による．単位はポイント．

図10　職業評価の際に重要な基準：日本と中国の比較

（出典）園田茂人編『東アジアの階層比較』中央大学出版部，2005年，p.13，図1-2．

尊敬が高く評価される傾向にあります。

　これは中国に進出している日本の企業の方がよくいうことですが，中国の労働者で，技術を身につけてよい職人になりたいという人はごくわずかだそうです。ほとんどは，機会があったら教育を受けて役人になり，収入の高く尊敬される職業に変わりたいと思っているのです。そのため，彼らにじっくり技術を教え込むのがむずかしいというのですが，そこから，「士を尊び工・商を蔑む」中国の文化の型を見て取ることができます。

■歴史的要因② 文化大革命の影響・逆差別への反発

　歴史的要因として，あと2点，指摘しておく必要があります。

　一つ目は，文化大革命の影響です。

　中国では，1966年から1976年まで文化大革命の嵐が吹き荒れましたが，この時期，高等教育はほとんど機能しませんでした。「紅衛兵」として文化大革命で暴れた世代は私よりも少し上，皆さんのお父さんより少し年上の年齢層です。

　彼らは当時，高等教育を受けたくても，受けることができなかった。そしてこれが，子供への強い教育アスピレーションとつながっている。「自分たちの頃は，大学に行きたくても行けなかった，あなたは恵まれているのだから頑張れ」というわけです。

　もう一つ，中国では1980年代ぐらいまで平等な社会主義的政策を採っていたのですが，人々がこれを逆差別だと思うようになった点も重要です。

　一生懸命働かなくても同じ給与をもらえるというのはおかしい。見てみろ，競争がなかったから，1人当たりGNPで台湾に差をつけられちゃったじゃないか。香港も豊かになったぞ，どうしてだ？　と，従来の社会主義的政策が否定される中で，競争社会の論理と倫理が生まれてきます。そこに，現代中国で収入格差が是認される契機があることは，容易に推察されるでしょう。

■制度的要因

次に、制度的な要因です。

改革・開放政策で中国は計画経済から市場経済へと変貌していきました。その転換の過程で、官僚の汚職などさまざまな不公平が生じましたが、こうした事象に比べると、教育はもっとも公平性の高いものだとみなされているというのが、第2のポイントです。

図11は、中国の研究者が実施した調査の結果を示したものですが、スコアは、「たいへん公平だ」「どちらかといえば公平だ」と回答した者の割合を足し合わせた数値です。

「収入格差」や「都市・農村間の待遇」を公平だと思っている人は調査対象全体の半分弱です。収入格差は不公平だが、公的教育については公平だと思われている。教育が収入格差を生んでいるという認識を、多くの中国人はもっておらず、教育によって収入格差が生じても当然だとみなしている節がある。この点については、次の規範的な要因とも関連します。

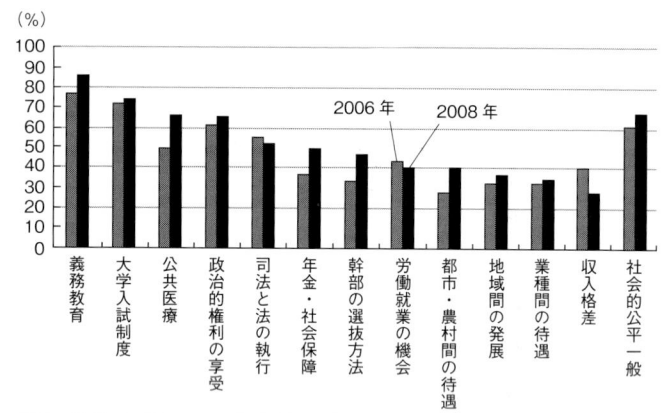

(注) 数値は、「たいへん公平だ」と「どちらかといえば公平だ」と回答した者の合計を示したもの。もともとは中国社会科学院社会学研究所が実施した調査データ。

図11 中国における都市住民の社会的公平に対する意識

(出典) 園田茂人・新保敦子『教育は不平等を克服できるか』岩波書店、2010年、p.87、図4-11。

■規範的要因

　最後に，規範的な要因を挙げましょう。

　公平や公正を判断する際，私たちは無意識のうちに特定の価値基準をもち込もうとします。学者はあまりまじめに議論しませんが，たとえばルックスを例に考えてみましょう。

　この教室にもイケメンと，そうでもない人がいます（笑）。でも，ルックスのいい人と悪い人がいたとして，「これは不公平だ。こうした不公平を是正しないといけない」と思うでしょうか。日本の政府に対し，「子供手当」ならぬ「あまり美しくない人手当」として1人当たり30万円出すよう要求することがあるでしょうか？　整形外科業界ならそうしたことを考えても不思議ではありませんが，普通そんなことは考えないでしょう。そこに，格差の存在を自然視し，これを是認する心理メカニズムが潜んでいます。

　中国における高収入の理想と現実を示したのが図12に掲げられています。この図は2006年に行われた4都市調査の結果をまとめたもので，「以下に挙げる人たちは高所得を得ていますか」という質問と，「ではあなたは以下に挙げる人たちの誰が高所得に当たると思いますか」という質問の2つを用意し，それぞれの回答結果を示したものです。

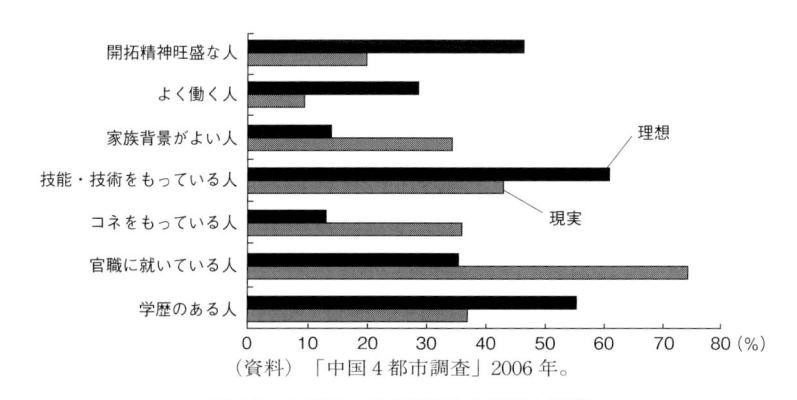

（資料）「中国4都市調査」2006年。

図12　中国における高収入の理想と現実

（出典）　園田茂人『不平等国家 中国：自己否定した社会主義のゆくえ』中公新書，2008年，p.70，図2-7。

この図を見て一目瞭然なように，現実には高収入の条件となっているものの好ましくないと思われている条件もあれば，現実には高収入の条件となっていないものの好ましい高収入の条件と思われているものもある。

　前者の典型的な例が官職に就き，コネをもつこと。社会学には「属性主義」という概念がありますが，努力しないでお父さんが偉いとか，たまたまいいところに住んでいるとか，そういうような理由でお金をもっていることは，中国の都市部では「属性主義」として忌避されています。

　面白いのは，学歴獲得者に対する評価で，彼らは実際に高い収入を得る条件となっていると回答した者が結構多いものの，理想的な高収入の条件と回答した者は，それ以上に多くいます。「属性主義」の対義語は「業績主義」ですが，中国の人たちにとって，学歴を獲得した人が高く評価されることは「業績主義」の表れだとして評価されている。努力の結果高い学歴を得たのだから，高い学歴の人間が高所得を得ても当然だ，というわけです。

　冒頭で皆さんに，「高学歴者／有名大学の卒業生は高い収入に値すると思うか」と質問しましたが，半数は賛成したものの，半数は反対しました。たぶん中国で同じ質問をしたら，反対する人はほとんどでてこないでしょう。それほどまでに日中の間には違いがみられます。

5. まとめ

■マージナル・マンからの視点
　以上のお話は，私のような外野の人間，つまり日本的価値観をべったりもった人間が中国社会を眺めたときの「違和感」をもとに出来上がっています。
　私は，この違和感というのが研究を進める上で大切ではないかと思います。

ある社会にどっぷり浸かっていると，その社会の成り立ちがあまりに自然にみえるため，この違和感をもちにくい。とはいえ，その社会のことを知らないと違和感をもつことさえ難しい。

　違和感をもつには，対象社会との「ちょうどよい距離」が必要で，社会学でいうところの「マージナル・マン」は，この「ちょうどよい距離」を取りやすい。特定の社会の論理にどっぷり浸かっておらず，複数の社会をある程度わかるから違和感を抱くことができ，そこから研究を展開していくことができる。

　私たちは，みずからが負っている常識を相対化するため，しばしば意図的に比較という手法を行います。

■常識を抉る方法としての「比較」

　以上，日本と中国の比較を行いましたが，そうすることによって，私たちは学歴と社会の関係について自省（リフレクション）することが可能となります。

　自省は時に，痛みを伴います。なぜ自分がこの大学に来たのか，振り返りたくない諸君もいるでしょう。私も年を取って鈍くなったせいか，「親から逃げるためにこの学校に来た」なんていうことをぬけぬけと言えますが，実際に悶々（もんもん）としている状況にあっては，自省どころの話ではないかもしれません。

　そんなとき，比較は威力を発揮します。比較の視点をもち込むことで，自分がなぜそのように考えるのか，振り返るヒントが得られるからです。

　比較を通じて常識を抉（えぐ）りだし，なぜそうなのかを問うことができる。常識を相対化するには，じつに簡便な方法です。

■意味ある「比較」ために

　最後になりますが，意味ある比較をするには，いろいろ努力しないといけません。今日は14枚の図表を見ていただきましたが，この図表を得るために，莫大なコストとエネルギーがかけられていることに

思いを馳せてもらいたいと思います。

　今日ご紹介した4都市調査を行うのも，じつに大変でした。研究パートナーをみつけ，中国語で討論して，あまり政治的な問題になると劉暁波さんみたいになってしまうので，センシティブな質問は避けつつも，重要かつ必要な質問文を練らなければなりません。

　もちろんお金も，現地の人たちの協力も必要です。お金を得るには多くの申請書を書かねばならないし，現地の人たちの協力を得るためには，それなりの付き合いをしないといけません。これら多くの困難を乗り越えて，ようやく1枚の図表が得られるのです。

　ちょっと，脅かしてしまったかもしれませんが，皆さんの中から優れた頭と強い足腰をもった研究者が出ることを期待して，話を終えたいと思います。

[参考文献]
園田茂人「日本の若者は中国のハングリー精神に学べ」『中央公論』4月号，2004年，p. 148-155。
園田茂人編『東アジアの階層比較』中央大学出版部，2005年。
園田茂人『不平等国家中国：自己否定した社会主義のゆくえ』中公新書，2008年
園田茂人「格差問題の影が忍び寄る都市中間層の憂鬱」『中央公論』6月号，2009年，p. 46-53。
園田茂人編『天津市定点観測調査（1997-2010)』早稲田大学現代中国研究所，2010年。
園田茂人・新保敦子『教育は不平等を克服できるか』岩波書店，2010年。

7
探偵小説におけるテクストの不安
『アクロイド殺し』の犯人をめぐって

内田 隆三

　探偵小説というジャンルは，19世紀の近代社会の成立とともに，メディアや都市生活の変化などと重なり合いながら出てきたものです。探偵小説は犯人を捜す物語というだけではなく，人々が自分たちの時代の不安や社会意識を共有するためのツールでもありました。

　探偵小説の核心は「真実」を探していくゲームにあるといえるでしょう。それは「真実は到達可能である」という信念を作者と読者が共有するゲームです。ここではこのゲームがじつは複雑な構造をしていることを，アガサ・クリスティーの代表作『アクロイド殺し』を例にみていきたいと思います。

　我々が犯人を捜せると思っていた「確かさ」はどこから来たのか。探偵小説への信じ込み，みんなで犯人がみつけられる，そういう真実への確信を揺るがすことで，我々が何をどのように自明なものとして受け止めているのかが，少しずつ，わかってくるのではないかと思います。

　我々が「真実」を発見し，理解しようとするゲームはたくさんあります。社会学もそういうゲームの一つですが，「真実」という我々の信念を支えている〈言語〉の世界は一体どのようにできているのか。こう問題を立ててみるとき，探偵小説は実験的なモデルになるかもしれません。また，探偵小説というゲームは，社会学的な理解のゲームを考えるうえでも反省の鏡になるのでは，と考えています。

1. 『アクロイド殺し』とは

■ THE 探偵小説

　アガサ・クリスティー（Agatha Christie）は 1890 年に生まれ，1976 年に亡くなるまで，ミステリー関連で，66 の犯罪小説，13 の戯曲，154 の短編を書いており，彼女の作品は累計で 20 億部以上発行されている，といわれています。この意味では彼女の探偵小説は大衆消費社会の商品です。彼女の作品が市場に並ぶのは 1920 年代からなので，まさに消費社会の商品ですね。

　彼女のデビュー作は『スタイルズ荘の怪事件』[1]（1920 年）ですが，そこで彼女は，一人の探偵を登場させます。それがエルキュール・ポワロです。ポワロは第 1 次世界大戦のためベルギーから避難してきた元警察官の探偵です。ここで取り上げる『アクロイド殺し』[2]（1926 年）は，ロンドンで活躍したあと，引退し，田舎の村に引っ越してきたポワロが活躍する探偵小説です。この作品はその人気や評価から，"ザ・探偵小説" と呼んでいい，いわば探偵小説一般を代表するような探偵小説の一つです。

　しかし他方で，この作品は，発表されるやいなや，「これはペテンだ」という批判に晒され，"反・探偵小説" の代表のようにみなされます。つまり，"ザ・探偵小説" であると同時に "反・探偵小説" でもあるという特異な性格——両義的な性格——をもった探偵小説，それが『アクロイド殺し』です。

---

[1] 原題は「*The Mysterious Affair at Styles*」。日本では『スタイルズ荘の怪事件』（矢沢聖子訳，早川書房，2003 年。田中西二郎訳，創元推理文庫，2004 年など）とのタイトルで出版されている。

[2] 原題は「*The Murder of Roger Ackroyd*」。日本では『アクロイド殺し』（羽田詩津子訳，早川書房，2003 年），『アクロイド殺人事件』（中村能三訳，新潮文庫，1958 年），『アクロイド殺害事件』（大久保康雄訳，創元推理文庫，1959 年）などのタイトルで出版されている。

■献辞に隠された意味

　クリスティーはこの作品を 1926 年にコリンズ社から刊行します。本のカバーには「*The Murder of Roger Ackroyd*」とあります。本の頁を開いていくと「献辞」があります。この本を誰かに捧げるという意味ですが，「To Punkie, who likes an orthodox detective story, murder, inquest, and suspicion falling on every one in turn!」とあります。「殺人があり，検死審問が行われ，そして登場人物全員に次々と容疑がかかっていく，本格的な探偵小説を愛する，パンキーのために！」というような意味ですね。ここでパンキーというのは，彼女のお姉さんのニックネームで，マッジとも呼ばれる人です。本名ではマーガレットといいます。

　この「献辞」には意味深いものがあります。パンキーは《orthodox detective story》が好きということのようですが，そこで《orthodox》というのは，たんなる謎解きではなく，「殺人事件がある」という意味だと思いますが，もうちょっと違う意味も加算されているように思います。というのは，"従来型"の，あるいは"月並み"の探偵小説しか知らないだろうパンキーに，「あなたが驚くような作品を書きましたよ」という，ちょっと得意気なメッセージも籠められているように思うからです。

　また，もう一つ，「私が今『アクロイド殺し』という作品でお示しするのは，"正統の""ふつう"の探偵小説です」という意味も読み取れます。後に，この小説をあざとい作品だと非難する人々が出てきますが，クリスティーは予防線を張ったのかもしれません。

　次に，《suspicion》というのは「容疑」のことです。この小説ではあらゆる人物（every one），つまり登場人物すべてが〈疑わしい〉というのです。犯人として指弾される登場人物の一人が「語り手」の役割を演じていますが，語り手も容疑者の一人であり，例外ではないことを，あらかじめ通告していると読むことができます。

　「語り手」が犯人とされるために，クリスティーは多くの人から非難されることになります。しかし，彼女としては，「献辞」で

《suspicion》は《every one》に及ぶことを明言しているわけです。

2. アクロイドと彼をめぐる人物

■被害者——ロジャー・アクロイド

　この小説で，被害者はロジャー・アクロイドという人物です。彼はキングズ・アボット村の「大きな屋敷」に住んでいます。キングズ・アボット村は「小さな村」ですが，アクロイドはこの村に住む典型的な「田舎地主」（local squire）にみえるという設定です。赤ら顔で愛想のよい40代の男性で，教会の牧師と親しく，教区基金に多額の寄付をしています。

　しかし，アクロイドは荷車の車輪製造で成功した人物（self-made man）です。ある意味で成金であり，産業資本家と呼ぶこともできます。地主であると同時に，製造業を営んでいる，そして村の中心人物になっているわけです。

　アクロイドは成功した人間という設定ですが，プライベートでは不運な人でした。青年時代に，年上の未亡人だったペイトン夫人と恋愛結婚をしますが，彼女はアルコール依存で4年後に死んだため，その後ずっと独身を通しています。

　家政婦との結婚の「噂」もありましたが，最近はフェラーズ夫人という未亡人と再婚の話が進んでいます。夫人は1年ぐらい前に，酒乱だった夫が病気で死んだことになっています。本当は，彼女が夫の暴力に耐えかねて，毒殺していたのですが……。結局，夫人は自殺しますので，私生活の面で，アクロイドの人生を考えると，どうも「運の悪い」人物だといえるでしょう。

■容疑者の空間

　アクロイド氏の周囲にはさまざまな人物がいます。家族，使用人，恋人のほかに，友人という，4つの種類に分けてみましたが，主な

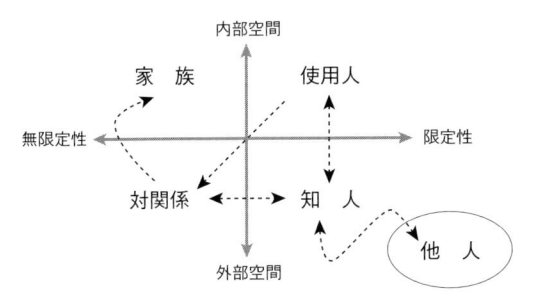

図1　容疑者の空間：近傍と周縁

〈容疑者〉はこの中にいます。ここで「容疑者の空間」というのを考えてみたいと思います。

図1のように，まず内部空間／外部空間という縦軸の対立は，「一緒に住んでいるかどうか」という意味です。家族や使用人というのは一緒に住んでいる人たちです。これらに対して，対関係というのは，恋人や友人など，個人として親しい人との関係です。それから知人がいます。友人は知人である場合もあるでしょう。以上の人たちはみな被害者の「近傍」に位置しています。この近傍に入らない，遠隔の場所には「他人」がいます。

次に，横軸の「限定性」と「無限定性」という対立ですが，相手との関係で，無限定なかかわりの仕方を求められる可能性があるのが左側の人たちです。右側の人たちとは，通常，限定された関係に留まります。被害者のまわりにいる人たちに関しては，おおよそ，このような分類が可能ではないかと思います。

3. 都市の不安

■2つの言説がたわむれる場所

田園を舞台にした探偵小説として有名な作品の一つに，ベントレー（Edmund Clerihew Bentley；1875-1956年）の作品——『トレント最後の事件』（1913年）があります。遡れば，ガボリオ（Emile Gaboriau；

1832-73 年）の『ルージュ事件』（1866 年）でも，舞台はパリ近郊の田舎町です（パリ警視庁の刑事が捜査に乗り出します）。でも，これらの田園はどこかで大都市とつながっています。エドガー・ポー（Edgar Allan Poe ; 1809-49 年）以来，探偵小説の生産と消費の中心地は大都市です。描かれる感受性の形式をみたときも，探偵小説は都市の文学だといえるでしょう。それは田園を舞台にしても，都市の想像力に支えられているように思うからです。

　大都市に生きることの不安を考えたとき，それに言及する2つのタイプの言説が我々のまわりにあります。一つは新聞による犯罪報道です。犯罪報道は，恐ろしい犯罪者が——日常生活からみればまあ「遠い人」たちですが——いつ自分の近傍に現れるかもしれないと，我々の意識を不安にさせます。犯罪報道の言説は「遠い人が近い」という不安な可能性をセンセーショナルな形で強調します。

　それに対し，近代的な探偵小説では，被害者の近傍にいる「近い人」が恐ろしいことになります。たとえば家族や使用人や愛人や知人——こういう「近い人」たちが，じつは犯人だったりします。探偵小説はこのように「近い人が遠い」という不安な状況を，推理という多少とも合理的な形式を用いて描いてみせます。

　ミシェル・フーコーは『監獄の誕生』（1975 年）の中で探偵小説や新聞の犯罪報道に触れていますが，思うに大都市の生活は，犯罪報道が表象するように「遠い人が，じつは近い」という不安と，探偵小説が表象するように「近い人が，じつは遠い」という不安が交錯するところで営まれています。恐ろしい他者は「遠いようで近い」，親しいはずの人物は「近いようで遠い」——そういう"確定しがたい不安"が大都市に潜んでいます。

　あの何々事件の犯人が，自分の近くになんか，いるわけはないと思っていても，新聞の犯罪報道は，そういう遠い人がじつは自分の近傍に侵入している可能性があると警告します。ですから，犯罪報道は「遠い人が近い」という形で，不安のありようを限定し，警戒心の方向を安定させてくれます。

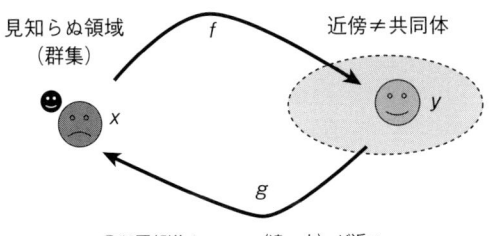

```
見知らぬ領域          近傍≠共同体
 (群集)        f
     ☹              ☺
       x              y
              g
```

①犯罪報道 $f: x \to y$ 〈遠い人〉が近い
②探偵小説 $g: y \to x$ 〈近い人〉が遠い
①＋②：都市の不安 $x \rightleftarrows y$

図2　都市の不安：2つの言説がたわむれる場所

　他方，探偵小説は，自分の近傍にいる，いかにも善人に見える人が，じつは恐ろしい犯罪者であるという意外性（遠隔性）を示唆しています。「近い人が遠い」「近傍も遠隔である」ということですが，探偵小説はこういう形で，不安のありようを限定してくれます。

　しかし，実際にはどちらの方向にも安心できないのが大都市の不安ではないかと思われます。「遠い人も，近い人も」不安の源泉になるわけです。「遠隔」と「近傍」が循環しながら，入れ替わり，不安の輪をぐるぐる描いていくわけで，この循環のプロセスそのもの，つまり"近傍／遠隔という遠近法が崩れていく"のが，大都市の不安の重要な側面であるように思います（図2）。

■近傍の現実：アナザー・ワールドの構成

　『アクロイド殺し』の事件の舞台はキングズ・アボット村でした。そこで被害者となる人物の「近傍」で事件が起こります。これを次のような図にしてみました（図3）。「近傍」というのは，我々が生きている近場の世界のことです。それを寓話的に"アナザー・ワールド"に変形するのが，探偵小説ということになります。

　一種の〈他界〉（another world）で事件が起こります。大都市に住んでいる我々は，共同体のように閉じた世界にいるわけではないのですが，探偵小説は相対的に強く閉じた仮想の世界を提示し，そこを舞台に設定します。

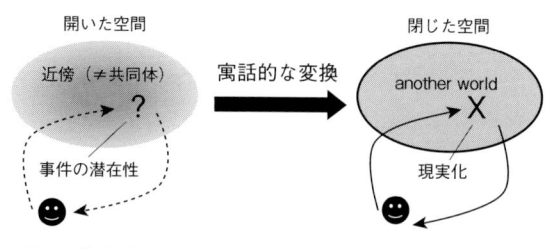

図3 「近傍」の現実から「アナザーワールド」への変換

　『スタイルズ荘の怪事件』では，ヘイスティングズというポワロの友人——ホームズの場合ならワトソンにあたる人——が登場します。ヘイスティングズは事件の舞台となるスタイルズ・セント・メアリー村へやって来たとき，自分はアナザー・ワールドに迷い込んだと述べています。《I felt suddenly strayed into another world》。これはまあ，彼の経験した戦争の前線とはおよそ無縁な，平和な村の風景があったからでしょうが，同時に，この言葉には一つの「他界」に来てしまったという予感がひそんでいます。

　ヘイスティングズはアナザー・ワールドに迷い込んだのですが，そこで殺人事件が起こります。実際の生活では殺人事件など滅多に起こりません。事件はあくまで潜在的な可能性です。けれども，アナザー・ワールドに行くと事件が現実化する。我々の実際の近傍は抜け穴の多い空間ですが，アナザー・ワールドは容疑者たちの集まりで，相対的に強く〈閉じた空間〉になっています。

　このアナザー・ワールドは，ビクトリア朝風のデコレーションで飾られていて，一つの〈閉域〉を構成しています。これは我々の近傍の隠喩ですが，少し倒錯した隠喩でもあります。というのも，そこでは異様な事件が起こるからです。

　『アクロイド殺し』の場合，アナザー・ワールドはキングズ・アボット村ですが，それはどこにでもある，ありふれた村です。鉄道の大きな駅と小さな郵便局があり，よろず屋が2軒隣り合っています。アメリカなら，「スモールタウン」というのがやや近いような感じもします。日本でいうと，唱歌「故郷」に歌われるような村にやや近い感

じもします。作者はそういう"どこにでもあるイギリスの村"をアナザー・ワールドに変換するわけです。この村の住人の趣味と娯楽は何かというと，噂話，ゴシップです。

　村の有力者のアクロイドが住んでいるのはファンリー・パーク荘と呼ばれる大きな屋敷です。階層の問題はクリスティーの小説では結構重要です。階層的に「上位の人」が階層的に「下位の人」から，財産横領の目的で狙われるからです。しかし，そこで重要なのは，「階層の差異」だけでなく，むしろ財産の継承に絡む「系譜上の同一性」にかかわる問題です。

　それから産業社会の情勢を映していますが，丈夫な男は若いうちから村を出て大都市に行ってしまう。村には未婚の女性や退役軍人が残っているという，そんなアンバランスな状況が描き出されます。また，見知らぬ人が村に出入りし，住みつくようになります。

4. ポワロの推理

■殺人現場

　このアナザー・ワールドにある大きな屋敷で事件が起こります。次頁の図4はアクロイド邸の1階の図面です。

　図4の中の②のところに書斎があり，そこが事件の現場となりました。書斎の中のテラス側に窓がありますが，犯人はそこから出入りしたようです。凶器は応接室の銀卓にあった短剣を使っています。アクロイドを殺した後，窓から逃げ，小道を抜けていったと想像されます。下の図5は現場となった書斎の状況です。

　アクロイドは暖炉に向いた椅子に腰掛けて死んでいました。しかし，高い背もたれの「安楽椅子」が問題になります。死体を最初に発見したのはシェパード医師と執事のパーカーですが，パーカーによれば，死体の発見時，背の高い安楽椅子の位置はもっと前に出ていて，ドアに向かって置かれていました。ドアとテーブルを直線で結ぶと，その

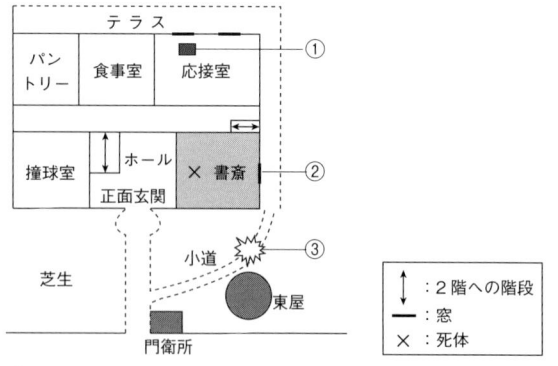

(注) ①は「応接室」（Drawing Room）の銀卓。②は殺人現場となった「書斎」（STUDY）の窓。③は湧き水によって生じた小道のぬかるみ。

図4　アクロイド邸の敷地と1階の平面図（略図）

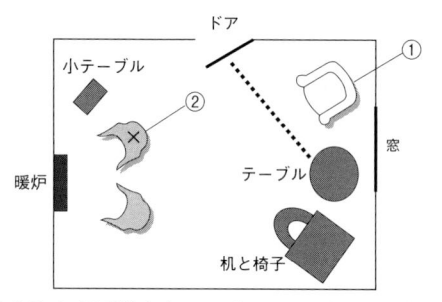

背の高い安楽椅子は死体発見当時，ドアとテーブルを結ぶ点線の位置まで引き出され，ドアに座面を向けて置かれていた。
(注)　①はポワロが不審に思った背の高い安楽椅子。②はアクロイドの死体があった椅子。

図5　アクロイドが殺された「書斎」の状況

あいだの位置まで（図5），背の高い安楽椅子が引っ張り出されており，しかもドアに面して座るように置かれていたというのです。

しかし，パーカーが警察へ電話をしに行った後，書斎に戻ってみると，背の高い安楽椅子は壁際のほうに戻されていた，と言います。この安楽椅子の位置の「奇妙な」違いから，ポワロは犯人を突き止めていくことになります。ポワロによれば，背の高い安楽椅子は，その背後に何かを隠すのに使われていたと推理されます。

もう一つ重要なのは，凶器となった，応接室の銀卓の中にあった短

剣です。犯人はそこから短剣をもち去った人物ということになります。それから，書斎にはテラスの側に窓があり，窓の敷居に靴跡が残されていました。この靴は底にゴムの突起があり，アクロイドの義理の息子のラルフ・ペイトンの靴と一致するので，彼が疑われることになります。

■状況証拠から

さて，この事件でポワロは次のように推理します。

犯人はアクロイドを殺害後，アリバイ工作のためにディクタフォン（録音再生機）を設置したため，それを書斎の中に残した。犯人は誰にも知られずに，ディクタフォンを現場からもち去るために，真っ先に現場に行き，1〜2分でも，一人でいることが必要だったと。

また，ディクタフォンを隠してもち出せる，鞄のような入れ物を怪しまれずにもっており，ディクタフォンに時限再生の仕掛けを施す能力があること。それから，当日ラルフが泊まっている旅館に出向き，書斎の窓の敷居に靴跡をつけるために，ラルフの靴を盗むことができたこと。フローラが応接室の銀卓を覗く前に，短剣を盗むことができたこと。そして現場の状況からしてアクロイドと親しい人物であること――これらが犯人の条件だというのです。

■動機について

次に，動機に関する犯人の必要条件を，ポワロは次のように考えます。1年前にフェラーズ夫人は夫を毒殺していました。犯人はその秘密を知り，夫人を脅迫して2万ポンドもの大金を得ていました。夫人は脅迫に苦しみ，ついには自殺するのですが，その直前に，夫人は秘密を打ち明ける手紙をアクロイドに出します。

そこで犯人は，アクロイドがこの手紙を読むことを〈察知〉します。犯人は，アクロイドが厳しい性格のもち主であり，そういう不正を許さないことを知っており，アクロイドの行動を阻止する必要があったのです。

以上の条件から犯人を確定できるのですが，ポワロによれば，これらの条件を全部満たすのはシェパード医師しかいません。ポワロはこうしてシェパードを告発するわけです。

5. 探偵小説の基本形：3つの視線の交差

■オイディプス三角形による分析

　ここで，被害者，犯人，探偵の3つの視線が交差する，探偵小説の基本構造を考えてみたいと思います。下の図6に示しますが，これはジャック・ラカン（Jacques Lacan；1901-81年）による「『盗まれた手紙』についてのゼミナール」の読解を参考にして，また，ショシャナ・フェルマン（Shoshana Felman）やジョン・ミューラー（John Muller）の議論を参照して作成した模式図です（『盗まれた手紙』（1844年）はエドガー・アラン・ポーの書いた推理小説です）。

　この図では，①被害者，②犯人，③探偵の3人の関係が，いわゆる「エディプス三角形」の構図を下敷きに示されます（エディプスは以下でオイディプスと記します）。ここでは3人とも事物を見る「視線」が違っています。被害者はそこに「見えるもの」しか見ていないので，real，現実的としています。表面に見える現実だけを見ている，そういう視線の主体が被害者です。

　他方，犯人は imaginary，想像的です。犯人は被害者に近づいてい

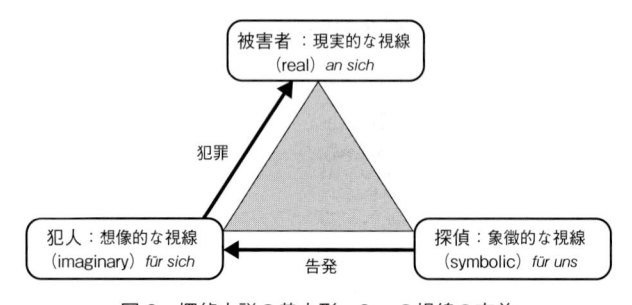

図6　探偵小説の基本形：3つの視線の交差

きますが，被害者の目に映る自分の「想像的な姿像」を見ています。あるいは誰かに見られる場合でも，その目撃者の目に映る自分の姿を気にしています。他人の目に映る自分は，悪い人に見えないように振る舞わなければならないからです。犯人は他人の視線の中に映っている「自分自身」の想像的な姿像を見ています。それが犯人の視線の重要な特徴です。

他方，探偵は，被害者と犯人という2人の視線の関係を見ています。そこにどういう意味が発生しているのか——そこで起こっている出来事の，意味の構造を見ていますので，symbolic，象徴的な水準に自分の視線を設定していると考えます。

別の言い方をすると，被害者はそこにあるものを即自的に見ています。犯人は他者に映る自分自身を見ているので対自的です。そして探偵は，そこに成立する視線の差異がはらむ，意味の秩序を見ていることになります。

■犯人と探偵のポジションの交替

被害者，犯人，探偵からなる，この三角形を，『アクロイド殺し』のポワロの推理に適用してみたいと思います。

図7の左側の「scene I」では，フェラーズ氏／フェラーズ夫人／シェパード医師の関係が示されています。フェラーズ氏が酒乱でフェラーズ夫人を虐待します。結局，夫人はフェラーズ氏を毒殺しますが，その秘密を知ったシェパードは，それを材料にして夫人を脅迫し，大

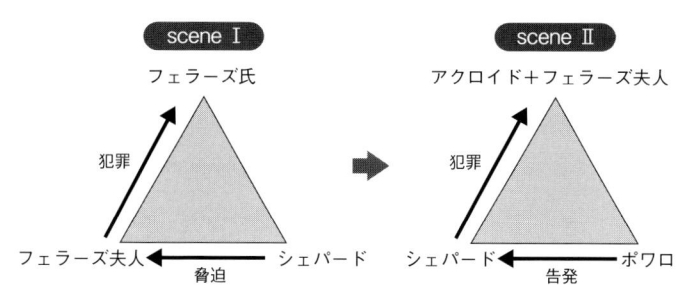

図7 アクロイド事件でのポワロの推理：犯人と探偵のポジションの交替

金を強請ります。

　これに対し，「scene Ⅱ」の三角形を見ると，今度はシェパードが夫人を自殺に追いやり，アクロイドを殺します。今度はシェパードが犯人のところに位置しています。さらに，探偵ポワロが新しく第3の位置にやってきます。ポワロは脅迫ではなく，シェパードを告発します。こういう構造で事件全体を理解することができます。

6. 『アクロイド殺し』の反響

■探偵小説には決まりがある

　このように，ポワロの推理では，シェパードが犯人だということになるのですが，『アクロイド殺し』は，シェパードを語り手とする「手記」として書かれた形になっています。そのために，この作品は刊行されると，たちまち非難を呼び起こしました。

　ヴァン・ダイン（S. S. Van Dine；1888-1939年）の「探偵小説二十則」によれば，探偵小説にはルールがあることになります。探偵小説が国民的なゲームで，フェアプレーを重んじるものだとすると，『アクロイド殺し』は根本的な反則になります。ロナルド・ノックス（Ronald Arbuthnott Knox；1888-1957年）の探偵小説「十戒」からしても『アクロイド殺し』はルール違反になります。こういうわけで，彼ら主流派の結論は，『アクロイド殺し』はまともな探偵小説ではないということになります。

　しかしながら，たとえばドロシー・セイヤーズ（Dorothy Leigh Sayers；1893-1957年）という著名な女性の探偵小説家は，これは「離れ業の傑作」であると評価しています。

　彼らは探偵小説の世界の人々，つまり大衆作家とみられるかもしれませんが，アメリカの文芸批評家，エドムンド・ウィルソン（Edmund Wilson；1895-1972年）も，「誰がアクロイドを殺そうがかまうものか」というエッセーを書いています。ウィルソンは純文学の側

にいるわけですが，純文学は，探偵小説の人気に押されていて，かつては日本でもそうでしたが，純文学のほうが，時々，探偵小説に対して攻撃的になることがあります。

ウィルソンは，そこで，ちょっとからかっているわけですね。第2次大戦の末期になりますが，ロジャー・アクロイドを「誰が殺そうと構うものか」と。誰が犯人だって構わない，そもそも探偵小説という形式に文学的な価値はないという見解を『ニューヨーカー』誌に載せたわけです。しかし，ウィルソンはユーモアのある人で，そう言いながらも，自分は，本当は探偵小説が好きだと，その後で告白したりしていて，なかなか愛嬌があります。

■国民的ゲームとしての探偵小説

『アクロイド殺し』に対して，少なくとも，こうした3つの反応があったわけですが，最初の厳しい反応をする人も，結構多くいたようです。1920～30年代は，古典的な探偵小説の黄金時代で，イギリスでは国民的なゲームと呼んでいいほど盛んになりました。こうした探偵小説の位置づけも，厳しい非難の一つの背景になったように思います。

ベースボールの黄金時代も1920年代で，ベースボールはアメリカの国民的ゲームということになっています。探偵小説もそんなふうになっていたわけです。"ディテクティブ・フィクション"（detective fiction）が，イギリスでは一種の国民的なゲームという意識があり，いささか窮屈なことですが，"フェアプレー"が求められたのではないかと思います。

もちろん，そのほかに探偵小説の業界として，いろんなことがあったのですが，その間の事情については，余白も少ないので，ここでは省略しておくことにします。

7. 四項関係：「語り手」の問題

■三角形から四辺形へ

　先ほど，三項関係――三角形を描きましたが，これは基本形であり，どんな探偵小説も，テクストの次元でみれば，この構造を通して見ることができます。この三角形の内部では，被害者は自分に「見えるもの」だけに主要な関心があり，犯人は他人の眼に「自分」がどう映っているのかに主要な関心があります。探偵は自分たちが置かれた「関係」を見ることに主要な関心があります。

　このような視線の三角形があるのですが，厳密にいうと，もう一人，語り手という存在がいるはずです。探偵小説というのは，被害者，犯人，探偵がいれば十分だと思いますが，ほかに誰か，その物語を語っている人間がいます。これが「語り手」です。

　「語り手」（narrateur）はしばしば作中人物として，物語世界の内部に登場します。下の図8では太い斜めの点線で区切って，左・右を「物語世界内」と「物語世界外」とに分けています。こういう言葉を使うのは，ジェラール・ジュネット（Gérard Genette）の議論に拠っています。ここでは，ジュネットの物語言説の分析に関する理論を参考にして考えてみたいと思います。

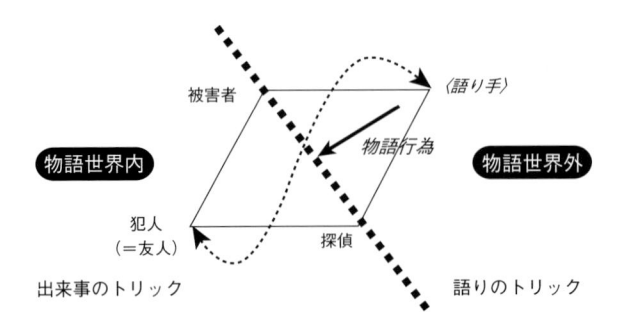

図8　四項関係――「語り手」の問題：triangle から quadrangle へ

「物語世界内」ではいろいろな出来事が起こります。それらは物語内容をなすものであり，「物語世界外」にいる語り手の物語行為が生み出していると考えられます。今，問題にしているのは，この語り手が物語世界内に登場人物として入り込んでいる場合です。このような場合，トリックとはどういうものをいうのか，もう一度，考え直してみる必要があると思います。

　たとえば，アリバイについて犯人が工作するのは，通常，物語世界内における「出来事」を操作するトリックです。これに対して私たちは，通常，語り手は変なことはしないと思っているわけです。しかしよく考えれば，語り手が物語世界内に登場して，この物語世界内の出来事に深い利害関係があるとすると，物語行為の次元で，何かトリックを仕掛けている可能性が出てきます。

　そうすると探偵小説を読むには，物語世界内の「出来事」の次元に仕掛けられたトリックを見破る必要があるけれども，同時に「語り」の次元に仕掛けられたトリックも考慮する必要が出てきます。出来事の次元のトリックを，通常の"トリック"と考えると，語りの次元では"メタ・トリック"が起こりうるのです。

　"トリック"と"メタ・トリック"，すなわち，①「出来事」の操作，②「語り」の操作――２つの仕掛けがあることになります。『アクロイド殺し』は，物語行為，つまり語りの操作の次元でトリックが仕掛けられていることで，大きな議論を呼んだ作品になりましたが，そこに特徴があるわけです。

　ですから，三角形（triangle）から，四角形（quadrangle）へと，我々の視線を転回する必要があります。トリックは「出来事」の次元だけじゃなくて，「語り」の次元にもあるからです。

■アリバイ工作
　クリスティーの作品はペテンだともいわれたのですが，彼女がその種の批判に対して答えた弁明は，概ね，次のようなものでした。この小説では，語り手は一つも嘘をついていません，と。嘘をつかずに読

者を騙せる方法があるだろうか，ということになりますが，じつはありうるのです。語り手は，嘘はつきませんが，いくつかの操作を通して，読者を欺くことができるというわけです。

『アクロイド殺し』は舞台になったときには「アリバイ」というタイトルで舞台に上げられました。というのはこの作品は，犯行が起こった時間帯に，犯人にはアリバイがあったからです。なぜかといえば，殺してからしばらくして，アクロイドがまだ生きているように，誰かと話をしている「声」が聞こえたからです。このようなアリバイ・トリックは，ほかの作品にもあります。

しかし，これは「出来事」の次元のトリックです。『アクロイド殺し』では，そういうトリックも仕掛けていますが，「語り」の次元，つまり物語行為の次元で，クリスティーは「綿密な注意」を払ったと言っています。トリックは「言語」の次元にもあり，彼女はそこで，沈黙や，両義的な言葉や，過剰な強調や，錯誤を含む，さらに高度な技法を用いてこの物語言説を構成しています。

その意味で，「語り手は嘘をつかない」という公準をぎりぎりで守りながら，この物語はできているといってよいでしょう。

■語り手は嘘をつかない

探偵小説では，登場人物はたいてい嘘をつきます。その嘘を見破ることも探偵小説を読む楽しみの一つです。実際，ポワロは，この物語の登場人物——つまり容疑者となる人々——を集めた席で，皆さん，全員，嘘をついていますね，という意味のことを述べ，本当のことを話すように勧めています。

語り手も，登場人物の一人として振る舞う分には，嘘をついても何ら問題はありません。語り手としての立場からすると，その嘘の発言を，そのまま引用符で囲い，本人が語った言葉として，正確に，つまり嘘を混じえず，叙述すればよいのです。

しかし，語り手としての叙述，つまり，地の文では，嘘をついてはいけません。語り手が嘘つきなら，物語の意味の同一性が崩れていく

ような綻びが，随所で口をあけることになります。

　ですから，発言それ自体を，語り手が正確に書けば，語り手としては嘘をついていないわけです。登場人物は嘘をついているかもしれないけれど，語り手は嘘をついていない。この意味で，クリスティーは綿密な注意を怠らなかったというのです。

8. 無実のオイディプス：テクストの余白を読む

■『アクロイドを殺したのはだれか』
　この作品は，ふつう，ポワロの推理通り，犯人はシェパード医師というように読まれていますが，じつは，このポワロの推理は「妄想」にすぎない，という見方もあります。
　それは 20 世紀末，提示された見解で，ピエール・バイヤール（Pierre Bayard）というパリ大学の先生の，文学理論や精神分析を活用した読解にもとづくものです。彼は『アクロイドを殺したのはだれか』[3]という本の中で，ポワロの推理は妄想であり，この小説では，シェパードとは別に，アクロイド殺しの犯人がいる，自分はそれを特定するということを書いています。

■無実のオイディプス
　バイヤールにヒントを与えたのは，先述のフェルマンで，彼女はジャック・デリダ（Jacques Derrida ; 1930-2004 年）の影響の濃い女性研究者です。デリダは，フランスのポスト構造主義の思想家とされているようですが，デリダは，ジャック・ラカンによる構造主義的な精神分析の仕事に対して，ある種の批判的な作業――脱構築の試み――を行っていましたが，ここで取り上げるフェルマンの仕事も，その延長

---

[3] P. バイヤール，大浦康介訳『アクロイドを殺したのはだれか』（筑摩書房，2001 年）。2008 年に東京大学駒場キャンパスで，彼の連続セミナーがありました。

線上で行われている面があります。

　フェルマンが標的に置くのは、ソポクレスの『オイディプス王』の物語に対するフロイトやラカンの読解の仕方です。フロイト、あるいはラカン派という精神分析の流れでは、古代ギリシアの都市テーバイの王オイディプスは父のライオスを殺したことになっています。しかし、これについては18世紀に、ヴォルテール（Voltaire ; 1694-1778年）がすでに疑問を投げかけていましたし、あのフーコーも、「真理と裁判形態」という有名な論考の中で、オイディプスを犯人とするには、どうもピースが足りないことを指摘していました。

　オイディプス自身は、自分がライオス（自分の父）を殺したことを認めているのですが、この自白がどうも怪しい、少なくともソポクレスの『オイディプス王』を読む限り、オイディプスを「ライオス殺し」の犯人とする確証がないというわけです。

　『オイディプス王』の物語では、オイディプスがテーバイの王になったのは、前の王のライオスが誰かに殺された後です。デルポイの神託を受けて、オイディプスはライオスを殺した犯人を捜そうということになりますが、捜索の結果、この犯人＝Xが、じつはオイディプス自身だったことが判明する、そういう構図になっています。これはいわゆるフロイト的な『オイディプス王』の解釈で、通常はそう考えている人が多いわけです。

　古代の『オイディプス王』の物語は、構造的にみれば、ポーにはじまる探偵小説の原型になっているとみることができます。実際、ポーは、その作品で、オイディプス物語の基本構造を踏襲している面があります。

　古代の物語では、オイディプスが探偵と犯人を一人二役で演じていました。しかし近代の物語では、それが切り離されます。ポーは探偵と犯人という設定をつくります。かつては探索する人間と、下手人を、オイディプスという同一の人物が演じていたのですが、近代はそれを探偵と犯人に〈分離〉したことになります。近代人の自己意識の分裂ともいえる構図がそこに重なって見えます。

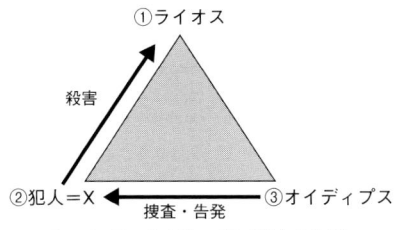

```
        ①ライオス
         ▲
     殺害 ╱ ╲
        ╱   ╲
       ╱     ╲
   ②犯人＝X ←──── ③オイディプス
        捜査・告発
   Case1：X＝オイディプス（運命の甘受）
   Case2：X≠オイディプス（事実の欠落）
```

図9　無実のオイディプス？

　『オイディプス王』の物語には2つのケースが考えられます（図9）。一つは，やっぱりオイディプスは犯人だったというものです。確かな証拠はないのですが，オイディプス自身そのように認めています。どうして自分が父＝ライオス殺しの犯人であることを認めるのかというと，運命の選択というか，自分の運命を受け入れる恰好になるのですね。自分を犯人とする（X＝オイディプス）のは，危機に瀕したテーバイの王であるという運命，またライオスに結びつく自分の系譜の運命を受け入れることに繋がります。

　しかしヴォルテールが注意したように，明確な証拠はないというか，むしろオイディプス犯人説については疑わしい証拠があるのです。オイディプスを犯人に仕立てるには，確かな事実が欠落している，あるいは肝心の点で事実が食い違ったままだということです。そこから，X≠オイディプスという見方が出てきます。

　精神分析の見方では，一応，X＝オイディプスとするわけですが，それは，X≠オイディプスという事実を抑圧することによって精神分析が成立している，ということになりますから，まあ重要な問題を孕んでいます。

　この問題を『アクロイド殺し』という探偵小説に関係づけてみると，どうなるでしょうか。ポワロの推理は不確定な部分をはらんでいるのではないか，そういうことになってきます。というわけで，バイヤールやその他の研究者も『アクロイド殺し』を読み直すことになるわけです。

■疑問点

　まず，事件当夜，給仕から電話がかかってきたから，シェパード医師はアクロイド邸へ真っ先に駆けつけることができたわけですが，果たして，そんな電話が必要だったろうか，という問いを投げ掛けると，必要ではなかったのではないか，という疑問が出てきます。

　それから，ディクタフォンの仕掛けが短時間でできるのか，また，録音内容と時間の経緯からみて，どうも不自然なことがみえてきます。

　さらに，シェパードは，ラルフの靴をちゃんと入手できたのか，ということに関しても疑問が生じます。よく考えてみれば，事件当日は晴れで，靴跡は残らない。たまたま湧き水が出ていて，それで湿ったところを歩いたため，靴跡がついたようですが，犯人は湧き水のことをどうして知りえたのか，疑問が生じます。

　動機の面でも，この殺人は有効なのか，という問題があります。死んだフェラーズ夫人はアクロイドに手紙を1通出していますが，彼女がほかの人間に手紙を書かなかったかどうかは，シェパード医師にはわからないのではないか，という疑問もあります。仮に，夫人がほかの人や警察に知らせていたら，アクロイド一人を殺しても，何の意味もないからです。だから動機のレベルでも，この殺人の有効性について疑問が生じます。

　さらに，性格の問題があります。シェパード医師は，優柔不断で，気の弱い性格だとされています。しかし，この殺人は，かなり果断な犯行であって，犯人像のプロファイリングをすれば，犯人はシェパード医師とは異なる人物のようにみえるからです。

■犯人＝キャロライン説

　このようにいろんな疑問が出てくるわけです。そこでバイヤールは，シェパードの姉のキャロラインが犯人であるという説を提示することになります。その理由は次の通りです。

　「シェパードが投機で失敗し，フェラーズ夫人から夫の毒殺を口実に大金を恐喝していたことを知っていた」「誰よりも先に夫人の死を

知ることができた」「夫人がただ一通の手紙しか投函してないことを知っていた」——状況からすると，これらの条件が整えば彼女にも殺人の動機が成立しうるのです。特に手紙が2通出されていたら，殺人の意味はほぼなくなりますが，「1通」だということを知っていたのはキャロラインだけだというわけです。そのほか，「弟の弱い性格を知っていた」など，キャロライン犯人説を補強する証拠も示されます。

しかし，最終章で，シェパードは自分の犯行について自白します。彼は時限装置付きのディクタフォンを現場に設置し，運び出したと述べています。ほかにも，アクロイド殺しの犯人であることを前提にしたような告白を行っています。

この告白について，バイヤールは，ポワロへの皮肉だろうと言っています。実際にそういう行動はなかったし，また現実には不可能であり，「嘘つきの告白」をそのまま信じるわけには行かないというわけです。しかし，バイヤール説の弱いところは，最終章の告白を，果たして彼の言うように単純に位置づけることができるのかどうか，疑問があることです。

バイヤールの推理を，「探偵小説の三角形」を使って図解すると，下の図10のようになります。「scene II」は，ポワロが探偵であり，シェパードが犯人でアクロイドを殺していることを示しています。これはポワロの推理を表しています。

他方，バイヤールの推理は，「scene III」のように図示できます。そこでは，ポワロが脅迫によって，無実のシェパードを自殺に追い込

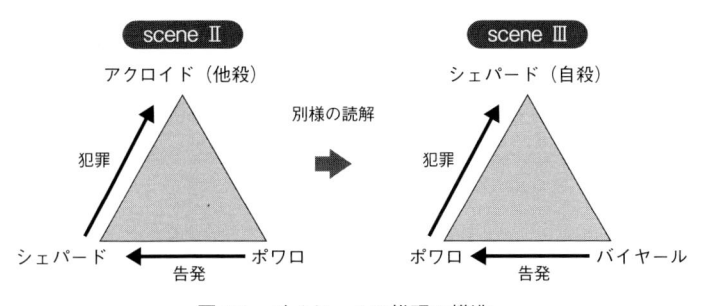

図10 バイヤールの推理の構造

むのですから，ポワロはいわば人殺し同然であり，犯人の位置に立っていることになります。

ポワロは『カーテン』(1975年) という作品では，実際，殺人を犯していますから，まあこの作品でも，ありえないことではない，というわけです。探偵だからといって，人を殺さないとは限らない，ということのようです。「scene Ⅲ」では，こうして，ポワロの位置が移動しています。バイヤールの推理では，ポワロを犯人として，バイヤール自身が，ポワロを告発する探偵の位置に立つことになります。

9. 超越性の回復

■2つの推理

このようにみていくと，2つの推理があることになります。ここでポワロの推理を「推理Ⅰ」と呼ぶと，推理Ⅰではアクロイド殺しの犯人はシェパードです。バイヤールの推理を「推理Ⅱ」と呼ぶと，推理Ⅱでは，犯人はキャロラインです。そうすると，①アクロイド殺しの動機にも，じつは2つの可能性があり，②シェパードの自殺の理由にも2つの可能性があることになります。

推理Ⅰの場合，殺人の動機を考えますと，アクロイド殺しは「利己的な殺人」です。他方，シェパードの自殺は，もし自殺をすれば，罪状は世間に公表されないで済むという，「利己的」な理由によっています。これはポワロがそう約束しているからです。ただしお姉さんを守り，お姉さんを悲しませたくないという理由が加味されており，その点では「利他的」といえるでしょう。

推理Ⅱの場合は，犯人はキャロラインで，これは弟を守るためにやったことですから，「利他的」な殺人になります。シェパードの自殺も，そういう姉の気持ちを察して，自分が犯人を引き受け，死んでいく形になります。キャロラインを助けるということですから，これは「利他的」な自殺になります。

このように，1つの事件なのに，2つの推理があって，一方は利己的な殺人，一方は利他的な殺人，こんなふうにねじれというか，動機に"揺れ"のある構図が見えてきます。

　ただし，ここでは詳述できませんが，バイヤールの推理は受け入れがたいものを多く含んでいます。それでも，そのような推理が出てくる理由が大切です。そこで，このテクストをじっくり読んでみる必要があります。

■テクストの不確定性

　シェパードを犯人とした場合，テクストは不確定性をはらんでいたわけですが，その理由はおよそ，次の4つにまとめることができるのではないかと思います。

　第1に，証拠が不足しているということです。そもそもきちんとした，確かな自白がありません。最後にシェパードは自白に近いようにみえることを述べますが，これはキャロラインを守るために言っているので，やはり怪しい陳述です。

　まして，ポワロが要求した，脅迫的な取引の中でなされた自白ですから，その証拠能力は低下します。しかも，シェパード自身，「わたしはアクロイドを殺すつもりだったにちがいない」とは述べていますが，「わたしは殺した」とは一度も述べていません。

　また，これという確かな物証もありません。探偵にとっても，警察にとっても，これは非常な難事件です。推理を支えるものがあるとすれば，状況証拠とその組合せくらいなのです。

　第2に，動機の成立条件に疑問があります。フェラーズ夫人はシェパードから恐喝を受けていたことを打ち明ける手紙を，ただ1通，アクロイド宛てに投函したのですが，この事実を知ってはじめて，シェパードにアクロイドを殺す動機が発生します。しかし，いつ，どのようにして，彼がこの事実を知りえたのか，確かなことがわかりにくいのです。

　第3に，シェパードの性格と，アクロイド殺しの犯行の様態が矛盾しているようにみえてしまうことです。

第4に，通常，物語世界で探偵が占有する「超越的な位置」が，犯人に奪い取られています。この物語では，犯人が「語り手」になることによって物語内容をコントロールしています。探偵というのは，物語世界を上のほうから見渡し，超越的な視点から出来事を見ているものですが，ここでは探偵はそういう視点を失っています。そのことがテクストの不確定性をもたらす一因になっています。

　上記の1番目の理由は重要なものです。なぜそうなっているのかを考えねばなりません。2〜3番目の理由はごく弱いものだと思います。4番目の理由は，1番目の理由と関係していますが，それ自身が含む論点について，以下に検討しておきたいと思います。

■語り手の超越性／探偵の超越性

　じつはこの小説は面白い構成になっていて，第23章で探偵ポワロはシェパードの手記を読む機会を与えられます。つまり，このテクストは，テクストを読んでおり，テクストについて論評している人物を，登場人物の一人として含むテクストとなっています。こうしたテクストの例として『ドン・キホーテ』があります。『アクロイド殺し』はそういうタイプのテクストに近づいていますが，けっして狂人の物語ではありません。

　それまで探偵は，「語り手」のコントロールのもとにいたのですが，第23章で，この手記の「読み手」の位置に立ちます。語り手が統御している物語世界の内部から脱出して，この物語世界を眺める超越的な視点を回復するのです。

　この脱出の過程をみていると，探偵（読み手）と犯人（語り手）の関係は，あたかもエッシャー（Maurits Cornelis Escher ; 1898-1972年）の「ドローイング・ハンズ（Drawing Hands）」という絵のようです。この絵では，「机」の上に紙があって，その「紙」の上でペンをもった右手と左手がお互いを描いている光景が描かれています。

　右手を基準にして事態を眺めると，右手が紙の外に抜け出して超越的な位置に立ち，左手の動きを描いています。しかし基準を左手にす

ると，右手の動きを描いている左手のほうが超越的な位置に立っています。この関係がぐるぐる循環します。結局，どちらの手も，相手に対して，決定的に上位に立つことはできません。

　これは不安な印象を与えます。しかし，いずれの手も，「より大きい第1次の画面」を基準にして眺めると，その画面の内部に描かれた形象にすぎません。第2次の画面である「紙」に描かれた2つの手はいずれも，「第1次の画面」の内部にあります。この「第1次の画面」はまったく別の手によって描かれたと理解できますが，その別の手とその主体は，すでに画面の場所から立ち去っています。

　『アクロイド殺し』でも，手記の語り手（犯人）と読み手（探偵）が，それぞれ相手に対して上位に立つ関係が，交互に循環していきます。ちょうど2匹のヘビが互いの尾を呑み込むような形で循環する構造をもっています。問題は，この構造をその内部に含む，いわばメタ・レヴェルの構造が見えにくいことにあります。

■ドナルドとエイリアン

　ドナルド・ダックを主人公にした漫画にこういうのがあります。何でも食べてしまう小さなエイリアンがいて，このエイリアンがいろいろ悪さをするので，ドナルドが何とかしようとします。漫画の最初のコマでは，ドナルドはコマ枠の中の画面を捲り上げ，画面の〈外〉へサンドイッチを放り投げます。サンドイッチは餌で，2コマ目では，食べ物好きのエイリアンにそれを取りに行かせ，エイリアンを捲れた画面の〈外〉へ追い出してしまいます。

　コマ枠の画面が正常に戻った3コマ目では，してやったりのドナルドが描かれ，4コマ目で彼はこう言います。「ああ，僕はあいつを漫画の中から追い払ったよ。あんまりまっとうなやり方じゃないけど，解決策はこれだけだものね」と。このコマ枠には，画面の〈外〉からの声があります。「それってありえないよ」と。

　物語世界の内部から物語世界の外部へエイリアンが出ていったということになり，こんなことが可能なのかという話なんですが，とにか

くドナルドはこれで何とかエイリアンを追放します。画面の〈外〉の声の通り，それは奇妙なわけですけど，じつはこの漫画には続きがあって，ドナルドの策略は不発に終わります。

というのは，ずっと後のページでは，物語世界外の位置に追いやられたエイリアンが，その物語世界の外の位置から漫画の一続きをなすコマ枠の画面を食べはじめるのです。すると，ドナルドのいる，コマ枠の中の画面の領域はどんどん小さくなっていきます。どんどん小さくなって，ついに……ある瞬間，ドナルドはそれが「夢」だったということに目覚めるわけです。

ピクニックに行っていて，そこでみた「夢」だった。これはドナルドの「夢」だったということになります。そして「夢」から目覚めて現実に戻ることになります。

■テクストの不安，背後の不安

いま触れたような絵画や漫画の画面の中で，物語世界内から物語世界外へ，何の説明もなく移動するのは，一種の「侵犯行為」といえるでしょう。しかしある種の騙し絵や，漫画では，そのまま面白い現象として消費されるのですが，それがどういうことを意味するのか，ちょっと考えてみたいと思います。

物語世界と物語行為のあいだには境界線があり，通常は，両者を区別しなければなりません。物語を語る行為とそれが生み出す物語世界とは次元が違うからです。言表行為と言表内容は違うからです。しかし，前述の絵や漫画のように，両者のあいだの境界線を失効させる行為，あるいは侵犯する行為があって，そういう行為が可能なのはどうしてでしょうか。考えられるのは，この侵犯行為が，じつはより大きな物語世界内の出来事であるということです。

エッシャーの2つの手のゲームも，それ自体，より大きな物語世界の中の物語です。つまり，別の，より基礎的な物語行為による物語世界内にある出来事だから，こんな奇妙なことができるんじゃないかと，そのように考えることができます。

これでちょっと一安心なのですが，しかし，この種の出来事は別の意味で我々を不安にさせます。我々は，ここでいう，より基礎的で，より大きな物語世界があることで一安心しますが，その大きな物語世界も一つの物語世界ですから，さらにその背後に，もう一つ別の物語世界とそれを生み出す物語行為があってもおかしくないのではないか，と想像されるからです。

　あるいは，ボルヘス（Jorge Louis Borges ; 1899–1986 年）の言葉を借りると，もし，物語の作中人物たちが読者や観客になることができるなら，彼らの観客であり読者である我々が，今度は虚構の作品の存在であることもあり得ないことではない，と想像してみたくなります。つまり自分の背後がどうなっているんだろうか，といった不安が起こります。我々の存在はたしかに物質的な基盤をもっていますが，同時に，意味の次元では，我々は虚構や事実をはらんだ物語言説から織りなされる世界に住んでいるからです。フーコーが言説やエピステーメーについて考えたときにも，こういう不安が，そのヒントになったのかもしれません。

■最後の弁明
　『アクロイド殺し』では，手記の「語り手」（犯人）と「読み手」（探偵）が奇妙なゲームを演じますが，最終的には「語り手」が物語を締めくくります。最終章で語り手は「弁明」をしますが，そこで一種の「自白」を行うからです。

　物語の終わり近くまでは，探偵やほかの登場人物たちに対して，その一つ上の次元に，犯人はいます。犯人は語り手となって，探偵たちのいる物語内容をコントロールしています。もちろん，「嘘」をついたりするわけではありません。しかし，あれこれと語りをコントロールしています。

　やがて探偵が物語の読み手になるときがやってきます。探偵はさらに一つ上の次元に上がっていき，そこで「推理」（detection）をします。そして探偵は犯人を特定し，語り手を告発することになります。

ただし，探偵は証拠をもっていません。そこで取引をもちかけます。語り手に，きちんと自白して死ぬように勧めるのです。そうすれば語り手が犯人であることは公表しないというのです。
　語り手は，別に弱みがあるのでしょう，探偵の提案を受け入れようと考えます。そこで，語り手はさらに上の次元に上がり，告白をします。この告白部分には「弁明」という標題がついています。そこで語り手が再び物語内容を統御する位置に立ちます。物語は再び，語り手の手のひらの中で展開しはじめます。
　語り手は，読みようによっては，彼が犯人であるような告白をします。しかし，「弁明」とは自分にかけられた容疑を晴らすことであり，何か矛盾しています。実際，この告白を読むと，あるいはその告白だけでは，語り手が犯人であるとは，言い切れません。こうして物語は不確定性をはらんだまま終ります。そして疑いをもった人々は，たとえばバイヤールのように，真犯人を探そうとこの作品を読みなおしはじめます。この作品はその結末から始まりに再帰することになります。

■運命の連関

　こんなふうに，この小説は妙な奥行きをもっているのですが，最終的な論点として，考えてみたいのは，作者のクリスティーがこの犯行をどう理解していたのか，ということです。この物語では，物証，自白，動機，性格などで考えていくと，なかなか犯人を特定することができません。解決が（たえず限りなく）遅延させられる，といってもいいでしょう。
　そうするとこの犯罪の理解の糸口として残るのは「運命」(fate) ということになります。この物語は，動機や物証の線に沿って解読していくと，座礁してしまう可能性があります。この可能性を意識したのかどうかわかりませんが，クリスティー自身，「運命」という言葉をこの小説の中に何度か書き込んでいます。
　「運命」は，多くの場合，〈類似〉の想像力によって理解されるものです。手のひらの中に自分の人生が書かれてある，あるいは空の星の

位置に自分の人生が書かれてある,というように。それは星の位置,あるいは手のひらの中の皺の形状と,自分の人生とのあいだに〈類似〉を読み取る想像力です。この物語の読み直しにあたって,もちろん星の運行や手のひらの形状,あるいは神託などの前兆とはまったく違うものですが,この小説の中に描き込まれた「運命」の連関を読み解くという作業が待っているように思います。

　物語の中心には,「動機」による〈因果連関〉が描かれています。その因果連関は不確定なまま残されますが,それと交錯するように,どこかで,「運命」を暗示する〈類似の連関〉が描かれています。一方には〈動機〉の理解社会学の試みがあり,他方には〈運命〉に関する類似の想像力が作動しており,それらは,透かし絵のように重ね合わされています。

　探偵小説は近代性の兆候の一つであり,「有限性の分析論」と呼ばれる知の枠内に成立していると考えられます。しかし,この作品の場合,その裏面には,16〜17世紀の知に近いようなタイプの想像力——類似を原理とする想像力——が埋め込まれています。しかし,この作品だけでしょうか。けっしてそうではありません。近代社会の想像力とその水脈の深さや複雑性について,もう一度考えてみたいと思うわけです。

[参考文献]

内田隆三『探偵小説の社会学』岩波書店,2011年。

Borges, Jorge Luis, *Otas inquisiciones*, Sur, 1952.(J. L. ボルヘス,中村健二訳『異端審問』晶文社,1982年。)

Bayard, Pierre, *Qui a tué Roger Ackroyd?*, Minuit, 1998.(P. バイヤール,大浦康介訳『アクロイドを殺したのはだれか』筑摩書房,2001年。)

Bellemin-Noël, Jean, Hercule Poirot exécuté, ou la fin des paradoxes : Pierre Bayard, Qui a tué Roger Ackroyd?, in *Critique*, No.618, 1998.

Christie, Agatha, *The Murder of Roger Ackroyd*, Collins, 1926 ; facsimile edition, HarperCollins, 2006.

Felman, Shoshana, De Sophocle à Japrizot(via Freud), ou pourqoi le policier, in *Littérature*, No.49, 1983.

Genette, Gérard, *Figure III*, Seuil, 1972.

Meyer-Minnemann, K. & Schlickers, S., La mise en abyme en narratologie, in *Vox Poetica*, 2004. http://www.vox-poetica.org/t/menabyme.html, September 10, 2010.

Muller, J. P. & Richardson, W. J., (eds), *The Purloined Poe : Lacan, Derrida, and Phychoanalytic Reading*, The Johns Hopkins Univ. Press, 1988.

Wagstaff, V. & Poole, S., *Agatha Christie : A Reader's Companion*, Aurum, 2004.

Wolf, Werner, Metalepsis as a Transgeneric and Transmedial Phenomenon, in *Narratologia* 6, 2005.

【コラム2：消費社会　内田隆三】

　フランスのバタイユは,『呪われた部分』（1949年）において，企業社会や産業社会との対比で，アステカ族などの「消費＝消尽の社会」《la société de consumation》のありようを分析していました。その問題意識を受けつつ，ボードリヤールは『消費社会の神話と構造』（1970年）で，現代の消費社会に対し批判的な意味を込め,「消費の社会」《la société de consommation》という言葉を用いました。アメリカでは「消費者」に焦点を置いて《Consumer Society》というのが一般的で，ボードリヤールの同書がSage社から刊行されたときも《Consumer Society》と英訳されています。ドイツではボードリヤールの「消費の社会」は《die Gesellschaft des Konsums》と訳されています。

　バタイユやボードリヤールは,「消費」という位相を通して，社会が何をしているのか，どういう状況にあるのかをとらえようという問題意識をもっていました。この問題意識は，19世紀のマルクス／ヘーゲル流の思考が生産的な労働に人間の本質を求め,「生産」の位相から人間や社会のありようを考えたのとは，方向が異なっています。

　20世紀に入ると，資本主義の高度化とともに，経済学の分野でも消費に対する関心が高まっていきます。しかし「消費」は生産との機能的な関係でとらえられることが多く，それ自身の深さと意義においてとらえられたとはいえませんでした。アメリカでは，1920年代にロストウのいう「高度大衆消費」(high-mass-consumption) の段階が，1950～60年代にはガルブレイスのいう「豊かな社会」(affluent society) が実現したとされ，これについて人間学的な反省が行われますが，そこでも産業主義との相関で「消費社会」の現実が考察されました。

　他方，バタイユは「消費」を，生産に対する機能性ではなく，それ自身の深さと意義においてとらえようとしていました。「消費」は浪費や蕩尽や贈与や挑戦的な破壊の次元まで含む活動であり，歴史的には生産よりむしろ「禁欲」と対立してきました。バタイユはこの消費の営みを人間の社会的な本性として考察しました。そして消費の営みを介して社会の中に象徴的な次元の価値が生み出され，人々はその価値を享受する象徴的な交流の過程に入ることができると考えていました。

　「未開社会」では贈与や供犠の習俗にみられるように象徴的な次元が社会的な場に深く浸透しており，その意味では象徴的に豊かな社会と見ていいでしょう。他方,「産業社会」は消費の可能性を経済成長にとって機能的な次元に制約しています。この社会では消費されるモノやサーヴィスの記号論的な豊かさの割には，象徴的な次元の貧困を否めません。豊かな社会が内包するこの象徴的な貧困に，またその記号論的な豊かさが内包する人間の同一性の不安に，ボードリヤールの消費社会論の重要な起点があったように思われます。

8
広告都市をめぐって
都市の発見

北田 曉大

　都市に人がまとまって住むようになったのは近代の特色であり，都市は社会学の中でも大きな研究テーマとなっています。
　都市と消費と恋愛――この3つに共通しているものは何か。それは「自由」といえるかもしれません。都市空間は自由な空気に満ちている。誰でもが自由に自分の好きなものが買えるのが消費である。結婚から切り離された自由の中に恋愛はある。
　1980年代から1990年代初めのバブル経済の時期は，土地・株などの資産高騰を背景にして，これら都市・消費・恋愛の3つが強烈に結びついた時代でもありました。しかし今日ではバブルの頃のような熱気は，都市にも消費にも恋愛にもみられなくなってしまいました。自由という言葉がもっている何かが，どこかすっと抜けていったような，そんな印象があります。
　かつて精彩を放っていた都市と消費と恋愛は，これからどこに向かおうとしているのか。街を歩いて，街を歩く人たちを観察したりして，そうしたことを考えると面白いかもしれません。
　ここでは，消費によって自らのアイデンティティを構成していく消費社会の論理と，この消費社会の論理と密接にかかわった都市という舞台の力学，さらに性愛の純粋化を解説します。そして，これらが結びついた結節点として渋谷という街を紹介し，さらにディズニーランドの空間に隠された意図についても解き明かします。最後にこれらの変容と，今後考えるべき課題についてふれたいと思います。

1. イントロダクション

■表参道クリスマス・イルミネーションの始まり

　今回の講義はちょうどクリスマス・イブですね（2010年12月24日）。表参道のイルミネーションが，昨年11年ぶりに復活したということで話題になったのをご記憶でしょうか。

　以前の表参道のクリスマス・イルミネーションは，1991年から1998年まで行われていました。1991年の段階での最初のスポンサーはJT（日本たばこ産業株式会社）です。JTがスポンサーとなって，表参道のクリスマスを彩っていくということが，90年代にしばらく行われました（本項の記述は難波功士『「広告」への社会学』（世界思想社，2000年）に依っています）。

　1990年代の中盤ぐらいまでは，バブルの体感景気感は残っていたといわれますが，そのぐらいまでは，イルミネーションに彩られた空間が恋人たちの聖地などと呼ばれ広告戦略の対象とされていたわけです。

　直接，表参道に「日本たばこ」と看板を出すよりは，より抽象的に，まずはイルミネーションの場をつくり出し，その中でJTのロゴを掲示したり試供品を配布し，ブランドのイメージをソフトにつくっていく。そういう迂遠といえば迂遠な，都市空間を装飾していく広告のスタイルというものの典型例が表参道のクリスマス・イルミネーションであったといえます。またそれはたんに広告であったばかりではなく，メディアイベントとしてのクリスマス，恋愛の舞台に連接され，象徴的な存在となっていました。

　90年代にみられた文化と広告との絡みとしては，このクリスマス・イルミネーションの前にも，冠付きイベントといわれるようなものや，メセナ，フィランソロピーなどといわれる，企業が文化に対して投資する動きが目立っていました。短期的な利益は求めず，つまり

特定のこの商品を買ってくれというのではなく，自社のブランディングのために企業がさまざまな文化事業に手を出す。1991年のJTの戦略もそうしたものの一つでした。

ほかにいくつか例を挙げると，サントリーホールが1986年，銀座セゾン劇場が1987年，トヨタ博物館が1989年，サントリーミュージアムが1994年。サントリーと，後で出てくる西武は，文化的なものへの投資という点で重要な役割を担った企業であったといえます。

■ 1991年という時代

さて表参道のクリスマス・イルミネーションが始まった1991年ですが，これはバブル経済が終焉に向かう時期といえます。バブル崩壊には諸説があって，私は経済学者ではないのでよく分からないんですけれども，株価の最高値というのは1989年12月，地価は1991年。いずれにせよ91年は土地投機バブルの終わりの始まりを示す年であったとはいえるでしょう。

おそらく当時の大学生とか若者にとって，バブルというもののはじけ具合が体感できたのは，1995年ぐらいであったと思います。ちょうど大学の1年生か2年生ぐらいのとき，大学のサークルの先輩とかが，みんな就職活動で景気のいいことを言っているわけですね。今度，あそこに行ってすしを食ってくるとか，おなかが空いたから，今度就活行ってくる，みたいなことを言っている。そういう状況は自分が卒業する1995年頃には完全になくなっていて，特に私は文学部というところだったので，どんなにエントリーシートを書いても，面接も受けさせてくれないというところもちらほらとあり，就職氷河期突入を実感せざるをえませんでした。特に女子学生の就職活動は困難を極めていた。その頃には91年の『就職戦線異状なし』という映画の「バブルさ感」が遠い昔のように感じられていました。

バブルに関して，それが主として土地投機をめぐるバブルであったということであったことは，皆さんご存知と思いますが，この「土地」というのを少しメタフォリカルに考えたいと思います。つまり，

経済学的な問題として考えるというよりも，土地というものに対して人々が投資をし，そこに意味を与えていくという，そういう振る舞いの社会的意味について考えていきたい。

さきほどから焦点化している1990年代初頭を考える上で，都市というものがかなり重要なキーワードになってきます。実際は1980年代以降，いや1970年代までさかのぼれるのですが，バブルの時期において都市が極めて重要な記号論的ファクターとして，人々の意味世界において機能していたということ，それをこれから考えていきたいと思います。

私が就職活動をしたときは，本当はデベロッパー，不動産に勤めたかったんですけれども，悲しいことに文学部はほとんど門前払いでした。

しかし，バブルがはじけてもなお土地開発とか不動産，都市開発に対する若い人たちの憧れは小さくなかった。一体，都市とは，飽和した消費社会においてどのような意味をもっていたのでしょうか。

2. 舞台としての都市と消費の蜜月

■消費社会とは

消費社会は，英語では消費者社会（consumer society）といいますが，ごく簡単にいえば，多くの社会の構成員にとって，生産よりも消費による生活世界やアイデンティティの構成が重要な契機となるような社会のことです。消費社会とは何かというのは，ちゃんと定義しようとするとかなり難しいのですが[1]，労働や生産物の生産において自らのアイデンティティを確証するのではなく，「何を，いかにして」消費するかということが，自分のライフスタイルやアイデンティティにと

---

[1] このあたりについては参考文献に挙げた内田隆三さんの本などを，ぜひ読んでいただければと思います。

って重要な意味をもつという規準が一定の信憑性をもって受け止められる社会ということができるでしょう。

■モードの論理

ここでフランスの批評家ロラン・バルト（Roland Barthes ; 1915-80年）が提示したモードの論理を紹介しておきましょう。商品の購買のリズム（a）と消耗のリズム（u）というのを立てて，aがuを上回るとき，別の言い方をすれば，a/uが1を超えるとき，モードが存在する，とバルトはいいます。

たとえば服は着ていると自然と消耗してしまうものですが，購買のリズムが消耗のリズムよりも高い場合，つまりまだ十分着られるのに次の新しい服を購買する，といった場合モードが生成する。購買のリズム＝消耗のリズムだと，ほとんどモードは機能しない。消耗のリズムのほうが大きければ，それは貧困になります。多くの商品において購買のリズムが消耗のリズムをはるかに凌駕するような社会——消費社会の構造をそのように表現することもできるでしょう。

このモードの論理をさらに突き詰めていけば，ガジェットといわれるまったく機能性をもたない商品の氾濫へと行き着く。皆さんの携帯電話にはおそらくそんなものがついているのではないでしょうか。そういう機能性がないもの，機能性がないにもかかわらず，自分と他者の違いを示す指標として有意味に使用されるモノが，「自分らしさ」や「ライフスタイル」を表現する上で重要な意味をもつようになる社会，それが消費社会と呼ばれるものです。

■消費の文化化・文化の商品化

その消費社会を考えていくときに，押さえておきたい問題が2つあります。一つは「消費の文化化」，もう一つは「文化の商品化」。それぞれ，同じ事態の表裏です。消費の文化化とは，要するに人々が，自分たちの使用するモノの機能（有用性）に応じて消費をするのではない，自分たちの基本的な欲求を満たすために消費をするのではなく，

消費をすること自体が文化的振る舞いとなっている事態を指します。

　一方，文化の商品化とは，それまで商品世界からは無縁とされてきた文化的事象が，商品化されたり，市場経済に構造的に巻き込まれていく。ガジェットを買う消費行為が，クラシックのコンサートに行く行為と同じような文化的行為となる一方で，伝統的とされる文化がその固有の価値においてではなく市場との関連においてとらえられるようになる。これを否定的にとらえればアドルノ流の文化産業論になるし，肯定的にとらえれば記号論民主主義的な消費社会論になります。

■都市的なライフスタイルと恋愛のカップリング

　この両側面が露骨なまでに現れたバブル的な文化現象として，トレンディ・ドラマと呼ばれるものを取り上げてみましょう。どうにも格好の悪いこのジャンル名は，1980年代後半から1990年代初めにかけて制作されたドラマ群を指し，都市的な消費生活，恋愛関係を生きる若者たちの姿を主題としたストーリーが特徴的です。よくいわれることですけれども，なぜかまだ20代前半ぐらいのOLやサラリーマンが，都心の高そうなマンションに一人暮らしをしているとか，そういう不思議な現象がふんだんに映し出されているのだけれど，そこで描かれている恋愛，それから都市的な消費のシチュエーションというものが，その頃の多くの若者たちの心を引いていたのは事実でしょう。

　ふたたび1991年に戻りましょう。1991年は，『東京ラブストーリー』という，柴門ふみ原作のドラマが放映された年となります。これはとても象徴的なドラマで，トレンディ・ドラマの中でももっとも成功した作品の一つです。都市的なライフスタイルと恋愛をカップリングさせていくスタイルのドラマで，ストーリー自体もつまらなくはない作品ですけれども，何よりも重要だったのは，そこで出てくる若者たちの恋愛と消費のスタイルの関係性を，いわばシナリオ・マニュアル的に提示していたということです。東京という都市と恋愛物語をパッケージ的に結びつけた象徴的な事例であるといえます。ドラマのキャッチコピーは「**東京では誰もがラブストーリーの主人公になる**」で

した。

　私の記憶をたどると，原作が連載されていた80年代終盤の時点で「東京ラブストーリー」というタイトルの響きはすでに「ダサかった」のですが，恋愛の舞台としての都市・東京を前面に出した雰囲気・演出は，相応に興味深いものでした。もちろんそこで描かれる東京は実在の東京ではなく，記号的に粉飾された存在なわけですが，そうであるがゆえに，「どこにもない／誰もが入れ替え可能な匿名的存在となりうる」場の象徴性をうまく表現していたと思います。そうしたnowhereとしての都市と，各人にとってnow-hereな親密な関係性の接続こそが，主題であったといえるでしょう。であるがゆえに，実在の東京やリアルな恋愛を知らない若者に，ある種の強迫観念を抱かせる大変罪深いテクストであったわけです。

　ところで，1980年代終わり頃のトレンディ・ドラマにおいては，ドラマとヒット曲のパッケージングが王道的な広告戦略になっていました。『東京ラブストーリー』は小田和正の「ラブストーリーは突然に」ですね。その透明な歌声と，高度に抽象的な歌詞の世界は，まさにトレンディ・ドラマの構造を音楽的に表現したものであったといえます。

■クリスマス・エクスプレス

　このトレンディ・ドラマ的な「都市―消費」の組合せにおいて特権的な舞台として現れたのが，クリスマス・イブです。クリスマス・イブは恋人と過ごすものという風潮は，今は落ち着いたみたいですが――ん，違うの？ (笑)。クリスマス・イブが，日本において，何故これほどまでに恋人たちにとって重要なものとして現れてきたのか，しっかりとした歴史研究が待たれるところですが，ここでは，エピソード的にいかにも「バブル的」な事例を紹介しましょう。皆さんの世代でも一度は見たことがあるはずの牧瀬里穂さんが出演していたJR東海のTVCFです。

　JR東海は1987年にシンデレラ・エクスプレスという企画を始めま

す。シンデレラ・エクスプレスというのは，東京と新大阪間の最終便のことを指していて，恋人たちが遅くまでデートをし，その日最後の新幹線で新大阪に帰っていく。そういうシーンを松任谷由実の音楽が流れるCFの中に描いている。おしゃれな遠距離恋愛のイメージですね。

88年にはHometown expressシリーズの一環として，深津絵里さん主演のクリスマスCFがつくられ，翌89年には伝説の牧瀬里穂さんの「クリスマス・エクスプレス」がオンエアされます。今度は遠距離恋愛のカップルのクリスマス・イブのシーンが描かれます。

このCFで流れるのが，山下達郎さんの「クリスマス・イブ」です。すでに1983年につくられていた曲なのですが1988年のCFでヒットし，その後クリスマス・エキスプレス・シリーズの主題歌として定着，いまでもマライア・キャリーやWham!なんかと並んでクリスマスソングの定番になっていますね。辛島美登里「サイレント・イヴ」(90年)，稲垣潤一「クリスマス・キャロルの頃には」(92年)，広瀬香美「ロマンスの神様」(93年) なんかの定番ソングもこの時期ですね。

最初に挙げたJTのクリスマス・イルミネーションが登場したのはこのようなコンテクストのもとにおいてです。恋愛という非商品的と私たちが強く信憑している事柄が，CF的な舞台設定においてパッケージ化され（文化の商品化），その舞台を追体験する現実の舞台を企業が「文化貢献」の名のもとに迂遠な広告で提供する（消費の文化化）。恋愛というもっともプライベートなもの，アイデンティティ構成にとって重要と思われるような感情もまた，文化の商品化／消費の文化化という消費社会的な循環の中に位置づけられていくわけです。

もちろん近代社会においてはこうした構造は，以前からみられたものなわけですが，80年代後半〜90年代というのは，その構造が「クリスマスの性愛化」──クリスマスを舞台とした性と愛の結節の儀式化──として実態的に強く表現された時期であったといえます。この点を少しみておきましょう。

3. 性愛の純粋化

■性／愛／結婚

　1980年代から1990年代初めにかけての，性と愛の関係はどういうものだったのでしょうか。詳しい説明は省きますけれども，この時期に顕著になってきたのは，「性と愛」が「結婚」から切れていき，切れていくがゆえに性愛が純粋化していくという事態です。

　88年に20歳であった人は68年生まれ，30歳だと58年生まれ。ちょうど80年代後半に20代であった世代が，俗に「新人類」と呼ばれる世代です。この世代は一般にバブル的なものを体現した世代であるといわれます。彼らよりも10〜20歳ほど年上，当時の働き盛り世代に，1940年代末に生まれた団塊がいます。この世代は20歳のときにちょうど学生運動真っ盛り（48年なら68年に20歳）の人たちです。この2つの世代の性愛観を比べてみると興味深いことがみえてきます。

　団塊世代は，いわゆる近代家族的と形容されるようなライフスタイル（稼ぎ手としての夫と専業主婦の妻，愛情を注がれる子ども）を体現した世代であるといわれます。女性の年齢層別の労働力率を描いたグラフを俗にM字型就労曲線（結婚後に就労率が低くなるとM字の底が深くなる）などと呼んだりすることがありますが，このM字の底がもっとも深いのが団塊世代です（図1）。

　新人類に位置づけられるであろう1965年生まれをモデルに考えてみましょう（図2）。この人たちが22歳となる1987年における大学生の性交経験率は男子46.5％，女子26.1％（日本性教育協会調査）。2011年調査では男子54.4％，女子46.8％ですから，慎ましい数字にみえるかもしれませんが，81年では32.6％，18.5％からは，なかなかのドラスティックな増加です。

　また，85〜89年に結婚した人では，恋愛結婚が8割超え，お見合いは17.7％。70〜74年では6割強が恋愛，お見合い3割です（65〜69

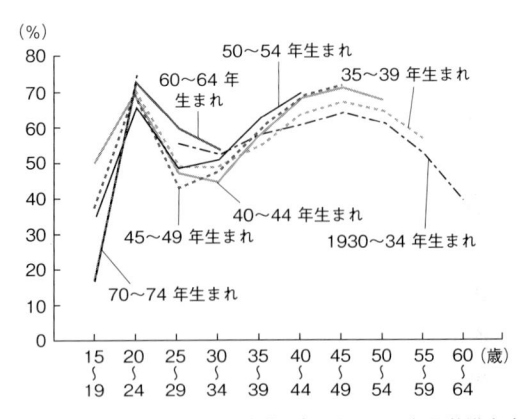

図1 コーホート（同時出生集団）別にみた女子労働力率
（出典）　経済企画庁編「国民生活白書：平成7年版」1995年。

年ではそれぞれ48.7％，44.9％と拮抗しています，図3）。

　80年代後半というのは「結婚するなら自由恋愛」という恋愛結婚の構図がマジョリティのものとして定着すると同時に，結婚以前の性交経験も高い値を示すようになる。つまり，この時期には，多くの若者にとって，性愛結婚のトライアングルがもはや制度的に保証されることがなく，性愛と結婚をともに「自由」な達成課題としてクリアしなくてはならなくなってきたということです。また団塊世代がたどったような結婚形態の「ゴール」もそれほど自明のものではなくなっていく。

　こうした傾向を，「性規範の乱れ」と呼んで理解したつもりになるのは危険です。むしろ，性と愛が，制度的な基盤（地域・親族・媒介者）をもつことなく，個々人が自由に取り組むべき，取り組まねばならない達成課題として若者たちの前に立ち現れてきた，と考えたほうがいいでしょう。上記のデータだけでは詳細はいえませんが，大きな傾向としては，結婚が親族・地域の制度から乖離し（お見合いから恋愛結婚），性愛が結婚から相対的に自律した位置を獲得する（性愛関係が必ずしも結婚へと結びつかない）。二重に制度から自律した性愛は，究極の自己責任的課題として当事者の前に現れる——こんな感じでし

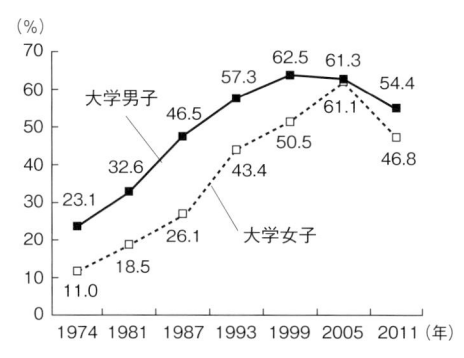

図2 性交経験率の推移

(出典) 日本性教育協会「第7回青少年の性行動全国調査」2012年。

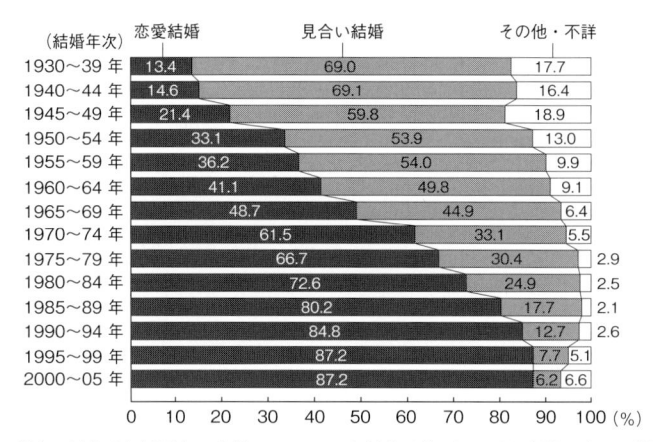

図3 結婚した男女の出会いのきっかけ

(注) 対象は初婚同士の夫婦。1970〜74年以前は第7回、それ以降は各回（第8〜13回）調査による。
(資料) 厚生労働省「第13回出生動向基本調査」2005年。

(出典) 本川裕「社会実情データ図録」、http://www2.ttcn.ne.jp/honkawa/2455.html 。

ょうか。誰と出会い，恋愛関係に入るかはますます偶然的なものとして感じられると同時に，その得難さの裏返しとして，いったん得られた関係性は必然の相をもって現れる。

　性愛の純化というのは，けっして「性規範の乱れ」などではなく，性愛を各人が自己達成課題として成し遂げなくてはならない，という自由への束縛の強化を意味するわけです。

■マニュアルと類型化・新人類の情報空間

　後に必然的な関係性とみなされるような関係性を，偶然の出会いの中から制度的な支えなしに見出すという課題。その課題の対処の仕方を教えてくれる親も先生もいない。彼らの経験にもとづいたアドバイスはあまりに歴史的文脈が違いすぎて使い物になりません。80 年代の若者文化の特徴としてよく取りざたされる「マニュアル」「カタログ」文化というのは，こうしたコンテクストからとらえ返すことができるかもしれません。つまり，関係の偶然性と必然性を橋渡しする意味論的な装置として，です。実際に 1980 年代以降，マニュアルと呼ばれるものが，恋愛マニュアルも含めて，いろいろなものがつくられました。カタログ雑誌から，90 年代の『Tokyo Walker』（角川マガジンズ刊）にまで連なるマニュアル文化は，偶然性がもたらす認知的負担を一定の枠内に収める意味の供給源として機能していたといえるかもしれません。

　さらに，なぜかは分からないんですが，新人類世代の人たちは類型化がやたら好きでして，いろいろなライフスタイルや趣味傾向を微に入り際に渡り類型化するんですね。年代的には新人類より上になりますが，さまざまなカナタナ職業に就く人々を類型化し「○金」「○ビ」という流行語を生み出した渡辺和博さんの『金魂巻』（主婦の友社，1984 年），バブル的な空気とともに若いサラリーマンの都市生活をパロディにしたホイチョイ・プロダクションズの『気まぐれコンセプト』（小学館，1981 年），23 区を皮肉たっぷりの文体で紋切り型辞典風に描き出した泉麻人『東京 23 区物語』（主婦の友社，1985 年），さらにはカタログ的と評された田中康夫さんの『なんとなく，クリスタル』（1980 年発表，1981 年に河出書房新社より刊行）なども入れていいかもしれません。社会学ですと，やはり新人類世代の宮台真司さんがやたら類型化を好みます。半分以上は，「あえて」アイロニーでやっているということなんでしょうが，類型化の意志そのものが，ベタであれネタであれ，きわめて 80 年代的な所産であるように思えます。

　80 年代後半から 90 年代半ばにかけては，類型によるパロディとい

う文体からサブカル色が脱色されて，マスメディアでのトレンディ・ドラマ，CF などが，自由な恋愛と性愛の選択という重い課題に対して見取り図を与える装置として存在するようになった，というのは言いすぎだと思いますが，そういう側面もなかったわけではないでしょう。しかしこの装置は両義的です。一方で，過剰な自由による認知的負担を軽減してくれるけれども，もう一方ではマニュアル的に達成できないときの，あるいはマニュアル通りすぎて「自分らしさ」が消去されてしまうときのいわば焦燥感みたいなものを加速させる。メディアはマニュアルを供給しつつも，恒常的に「達成できていない」「これは自分ではない」という渇望をも生み出す。マッチポンプ的な消費文化の構造がここにも現れてくるわけです。

4．消費社会における都市変容：広告都市渋谷

■渋谷という街の特性

さて少し話を転換して，このような消費社会と密接にかかわった舞台としての都市をみていきたいと思います。冒頭でクリスマス・イルミネーションの話をしましたが，都市と若者の関係性を考えていくために，まず渋谷という街に着目していくことにしましょう。

ごく簡単な地図を示しました（図4）。これを見ていただければ分かると思うんですが，渋谷は，渋谷駅から公園通り，それからセンター街，道玄坂にかけて扇形に広がる都市です。この都市の歴史的な成り立ちを考えてみたいと思います。

多田道太郎という批評家が『現代風俗ノート』という本の中で，1978年の渋谷のパルコ，それから公園通りあたりについて，このような文章を書いています。「ヨーロッパのどこかで見た街のふんいき(中略) ガラス，ジュラルミン，アルミ……すべての素材が，明るく軽やかである。光が表面でたわむれ，またたく間に消えてしまう。歳月の重みとはかかわりのない世界」[2]。今，それを感じることができるで

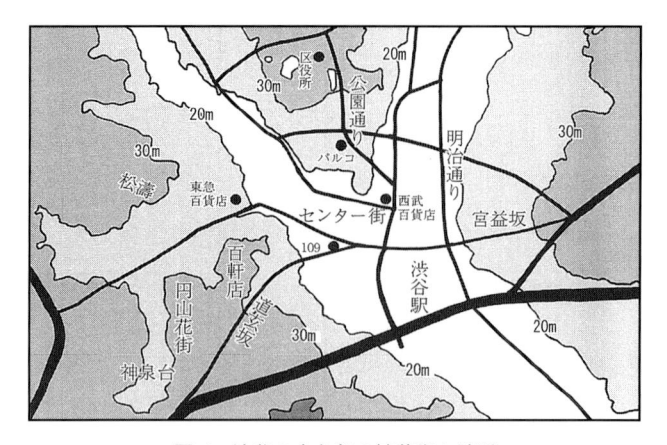

図 4　渋谷の中心部の繁華街と地形
NHK 放送センターの場所は「区役所」のすぐ上にあたります。
（出典）　林和生「台地と川がつくった魅力あふれる街・渋谷」上山和雄（編著）『渋谷学叢書 2　歴史のなかの渋谷：渋谷から江戸・東京へ』雄山閣，2011 年，p. 45．

しょうか。たぶん全然違うイメージだと思うんですね。ただ，おそらく 1980 年代に高校生をやっていて，神奈川県に住んでいた私のような人間には，たしかにこういうイメージがあったように思います。渋谷が，このようなキラキラした空間へと仕立て上げられていくプロセスを吉見俊哉さんの『都市のドラマトゥルギー』（河出文庫，2008 年）の記述に即してみていくこととしましょう。

　井の頭線の開通が昭和の初めにあり，渋谷は新宿同様，新興の盛り場として存在していました。戦後一時期闇市で栄えるけれども，昭和 30 年代はちょっと停滞気味だったようです。磯村英一という社会学者が，1951 年に渋谷と新宿の比較調査をしています。その中で，平均滞留時間，どのくらいその街にいるかというのを調べてみたら，女の人が 14 分，男の人は 7 分。新宿は 20 分，15 分。渋谷というのは通り過ぎる街であって，長く滞在するような街ではなかったわけです。
　また，人口移動の傾斜度が駅前に集中しているとされています。要

---

[2]　多田道太郎『現代風俗ノート』筑摩書房，1994 年，p. 90．

するに,駅前に人口が集中している。そして,移動性が低い。駅前に八百屋とか魚屋さんとか荒物屋など,地元的性格の強い商店が,駅周辺にみられる。

『ハチ公物語』(1987年)という映画がありましたけれども,あれでハチ公がいつも待っているのは,渋谷の駅前です。映画では焼き鳥屋のおじさんから焼き鳥をもらっているわけですが,そんなふうに都会というよりは,むしろ「ジモト臭」の強い街であった(舞台は昭和初頭ですが)。こうした野暮ったさは昭和30年代ぐらいまでみられたということです。

渋谷には地形的な特徴もあります。渋谷という街は文字通り,谷状の地形の中にありますね。高級住宅が立ち並ぶ青山,松濤,南平台などの台地に周囲を囲まれた,底の部分にあるのが渋谷です。

これは,不特定多数の人の集まる盛り場としては,あまりいい環境ではない。外縁に地形的な広がりがなく,高級住宅地でせき止められてしまう。そんなわけで新宿と異なり,若者が住みにくい街だった。ワシントン・ハイツ(在日米空軍施設)が返還された後に,国立代々木競技場や渋谷公会堂,NHK放送センターが,区役所通りを原宿と連結し,原宿との結びつきをつくっていくというような動きはあった。しかし,60年代までは都市の構造変化とまで呼びうる大きな変容はみられなかったといえます。

■西武資本系パルコの進出

そこに現れたのが,西武系資本のパルコです。1968年,西武は,渋谷に西武百貨店渋谷店をオープンしています。しかし,売上はそれほど振るわなかったようで,苦戦していた。その時期に,西武流通系のトップ堤清二さんとパルコの主導者である増田通二さんがこんな会話をしていたという話があります[3]。

---

[3] 望月照彦『都市文化の仕掛人:時代をつくるイノベーターたち』東洋経済新報社,1985年,p.9。

「まだ区役所通りと呼ばれていた時代，その坂道を2人はゆったり歩いていた。渋谷西武百貨店をオープンさせた後の周辺エリアのフィールドワークででもあったのだろう。そのうち堤はボソリと言ったという。『おい，何か"におうね"。この通りには何かあるね。』……(中略)……『ここには何か眠った宝がありそうですね。掘り起こしたら，たいそうなものになりそうだ。』増田はそう答えた」。

どこか『プロジェクトＸ』だかテレ東の企業レポみたいな世界観ですが，これが渋谷パルコを展開していくきっかけになったといわれてます。まあ神話ですね。さて，地図をご覧ください。NHK放送センターのほうに向けて，渋谷駅から歩いていくと，渋谷の西武百貨店を通り，公園通りを抜けて，NHK放送センターのほうへ行けますね。この公園通りは，かつては区役所通りと呼ばれていました。彼らはその区役所通りに，目をつけたということです。

■線から面へ

後に増田さん自身が編集をしている『パルコの宣伝戦略』[4]という本の中では，渋谷開発を3つのフェーズに分けられています。一つは，線的展開期。それからもう一つは，面的展開期，3つ目は情報的展開期とでもいえる時期です。この『宣伝戦略』の記述に沿いながら簡単にみておくことにしましょう。吉見さんの本でも紹介されていますし，私自身『広告都市・東京』という本で論じたことがあります。

最初の線的展開期ですが，これは，いわば点と点，すなわち渋谷の駅と渋谷駅前にある西武百貨店という点と，パルコという点を結ぶ。つまり，店の中で物を売るというだけではなくて，その店と店の間の線＝道も同時に，パルコの宣伝・広告戦略の中に使ってしまおうというような戦略です。区役所通りに「VIA PARCO」の看板を取りつけたり，全ての街灯を壮麗に模様替えしたりする。「道」自体を広告メディアとして再編成したといえるでしょう。

---

[4] アクロス編集室編著『パルコの宣伝戦略』PARCO出版，1984年。

さらに，1976年から1981年ぐらいにかけて，次のフェーズに入ると，今度は線だけはなく，回遊性の高い面をつくり出し，楽しく歩ける街から楽しくすごせる街にしていく。「公園通り北側のファイヤー通り，井の頭通りからパルコに抜けるスペイン通り」などを充実させ，パルコ界隈をパルコという装置を引き立たせる舞台としていく。いまスペイン坂と呼ばれる地域は，いろんな店がこちゃこちゃと立ち並ぶいかにも渋谷らしい場所になっていますが，考えてみればわりと急峻で，見晴らしもいいとはいえず，商業区としては「いい場所」とはいいがたい。この見晴らしの悪い狭い坂が「スペイン通り」としていわば「西洋的」記号をちりばめたテーマパークとして構成されていく。先に話した渋谷の地理的な悪条件が逆に，外部を見渡しえない閉じた記号空間の編成にプラスに働いたとも考えられますね。

■中心地の変化：道玄坂から公園通り界隈へ

　さらにこの当時には，西武のライバルである東急も東急ハンズを1978年につくり，79年には，数年前まで渋谷のランドマークであった「SHIBUYA109」[5]をオープンしています。ですので，この1973年ぐらいから1981年にかけて，公園通りのほうの流れを西武がつくっていき，文化村通りのほうの流れを東急がつくり出していくという形で，渋谷が扇状に開発されていったといえるかと思います。

　吉見さんの本で紹介されている1979年の朝日新聞の調査によれば，休日の場合，平均滞留時間が240分，来街目的の15％が，ウインドウショッピングとなっている。また48.1％がペア，20.3％がグループで歩いていて，もはや単身の通勤者が通り過ぎる街ではなく，友達と一緒にだらだらと買い物を楽しむ。渋谷は，そういう回遊性に富んだ街になっていったといえるでしょう。

---

[5]　もともとは「とうきゅう」と呼ぶらしいですが，もう完全に愛称の109（イチマルキュー，マルキュー）のほうが定着しています。

■ 舞台としての渋谷

　『パルコの宣伝戦略』の中に面白い地図「パルコ・アド・ランドマップ」が掲載されています。ここでは「パルコ」という広告主の名が書き込まれていないウォールペイントや街灯，流れてくる音楽に至るまで全てのモノと出来事がパルコという文化の匂いが漂う舞台を彩り，そこを歩く人たちの身体を取り囲んでいく。広告と都市空間の境界線は曖昧となり，総体として可能的消費者の遊歩の舞台となる。パルコが演出するおしゃれなヨーロッパ風の空間を楽しむ私を主役，都市空間を舞台とした広告空間の構造です。そうした舞台の主役，出演者として，「私」自身もまたパルコ的舞台にふさわしい存在たろうとし，主体的に広告，舞台の出演者，出資者となっていくわけです。

　自分らしさというものを求める消費者が，強制されることなく，広告的な空間の再生産にかかわっていく。商業施設としてのパルコそのものを支持するつもりはなくても，渋谷に行く，渋谷らしいファッションをし，パルコ界隈を歩くというだけで，自らも舞台装置の一部として機能してしまう。

　このようなパルコの渋谷の街の展開は「文化」を媒介とした広告戦略の典型といえるでしょう。短期的な利益，商品購入の促進を追求するのではなく，文化として承認されることを通して，都市空間・遊歩する空間を長期的な意味で，広告とする。文化の商品化と消費の文化化の結節点にある方法論であるといえます。

■ 「違いが分かる共同体」への従属

　消費社会について，ジャン・ボードリヤール（Jean Baudrillard；1929-2007年）という人がこのように語っています。消費社会において，人々はショーウインドウというものの存在を通して，人々が自らのアイデンティティを確認していくという話なんですが，「そこでは個人が自分自身を映して見ることはなく，大量の記号化されたモノを見つめるだけであり，見つめることによって彼は社会的地位などを意味する記号の秩序の中へ吸い込まれてしまう。だからショーウインドウは

消費そのものの描く軌跡を映し出す場所であって，個人を映し出すどころか吸収して解体してしまう。消費の主体は個人ではなくて，記号の秩序なのである」[6]。

　難しく感じますが，たとえば渋谷のスペイン坂を想像していただければいいと思います。そこには，スペイン的，ヨーロッパ的と日本人が考えるような記号が配置されていた。紺野登さんはスペイン坂について，次のように論じています。「南欧風の店舗デザイン，各国の国旗，植物，テラス，中庭」などは，けっしてスペイン性を表現したものではなく，むしろメディアによって構成されたリゾートイメージからの引用，リゾートライフの換喩的記号である，と[7]。

　そうした記号によって構成される舞台上で，人々は何となく自分が主人公であるかのように振る舞うわけだけれども，もちろん舞台は，たんなる記号の総体，集積でしかないのではない。そこでは，舞台を成り立たしめる主体というものは，じつは個人（客）ではなく，むしろ記号のシステムそのものなのだ——。それが「消費の主体は個人ではなくて，記号の秩序なのである」という言葉の意味するところです。

　もう少し分かりやすくファッションの例で考えましょう。「他人とは違う自分らしさ，私はみんなと違う」ということを表現しようとすればするほど，どこか似通ってしまうことがよくありますね。自分はみんなと違うということを示そうとすると，その「違い」を有意味に理解できるグループ，自分がこだわる違いが分かる共同体を仮想的にでも想定せざるをえず，その準拠グループ内のコードに従うこととなる。そのグループのファッションはほかのグループからみれば「似ている」ようにみえる。消費者は，消費にもとづいて差異を生み出している，と考えているけれども，じつは差異を有意味にする記号のシステムのほうが消費者のアイデンティティをつくり出している，どこに

---

[6] J. ボードリヤール，今村仁司・塚原史訳『消費社会の神話と構造』紀伊國屋書店，1979 年，p. 303。
[7] 星野克美・岡本慶一・稲増龍夫・紺野登・青木貞茂『記号化社会の消費』ホルト・サウンダース・ジャパン，1985 年，p. 213。

行っても，記号の体系というものから逃れることができない。そういうことをたぶんボードリヤールは言っている。「違いのわかる男のコーヒーブレンド」というのは有名なネスカフェのテレビ CM のコピーですが，これを飲むあなたは「違いがわかる」男ですよ，というメッセージが広告されるというのは考えてみれば皮肉ですよね。

　パルコにおける「文化」的な広告戦略というのは，差異を示す記号のセットをパッケージ化して，「違いのわかる」共同体を都市的／メディア的につくり出していくものだったといえるかもしれません。

■都市そのものを広告空間にする戦略
　西武グループはこの後，街を再開発するというのではなく，ゼロから舞台＝街をつくるという戦略に出ます。それが兵庫県尼崎市のグンゼの工場跡地に造られた「つかしん」という総合商業施設です。この施設については難波さんの『広告への社会学』に詳しいのでご参照ください。難波さんのご本の中に当時のつかしんのマップがありますが，それをみると，そこでは商業／生活／遊興の境界線を取り払い，いわば生活空間そのものを広告化されていることが分かります。当然，百貨店「つかしん店」もあるわけですが，それだけではなくて，イベント広場をつくったり，教会もつくっている。飲み屋横丁みたいなものすらある。そうやって，渋谷よりはるかにラディカルに，まっさらな土地にを記号空間として仕立て上げていくわけです。

　ここで考えてみたいのは，この「つかしん」が，1983 年につくられた東京ディズニーランド（TDL）を重要な参照先としていたらしいということです。西洋環境開発の井上義信は「"つかしん" その街づくりが目指すもの」という論文の中で，再三にわたってディズニーランド（との差異）に言及しています[8]。物理的に自己完結した空間，お客さんや働く人たちをも記号化していく舞台を構築するディズニーラ

8 　井上義信「"つかしん" その街づくりが目指すもの」新都市，40 巻 4 号，1986 年．

ンドの方法論との異同をかなり意識している。ではディズニーランドとは何だったのか。

5. 東京ディズニーランド：外部の隠蔽

■広告都市の展開とディズニーランド

　ディズニーランドの分析も，1980年代から1990年代に多くの学者によって提示されています。特定の閉鎖的な物理的空間を，消費空間であると同時に，物語の世界としていく。そういう方法論をもっとも象徴的に体現したものとしてディズニーランドというのをとらえていくわけです。

　ここでもまたまた吉見さんですが，彼は「遊園地のユートピア」という論文の中で，ディズニーランド的なものを批判しています[9]。ショッピングセンターやモールが，ディズニーランド的に記号空間を構成していっている。都市がディズニーランド化しているという現象を批判的にとらえているのだけれども，皮肉なことにその吉見さんの批判は，精密にディズニーランドの記号装置としてのしたたかさを分節しているともいえる。批判言語が，批判の対象の構造と方法論を明確することにより，広告的意図をもってそうした方法論を考えようとする人たちにとっての武器ともなってしまう，という逆説です。80年代の文化記号論というのは，そうした両刃の剣的なところがあったように思います。

　ともあれ，まずはディズニーランドに行きましょう。吉見さんが指摘されていたポイントはだいたい2点ぐらいあって，一つは，空間的な自己完結性，そしてもう一つは全体を俯瞰する視線の排除というものです。

---

[9] 吉見俊哉「遊園地のユートピア　80年代日本の都市戦略」『世界』第528号，1989年。

■空間的な自己完結性

　空間的な自己完結性というのは，ゲストがディズニー的な物語世界の外を見てしまわないように，夢が覚めてしまわないような空間意匠が施されているということです。ゲストは，基本的にどんな場所からも，歴史性をもつ地元地域（浦安）や東京湾を見ることはできない。また，園内への弁当，酒のもち込みは禁じられています。ディズニーのつくる物語世界，夢世界の中に「現実」というものが入り込んでしまうことを徹底して排除しているわけです。喫煙所は物語世界に干渉することのないように見えにくくつくられてますし，現実を感じさせるゴミが，見事な形で周到に処置されているというのも有名ですね。

■全体を俯瞰する視線の排除

　こうした空間としての自己完結性と重なることですが，俯瞰する視線の排除もまた重要な論点です。TDLの最大の特徴といわれるのは，それまで遊園地において人気スポットとなっていた「高い」場所，周囲を俯瞰できる場所への立ち入りを困難にしている，という点です。

　皆さんご存じのようにTDL内で一番高いシンデレラ城には登れません。シンデレラ城に登って俯瞰できてしまったら，まず外部の「現実」が見渡せてしまうわけで，TDL自体が現実世界の一部でしかないということを認識せざるをえない。また，TDLを構成するさまざまな小世界群（ファンタジーランド，ウェスタンランド，トゥモローランドなど）は互いに独立したものとして構成されているわけですが，それらの構造が一挙に視界に入ってしまうことにもなる。つまり物語世界の空間的分節図が可視化されてしまうということです。俯瞰する視点を排除することにより，TDLの自己完結性とTDL内の世界編成が相対化されることが回避されるわけです。本当は外が見えてしまうスポットとかけっこうあるんですけど，基本的には俯瞰する視点をとるのは難しくなっている。

■テーマパーク的な消費空間の構成

　ディズニーランドは，自らが提示する物語世界を全体的に俯瞰し，外部と対比させていくような視線を構造的に排除している。ゲストが，外の現実で興ざめすることなく，ディズニー的なイメージによって提示される舞台に適応的に振る舞っていくことを可能にするような空間的な自足性を生み出していく。これはいってみれば，70年代のパルコが展開した方法論を，記号論的に純粋な形で実践したものといえるでしょう。だからこそ，つかしんにおいても参照されることになったわけです。

　そして，ディズニーランドに行く方，行った方はご存じだと思いますが，とにかくあそこに行くと，なぜか，意味不明の耳あてとか，意味不明の帽子とかをかぶっても間違いじゃないんじゃないか，と思ってしまう（笑）。消費なのか，遊びなのか，何なのかよく分からないような独特の文脈の中で，「踊らされている」という感覚そのものが麻痺していく。当初「つかしん」が目指していたのは，こうしたディズニーランド的な構造を生活世界にまで敷衍していく，ということだったのだと思います。

　たんに空間的に閉じるというだけではなくて，意味的な次元でも閉じた世界の中に人々を招き入れ，消費と遊興，生活，娯楽と住民活動の区別というものを失効させてしまう。まさしく生活世界そのものをテーマパークとして再編成していく，ということです。

　こうした都市のテーマパーク化は，1980年代から1990年代にいろいろな水準で試みられ，ディズニーランド化などとも呼ばれたりもします。スペイン坂と同じように，TDLにある池は本当の池じゃないし，山も本当の山じゃない。全部記号装置ですよね。その記号に囲まれることによって，消費という文脈とそれ以外の行為文脈との境界線があいまいになっていく。そうした記号装置によるテーマパーク構成が，いわゆるテーマパーク以外の空間にもせり出してくるわけです。

　こうしてみると，冒頭で述べた表参道クリスマス・イルミネーションは，都市の舞台化，ディズニーランド化の一つの事例であったと考

えられます。彼らはマニュアル本，情報誌，ドラマなどの台本を読み込んで，壮麗に演出されたJTの広告空間，記号空間を，「主体的」に歩く。恋愛という彼らにとってもっとも「プライベート」であるはずの事柄においてこそ，広告が，テーマパーク的記号の秩序がもっとも鋭く入り込んでくる。ボードリヤール的にいえば，「恋愛の主体は個人ではなくて，記号の秩序なのである」といえるかもしれませんね。

6. 消費社会の神話の崩壊と現代

■ポスト80年代の空間装置

　そういうわけで私たちの社会は広告と結びついた記号によって囲繞されており，いまや私たちは消費社会・広告都市の外部に触れることはできないのだ——ということで話を閉じてもいいのですが，それはそれで消費社会と消費社会論の共犯性をまたしても再生産するだけのことになってしまいます。今日はもう時間がありませんが，本当は皆さんには，むしろ90年代半ば以降における広告都市のほころびにこそ目を向けてほしいんです。ディズニーランド的な完結性というのは，もうきしみを見せているのではないかということです。

　実際，2001年9月に出来た東京ディズニーシーではお酒が飲めますし，東京湾も見えますね。また同じ年の3月に大阪市郊外にユニバーサル・スタジオ・ジャパン（USJ）が出来ましたが，USJは「舞台裏」ということが設定になっているということもあって，外部性の遮断にそれほど神経質であるようにはみえません。

■「つかしん」の変貌・郊外化の論理

　あと「つかしん」。じつは「つかしん」は，その後，先ほど説明したような消費テーマパークとしての特徴を失っていきます。詳しい歴史は僕自身ちゃんと調べてないのですが，Wikipediaの記載などをみると，2000年代に入ると西武は売場を縮小し，ミドリ電化のような

大型量販店やユニクロ，ダイソーのような店舗が進出してくる。2004年には西武は完全撤退し，温泉施設などを併設した巨大なショッピングセンターとして展開していくことになります。僕も 2000 年代に数回行ったことがあるのですが，印象としては典型的な郊外型のショッピングセンターという感じでした。僕が行ったときにはまだ残っていた居酒屋通りも姿を消し，スポーツ用品店や整体サロンなどが入る 2 階建ての施設になったようです（http://sankei.jp.msn.com/region/news/121021/hyg12102102020000-n1.htm。この段落の記述は 2013 年に追記した）。

　つかしんはわりと大きな県道沿いにあり，郊外型の巨大ショッピングセンターとして生まれ変わることとなった。つまりかつて広告都市・記号空間の純粋形態を目指してつくり出されたつかしんは，90 年代以降日本全国のロードサイドに広がる「ファスト風土」的論理を集約した空間へと変貌していったわけです。もっとも記号的な広告都市の論理から遠い場所にあるはずのファスト風土の論理。つかしんの歴史は前者が後者によって飲み込まれていく過程を証言するものといえるかもしれません。もはや空間的・物語的な自己完結性を必要としない消費社会のフェーズに入っているのかもしれません。

■新たな共犯関係？

　それから，渋谷。先ほどあたかもパルコが完璧な都市計画をしたかのようにお話をしましたが，実際には渋谷もまたつかしん同様，大きく姿を変えてきています。マーケティング雑誌『アクロス』が行っている通行量調査，アンケート調査をみると，90 年年代以降パルコ界隈のプレゼンスが低下していることが分かります。代わって存在感を得るようになってきたのがセンター街や明治通り。もはや「渋谷＝公園通り／パルコ界隈」という図式は崩れおちています。『アクロス』の 1990 年 5 月号では「渋谷回遊型」行動が衰退し，「センター街充足型」「原宿越境型」という新しい遊歩パターンが取り上げられています。センター街というのは典型的な多数の店が立ち並ぶ遊興地区です

から，記号的秩序などとは無縁です。そういう舞台的・記号的ではない地区を，若い人たちが自らの居場所としていった。限定的な意味において広告都市・渋谷は「死んだ」といっていいでしょう。

　今日話をしてきた広告都市の論理，つまり空間構成と消費行動とアイデンティティとを密接に結びつけていくような方法論は，徐々に説得力を失ってきているのではないか。むしろ私たちは記号的秩序の外部にある身も蓋もない「現実」，郊外の量販店が差し出す物量作戦がリアルであるような「現実」に晒されるようになったのではないか。それは，消費によって自己実現する「私」，舞台を演出する資本との共犯関係によって成り立つ消費社会の「死」を意味するのか，それとも，より精巧な共犯関係をつくり出しつつあるのか。

　こうしたまさしく現在進行形の問題を，現代を生きる若者である皆さんにぜひ考えほしいと思います。日常，何気なく使っている消費の空間，通り過ぎている街というものも，歴史性・社会性が凝縮されている。いまあるかたちを無前提にやり過ごすのではなく，都市空間に蓄積されている歴史的・社会的文脈を掘り起こし，自分にとって都市／消費／恋愛とは何か，ということをみつめなおしてほしい。社会学という学問は，そういう現在進行形の，イマココワタシにかかわる問題系に取り組んでいく上で大きな力を発揮するはずです。

[参考文献]
難波功士『「広告」への社会学』世界思想社，2000年。
内田隆三『消費社会と権力』岩波書店，1987年。
吉見俊哉『都市のドラマトゥルギー：東京・盛り場の社会史』河出書房新社，2008年。
北田暁大『増補　広告都市・東京：その誕生と死』筑摩書房，2011年。
三浦展『ファスト風土化する日本：郊外化とその病理』洋泉社，2004年。
若林幹夫『郊外の社会学：現代を生きる形』筑摩書房，2007年。
東浩紀・北田暁大『東京から考える：格差・郊外・ナショナリズム』日本放送出版協会，2007年。

9
学校という制度
教育の社会学・入門

苅谷 剛彦

　私たちは学校教育という経験を通して，自分たちの中にいつの間にか入り込んできた「学校の秩序」を自明なもののように受け入れています。

　たとえば，なぜ生徒の椅子は全て教壇を向いているのか。なぜ時間割はたいてい同じ時間で区切らなければいけないのか。なぜ小学校より中学校は授業時間が長いのか。いずれも当たり前にしか思えないものばかりですが，このような「学校という制度」に皆が納得していることに一種の驚きを感じないわけにはいきません。そうした自分に対する気づき，自分だけがはまっているのでない制度への気づき，それがまさに社会学のセンスと呼ぶべきものなのです。

　本章では，学校という空間，学校の中における時間，学校におけるコミュニケーションスタイルを再認識し，こうした制度が生まれた歴史を踏まえて，現代社会の中で学校教育が引き受けざるを得ない問題について考えていきます。

1. 教室空間の秩序

■社会学という学問

　ここでは学校や教育について考えることを通して，社会学という学問はどういう学問なのかについて，社会学というものの見方，考え方というのも合わせてお伝えできたらと思っています。

　これは僕の見方ですが，非常に簡単に言うと社会学というのは，社会について語る（talking about society）一つの方法です。では，社会って何だろう。これもうんと単純化して言うと，人々が一緒に何かをしていること，している状態。いまこの瞬間，ここにも社会があるわけです。

　いまこの教室にいる人たちは，皆さん同士もそうだし，僕と皆さんの関係もそうですが，ここで一緒に何かをしています。その辺でちょっとつまんないなって無関心を装っている人も，この空間のメンバーの一人としてじつは一緒に何かをしているわけです。こうやって人々が何か一緒にやっていることについて考えたり語ったりする，その方法というか，作法の一つとして社会学という学問があるのです。

■自明のルールの存在

　非常に大ざっぱな言い方をしましたけれども，こんなふうに一緒に何かをしている状態には何らかのルールがあります。そのルールというのは何も全部文章として書かれているルールだけでなく，目に見えない決まりや，知らないうちに繰り返しているパターンの中にも埋め込まれている。それから，お互いに何となく気にしながら，こうやっちゃいけないな，こうしたほうがいいなというようなお互いの期待があったり，それに対する応答があったり，そういう見えない約束事の中で何らかの事柄が進行しているわけです。

　この，みんなで何かをしているプロセスの中にある，いま言ったよ

うなルールとか，お互いの期待とか，それに応えるとか，そういうことをひっくるめて，そこには何らかの秩序があるという見方ができます。その秩序が乱れる状態や，秩序がない状態も含めて，社会学というのは，そういった社会の秩序について考え，語ることを可能にする，そういう一つのものの見方なのです。

　社会というものが何らかの秩序をもって，私たちがその秩序の一員としてそこに参加しその秩序をつくり出している。人々がそうした秩序に目を向けず疑わなければ疑わないほど，その秩序はスムーズに進行していきます。社会学の見方からは，それでは，そのような秩序をつくり出している仕組みやメカニズムはいったいどういうものなんだろうかという問いが立ちます。こういうことを問題にしていくと，私たちが普通何気なくしている事柄の中に，暗黙のうちにしているさまざまな目に見えない書かれてないルール，あるいは秩序があることが分かります。

　みんなで何かをしていて，そしてその中で秩序というものが成り立つ。この秩序の成り立ち方がある程度繰返し行われて，ある程度のパターンができて，しかもそこに書かれたルールができたり，いろいろな装置が加わったりしてくると，もう少し凝り固まった状態になってきます。その瞬間その瞬間にお互いに出会ってああだこうだと手探りで秩序が造られていくだけではなく，もっと大きなくくりとして何らかの約束事が先にできている状態，こういうものとして制度という見方ができます。

　いま僕がしゃべっているこの瞬間，みんなで一緒にやっていること自体，じつはこれは一つの制度の中に私たちが取り込まれている。あるいはその中に私たちが制度をつくり出す一員として参加し，制度を再生産している。その参加する面と取り込まれる面の両方をもちながら，ここで一緒に何かをする状態が続いているわけです。

■寺子屋の様子[1]

　普通，ここに教壇があったら先生というのはここでしゃべる。当

図 1　寺子屋
（出典）　東京教育博物館所蔵（石川松太郎『藩校と寺子屋』教育社，1978 年，口絵より）。

たり前のように普段，この教室に入ってきたら学生は椅子に座っているけれど，教壇と椅子とがこういう配置をしていること自体，すでに教育というものがどうあるべきかということについて私たち多くの人々——この教室をデザインした教養学部の先生たちも，そこに予算を付けている人も，そういう人たちがみんな同じように，教育という営みについて，そこでどのようなコミュニケーションが行われるか，そのスタイルを熟知していて，物理的にこういう空間をつくり出すことで，そういうコミュニケーションのスタイルを強要していて，そういう大きな枠組みのもとで，いまのこの空間ができたのだといえます。

　図 1 は江戸時代の寺子屋です。この絵の空間配置で行われている教育と，現在の小学校の空間配置で行われる教育は違います。これはたかだか 170～180 年前の日本の寺子屋の姿です。この時代，いまの教室のような空間は存在しません。それどころか，いまの教室のような空間配置で教育が行われるようになったのは，大本のヨーロッパを含めて起源を調べてもせいぜい 200 年ほど前なのです。

---

[1]　以下，教育の空間的特徴についての議論は森重雄『モダンのアンスタンス：教育のアルケオロジー』（ハーベスト社，1993 年）を参考にしています。

■モニトリアル・システム

　図2はその一つの原形といわれているものです。モニトリアル・システムといわれ，みんな一つの方向を向いて子どもが座っている。最前列中央に1人リーダーみたいなのがいますが，これは先生ではなくクラスモニターという生徒を代表する存在です。こうやって集団として子どもがいて，それを教える人がいる仕組み。これが近代的な学校の空間配置の原形だといわれています。

　もう少し小規模なのがあって，図3では棒をもっている人が，モニターと呼ばれている教師役です。この絵で分かるように背がそんなに違わない。これはじつはこの子たちよりも少し年長の生徒です。先生が生徒に教えて，できる生徒，もう教わった生徒がほかの生徒に教えるという形で，集団に対して一斉に教えるという教え方が成立した。それがだいたい19世紀初頭だといわれています。それ以前は，ヨーロッパの学校もこういう空間配置をもっていませんでした。

　図4では，もうこの教室とそっくりですね。先生が生徒に何かやらせている。これも19世紀初頭。ということは，近代という社会の登場とともに，こういう形で教える，教えられるという関係が空間の

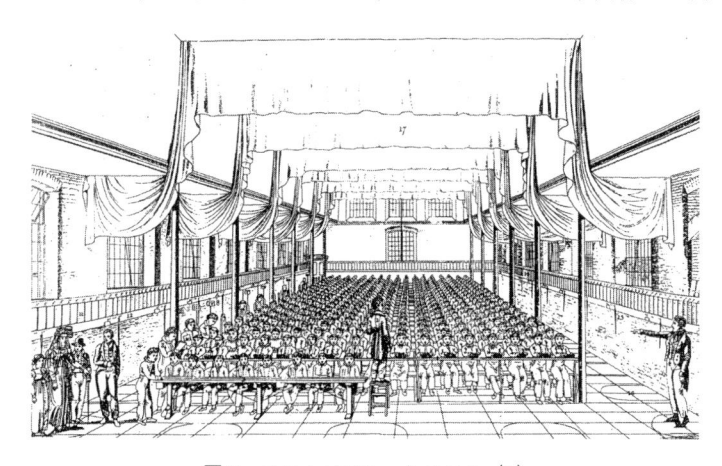

図2　モニトリアル・システム（1）
（出典）British and foreign school society, *Manual of the system of primary education*, London, 1837.（柳治男『〈学級〉の歴史学：自明視された空間を疑う』講談社，2005年所収）。

図3　モニトリアル・システム (2)
（出典）　J. Lancaster, *The British system of education*, London, 1810.（柳治男『〈学級〉の歴史学：自明視された空間を疑う』講談社，2005年所収）。

図4　ギャラリー方式による授業
（出典）　D. Hamilton, *Towards a theory of schooling*, Falmer Press, 1989.（柳治男『〈学級〉の歴史学：自明視された空間を疑う』講談社，2005年所収）。

特徴と一緒に生まれてくる。それまでは，こういう教室の空間というのは普及していなかったわけです。

■日本の教室風景の原点

次の絵（図5）は，明治初年に出た『小学教師必携補遺』です。これは当時，学校の先生に必要とされたマニュアルです。その中の図の一つですが，どうやって教室に入場して，どうやって机に座るかという解説が書いてある。こういう解説がマニュアルに書いてあるというのは，それまではどうしたらよいか，よく分からなかったことの証で

図5　明治初年の教室風景
（出典）　林多一郎『小学教師必携補遺』1874年。

す。分からないから学校の先生になった人にマニュアルを通して伝授する必要があったのです。

　先ほどの寺子屋の絵（図1）では、畳に座っていた。それに比べたら、この図解では机と椅子があって、腰掛けている。一つひとつ絵付きで、学校の先生になる人に、新しい時代の教育というのはこうやるものですよということを解説する必要があったのです。解説しないと分からないくらい、それ以前にはこういう形式の教育は行われてなかった。百数十年前までは、このやり方が極めて新しかった。けれども、いまはどこの学校に行っても、教室の風景はほとんどどこでも似ているわけです。

■教育コミュニケーションに合った空間配置
　こういう形で正対しながら一人の先生が複数の学生集団に語りかけ、何らかの知識を伝えるというスタイルを、私たちが教育だと思うようになった。このコミュニケーション自体どういうものかについては、また後で説明をしますが、少なくともこういうスタイルが登場し、そのスタイルに見合った空間が発明された。そして、発明されたらそれが再生産される。新しい建物を造っても、同じパターンの空間配置がとられる。そうするとそこでは学生たちが椅子に座ると必ず、こうやって前を向かざるを得なくなった。

これは教師にとって楽なことです。いちいち前を向けと言わなくていいんだから。仮に僕が渋谷駅の前の雑踏に向かって，この講義と同じような話をしようと思っても，とても無理です。話しているのがどこの誰だか分からないし，そもそも聞く人を集めるだけで大変です。仮に集まったとしても，その人たちに前を向いて話を聞いてくださいと言ったとき，どっちを向いていいか分からない。でもこの講義室のような空間が用意されていれば，何時何分に僕がこの部屋に到着すれば，自然にみんなが前を向いて待っている。教室というものは本当に便利です，教師にとっては。

■教室空間の歴史性
　こうやって，ある特徴を前提に，コミュニケーションのパターンを繰返しできるように空間が配置され，ここだと机が床に張り付いているように，物理的にそういうコミュニケーションのパターンを強制するように建物ごとできている。そして，それを物理的に可能にするためには，誰かがこの教室をデザインし，そこにお金をかけ，それを実現する財政の制度があったり，意思決定をする「東京大学教養学部教授会」のような機構があったり，さらにはそれらを全て包摂する大学という制度があったりする必要があった。こういうもの全部をひっくるめると，ここの場に立って僕と君たちがこうやって話をしていること自体が百何十年の歴史の一つの帰結なのです。そうやって考えていくと，うん？　教育って何だろうと思うようになるのではないでしょうか。

2. 時間による管理

■時間割の秩序
　いま空間の話をしましたが，今度はテーマを変えて，教育の中の時間について考えてみます。

この講義も同様ですが，大学では何コマ目というと，ちゃんと何時から何時までって決まっていて，そこに行けば自然と学生が集まって，先生も来ることになっている。これを毎回その都度に約束していたら大変です。本郷に行くと確か学部によって始まる時間が違います。オックスフォードはもっとすごい。先生が自分で時間を決めることもできる。昨年の僕の授業は3時40分から始めた。7, 8人の少人数の授業だからこれでも問題にならない。それから個別指導が教育の大部分を占めるのだけれど，そこでは毎回先生と学生が相談して次の時間を決める。今日のようにこれだけ多くの人数で授業をやろうと思ったらもっときちんと前もって時間を決めなければなりません。

　日本では多くの場合，大学全体で時間がしっかり決まっていて，1つの授業がたいてい90分間で1学期15コマです。15回やると2単位。そうやって，単位制度というのがあって，単位を出すためには何時間の学習をするとそれが何単位分というのが法制度化されているわけです。

　しかし，よく考えてみましょう。同じ90分でも中身はだいぶ違う。先生によっても違うし，学んでいる学問によっても違う。でも，単位というものをつくったら同じになる。共通の物差しになっていて，どの時間でも，どんな授業でも，90分を15回やると2単位。予習のある授業も，ない授業も，寝ていればいい授業も，毎回リポートを書かなければいけない授業も同じ。つまり，まじめに学習のコンテンツを考えたら違うのに，時間という共通の標準だけつくっておけば，一応そこでもって学習の量を計算できるようになっている。基本的には大学が違っていても，単位制度はほとんど共通しているし，そこで取った単位は同じように大学教育として価値があるという建て前になっている。これらは全て時間による管理ということです。

　先ほどお話したのは，空間による管理です。教室という形状の空間が標準的にある。標準的にあるから繰り返しそれがつくられ，そこで同じようなコミュニケーションが繰り返される。一方，時間的にも誰かがこういう1コマ90分なら90分という決まりをつくって，それをあてはめて，単位制という制度のもとで教育が運営される。

■画一的時間設定の意味

　時間という面でみたときに，教育の中で面白いのは試験の時間です。試験の時間というのは，どうなっていますか。同じ科目の試験を受けている人はみんな同じ時間と思っている人がほとんどだと思います。小学校の1年生から今日に至るまで数え切れないほど試験を受けてきたと思いますが，その中で人と違う時間で試験を受けたことはあるでしょうか。

　東大もそうだと思いますが，ディスアビリティーの人の入試時間というのは少し時間が長くなっています。どうして長いのか？　身体的な障害をもっていたら，解答するのに時間がかかるから，その分補うという考え方があるのだと思います。その時間にしてもばらばらではなく，あるルールの下で決められている。

　そうやって私たちはある標準の時間の中で発揮される能力を測定することを当たり前だと思っている。そのことを改めて認識して欲しいと思います。

　ある一定の決められた時間の中で学び，その学んだことを一定の時間の中で発揮し，それを測定する。これの繰り返しが，私たちが慣れ親しんできた学校という場所で行われていることです。そういう時間管理の最たるものが日本の入学試験です。入学試験というのは基本的には多くの受験者は同じ時間の枠の中で試験を受けて，その点数によって合否が決まるようになっている。教育の成果の測定が標準的な時間によって管理され，それが繰り返し――ほとんど疑問をもたれることなく――行われ続けている。

■隠れたカリキュラム

　こういう時間的・空間的特徴をもった場で，みんなで一緒に何かをする――つまり社会というものができて，そこで一定のルールのもとに同じようなパターン（つまりは秩序）が繰り返し再生産されている。このような教育というものに，皆さんは十数年間ずっと参加しているわけですが，こういうことの繰返しで身につくものは何か。

今日だったら社会学の授業を受ける中で，こうやって向き合って話を聞いたり，一定の時間の中で教育が行われるということを繰り返し自分が体験する。そこにおいてあなたは社会学のコンテンツとは別のものを何か身につけている。
　では，試験を繰り返し体験することでどんなことを身につけているのか。個人の能力を測るとみんなが思っている試験だったら，ほかの人の答案を見てはいけないといったルールである。それとは違って，仮に何人かのグループで討議して1つの答えを出してくださいというようなグループワークでの試験だったら仲間といくらでも相談をするし，そうしないと前に進まない。そのように個人の能力を測るか集団の能力を測るかでも違いますが，多くの試験では，個人化された能力や達成を測るほうが当たり前のように行われている。だから，試験を繰り返し受ける経験を通じて，学んだことは個人として評価されるというルールを身につけている。
　こういう暗黙のルールを身につけた人間は，学校を出て働くようになったときに，たとえば営業業績によって給料が違うということを妥当だと思うようになる。学校で試験のように個人化された能力を測られる経験を繰り返していたら，そうやって，同じ条件のもとで能力を発揮させ，それが測定され，その差によって報酬が決まるということを自然に受け止められる。個人として能力を発揮し，それを評価されるという「知識」をこういう形で君たちは毎日繰り返して学んでいるのです。
　このような学びを，たとえば社会学というタイトルの授業のコンテンツとは別に，意図しないで学んでいることとして，教育社会学者は「隠れたカリキュラム」（hidden curriculum）と呼んでいます。つまり，表立った明示的なカリキュラムが，たとえば今日の授業だったら教育の社会学について学ぶこと。それに対し，裏の隠れたカリキュラムは「時間を守ること」だったり，あるいは「じっと先生の話を聞くこと」だったり，あるいは「先生の期待や周りの期待に応じてどう行動するかを身につけること」だったりする。そうやって，毎日繰り返される

学校という場で行われる教育的なコミュニケーションを通じて，その明示的なコンテンツ以外のさまざまな内容が学ばれている。

試験の話にもどれば，一定の条件，共通の条件のもとでその能力の発揮をする機会を与えて，そこで発揮された能力を測定し，それに応じて何らかの報酬を与えることを私たちがフェアだと思うようになる。これは近代社会にとって非常に重要な原則となっていますが，学校の中では，このような近代社会の原則に従うようになる，というメッセージを一緒に学んでいるのです。

3. 教育で獲得する知識とは

■ 5問のクイズ

今度は明示的なカリキュラムに含まれる教育のコンテンツの話をしましょう。

紙を出してください。これからクイズを出します。Q1 から Q5 までの答えを書いてください。時間は2分。そんなに難しい問題ではありません。

> **クイズ**
> Q1　化学式 CO_2 は（　　　　　　　）を表す。
> Q2　英語の熟語 In front of の意味は（　　　　　）である。
> Q3　関ヶ原の戦いは（　　　　　）年に起きた。
> Q4　著書『行為と演技』を書いたアメリカの社会学者は
> 　　（　　　　　　）である。
> Q5　嵐のメンバー，相葉雅紀は（　　　　　）県の出身である。

これは知識を問う問題ですが，知識の分布がこの集団の中でどのようになっているかというのを，知識の種類ごとに分類してみましょう。

皆さんの挙手によって分布をみると，この中で正答率の高い知識は，Q1〜Q3 でしょう。これらはみな，義務教育段階の知識です。その結果，日本の学校に行った人なら，学んだ地域がどこであっても，これ

らのことはたいていみんな知っている。なぜか。誰かが，義務教育ではこういった知識は大事だということで，全国どこでも教えることを決めたためです。これらの知識は，誰かが選んで，これを誰々に教えようという決定をして，そして実際に教えたものです（もっとも義務教育で習っていたって，Q2 あたりは，正答率が低いかもしれません。ちなみに Q4 の正解は，ゴッフマン（Erving Goffman ; 1922-82 年），Q5 の正解は千葉です）。

■社会的コンセンサスの存在

　こうやって簡単なテストをしてみると，知識というものの分布に知識の種類によって違いがあることが分かります。正答率の高い知識は，先ほどの隠れたカリキュラムでなくて，表立った顕在的なカリキュラムのほうですけれども，そのカリキュラムが選ばれる。誰かが何らかの知識を選んでそれを教えようという決定をして，そして実際に学校で教えるようになってはじめて，こういう共通の知識をもった人たちが，ある社会の中で一定数存在することが可能になる。

　いまの時代だったら，CO_2 が何かを知らないと，地球温暖化とかの会話も理解できません。だから，新聞を読むためにも，私たちが現代社会を生きる上で基本的な知識といえるのかもしれない。それに対して，Q3 あたりになると，別に 1600 年を 1603 年と間違えたところで大きな違いはない。17 世紀の初頭という知識があれば，日本の歴史の流れをだいたい把握できていることになる。

　そうやって考えると，できるだけ多くの人々がどういう知識をもっていないといけないかということに対して，何らかの社会的なコンセンサスがあって初めて，先ほどのような知識をみんなが勉強するようになる。だから先ほどの知識の分布は偶然ではない。明らかに誰かがある制度にもとづいて決定をし，そしてその制度にもとづいて教え，学んでいることによってこの現象が起きている。

　もし義務教育やそれを教える学校のないような社会で調べたら，正答率はもっとばらばらになるはずです。生活の知識の中で獲得する知

識はもちろんあるから，その点では同じ共同体にいる人たちが知識を共有することはある。けれども，それぞれ違う都道府県で，全然違うコミュニティーに住んでいる人たちが同じように知識をもっているということ自体は，これは誰かがそのことをその国の子どもたち全員に教えるべきだとして選んで制度化したことの結果です。

　それどころか，たとえば Q1 の知識は，日本国内だけじゃなくて，ほかの国の大学生に聞いたって，かなりの高い割合で正答率を示すでしょう。国によらず（先進国だったら特に），どこでもたいがいはこういう知識は必要だと思われている。日本国内なら文部科学省があって，そこが決めて，全国統一のカリキュラムになります。しかし国際的にはそのような機関はどこにもない。別に国連やユネスコが強制力をもって，これを教えろ，なんてやっているわけではありません。だけど国際的にもある程度の共通の知識というのがどこの国の学校でも教えられている。

■地域を越えた知識の共有

　新聞などで PISA というテストの名前を聞いたことがあるかもしれません。「OECD 生徒の学習到達度調査」というものです。TIMSS（国際数学・理科教育調査）というテストもあります。こうした国際学力テストと呼ばれるものがあり，そこに 30 とか 40 の国が参加して，何年かおきにテストをやって，日本は何位だったと，よく新聞に出ます。このような国際比較のテストが可能であるということは，その前提として，そのテストに答えられる知識をそれぞれの参加国の子どもたちが学んでいるということがあります。

　国際的な機関が決めているわけではないのに，こういう知識は大人になる上で必要だというように，さまざまな近代国家がそれぞれ考え，意思決定した結果として，これらのテストに出るような共通の知識を，国を越えて多くの人たちが獲得している。これまた当たり前のように思えるかもしれないけれど，けっして当たり前ではない。そうやって，ほかの知識を排除し，ある知識を選んでそれを共通の知識として教え

るということを通して初めて，国の違いを越えて，あるいは国内でも地域を越えて，知識の共有ということが可能になる。

■教育制度の発明

　こうやって知識を共有するようになったのはなぜなのか。いろいろなことが絡んでいますが，一つには前述の公平とかフェアだという問題が関係します。ある特定のグループの人たちにはある知識だけ教えて，そのほかの人には教えなくていいのか，ということを考えてみるといい。たとえば，○○県の人には英語は教えないとか，こういうことをやったらこれはフェアではない。ただし，学校段階によっては，これは学年という時間だけど，ある段階を越えたら教えるようにして，それまでは教えなくてよい，という判断はある。その反対に，ある段階までは，共通になるべく多くの人に教えようという考え方が基礎にあれば，その段階までの知識はみんなに教えるようになるから，その結果，みんなが共通の知識をもつようになる。

　先ほどの例だと，Q4のゴッフマンは知らなくても，これはフェアとかフェアではないという話にはならない。大学に行って社会学を専攻したグループには教えるだろうけれど。それから，Q5の嵐の相葉君が千葉県出身だという知識は共通に教えなくたって，フェアとかフェアではないとかという話にはならない。ある知識についてはそれを教えなかったり，獲得してないとフェアかフェアではないか，そういう基準で判断されるのに，別の種類の知識についてはそういう議論が起きない。こういうことは寺子屋の時代ではあり得ないことです。たかだか140年間で，こういう結果が生み出されているのです。

　その歴史の中で，先ほどのような空間的な特徴によって，多くの人を集団的に一斉に教える教育の技術が発明されたり，あるいは時間割とか試験とかという時間の管理の仕組みが発明されたりした。そういうテクノロジーを使って，知識を共有するということが可能になっていった。こういうことを含めて，パターン化された行動が秩序として繰り返し出現する，そういう仕組みができた。ここに学校という制度

の特徴が表れている。

4. 教育におけるコミュニケーションスタイル

■教室の中のコミュニケーション

　話を核心であるコミュニケーションの問題に移します。

　私たちが普段，日常的に人と話をしたり，さまざまな場でお互いの意思を伝え合ったりすることをコミュニケーションと呼びますが，友達同士でしゃべったり，あるいは家族の中でしゃべったり，あるいは恋人同士でしゃべったりするコミュニケーションと，こうやって僕が君たちと正対しながら取っているコミュニケーションとはスタイルに大きな違いがある。

　先ほどの空間的・時間的特徴もその中に含まれているけれど，それ以前に，まず君たちはこの教室という装置の中にいるだけではなくて，もっと大きな制度の枠組みの中で僕の話を，いわば「聞かざるを得なく」なっている。聞かざるを得ないという，強制的だということを強調するための表現を使ったのは少し強すぎるかもしれないけれども，その背後にあるのは，たとえばこの講座を取ると何単位もらえますということだったり，あるいは大学というところで授業を受けるということに対して友達同士でもいろいろな会話があって，あの授業を受けておくとなかなか将来役に立つみたいだといった情報があるのかもしれない。いずれにしてもそういう制度的なものや制度的でないものも含めて，ルールとして書かれたものや書かれてないものも含めて，この授業に参加するということについては，1人の，自分だけの意思で決まっているわけではないところがある。そこには個人の意思を発揮するためのさまざまな約束事や，お互いの期待といったもののネットワークの中で，君たちはここにいて，僕の話を聞かされている。

■教師と学生という関係の成立

　そのようなコミュニケーションの特徴としてもっとも重要なのは，最初から君たちは僕を教師だと思っているということです。この場に立った瞬間，あるいはここで僕が何々大学の先生だと紹介された瞬間に，もう僕はここでは「教師」として君たちと話を始める。僕が教師としてここで話を始めた途端，君たちはそれぞれが固有名詞をもっている一人ひとり別々の固有の個人かもしれないけれど，その瞬間に「学生」になっている。教師と学生という関係がこの場で成立していることがもっとも重要な特徴です。

　なぜそれが重要なのかというと，この瞬間に学生は話を聞くものだという態度に入っている。それを支えているのは先ほど説明した空間的装置や時間の枠組みもありますが，同時に教師の話は聞くものだ，教師の話はありがたい，きっと何か価値のあることを言うに違いないという期待があります。そんなこと本当は考えてなかったかもしれませんが，そういうものだということが「制度」としては前提とされていて，学生の側だけではなく，教師なるもの，ここで90分間与えられたら何か価値のあることを話すということを期待されて僕はここに立っているし，一人ひとりの判断はそれぞれかもしれないが，学生という集団としてはその価値を認めるからこそ君たちはここに来ている。

　先ほど，もし渋谷の駅前で僕がこれだけの人数を集めて話をしようと思ったら大変だと言ったけれど，それはなぜかというと，そのときには僕は教師でも何でもなくて，ただ1人の男にすぎないからです。全然わけの分からない人が，さあさ皆さん寄っておいで，これから教育の社会学の話をしましょう，と言ったって集まるはずがない。だけど，「学術俯瞰講義」と書いてあって，1月7日4時20分からと書いてあって，「講師・苅谷剛彦」と書いてあって，「学校という制度」と書いてあったら，これだけの人が話を聞きに来る。

　それはもう最初から僕と君たちとの間で，教える，教えられるという関係に入るのだという約束事をお互いが受け入れていることによって成立しているコミュニケーションなのです。友達同士のコミュニケ

ーションとは全然違う。友達同士でこんなことしゃべってごらん，説教くさくてしょうがない。家族で，お父さんが毎日こんな話をしてごらん。嫌になります。さすがに僕も家ではこういう話はしない。だけど教壇に立ったら話すわけです。

　君たちの中には，お父さんやお母さんが学校の先生の人がいるかもしれません。けれども，親が教師であっても，家では教師として話をしていないはずです。家族の一員としてのコミュニケーションをする。しかし，そのお父さん，お母さんが教壇に立った途端，目の前の生徒とのコミュニケーションは先生と生徒という形になる。

■教育的コミュニケーションの機能

　こういう形式のコミュニケーションを「教育的コミュニケーション」と呼ぶとすると，こういうスタイルのコミュニケーションの中ではいったい何が行われているのか。

　もちろん第一義的には，教えたい内容，つまりコンテンツの伝達が行われている。教育の社会学というコンテンツを伝えるために，僕はいま，この話をしている。しかし同時にそれだけではなくて，先ほどの顕在的カリキュラムとか隠れたカリキュラムもあるけれども，もっと重要なのは，教育的なコミュニケーションを通じて，どんな知識が選ばれて教えられるかという仕組みの承認が行われている。

　いま僕が話しているのは，教育社会学についての内容だけれど，その話を聞きながら君たちは，僕が今日の講義として恣意的に選び取った知識を自分たちが受け取るものだという関係にすでに入っている。この教室に入った途端に君たちはそのような関係の中にいることになる。そういうコミュニケーションの場に暗黙のうちに人々を招き入れ，そこでのやりとりをあたかも自然に成立させていることが，教育的コミュニケーションのもっとも重要な機能です。

　なぜ重要なのか。そういうコミュニケーションを通じて獲得された知識は「正しい知識」だとみなされるからです。正しい，あるいは正当な知識だったら，その知識の学習ができているか否かを調べること

で，君たちの能力が評価できる。たとえばある知識について学習指導要領でそれを高校卒業までに教えなさいと書いてあったら，その知識は大学入試で出していいと正当化された知識として評価の対象になる。その正当化された知識としてそれが認められているということの大本にあるのが，教育的コミュニケーションなのです。そこでは，教える，教えられるというコミュニケーションを通じて知識を伝えるときに，教える側からすれば恣意的に選び取った知識を，教えられる側は恣意的だと思わずに獲得している。

　大学の授業というのは恣意性が高いから，この講義についてはこのような説明にあまり違和感はないかもしれませんが，たとえば先ほどのクイズのQ1とかQ2のような学校で教えられる知識だって，じつは恣意的に選ばれている。Q1のCO_2を必ず教えなきゃいけないかというと，そうではない。社会によっては教えなくていいのかもしれない。あるいは時代によっては教えなくていいのかもしれない。けれども，ある時代のある社会では，こういうことを教えることが重要だとみなす社会的コンセンサスを通じて，教えることになっている。そうやって，知識や文化というものが次の世代に伝えられるとき，その文化のある部分を切り取って次の世代に伝えようとする。そこには「正しい知識」という知識の選択が必ず含まれているのだけれど，教える，教えられるという関係を最初に受け止めてくれたら，そのコンテンツが教えやすくなる。その知識が恣意的に選ばれていることに疑問をもたなくなる。それがスムーズに行われるようにしているのが，教育的コミュニケーションの機能といえます。

■近代社会の制度であるということ

　何でこんな話をするのかと思われるかもしれません。たとえば，ここで伝統的な社会と近代的な社会という比較をしてみましょう。

　伝統的な社会というのは，基本的に自分が生まれ育った文化をそのまま，まさに理屈抜きで受け止める。そこに疑問は差し挟まない。こういうしきたりだから，こうこうすべきだという理由でしきたりを守

り続けることが伝統である。そうすると，伝統的な社会の中では知識の伝達というのは，すでに伝統自体が伝統であることによって教えるに値する価値をもっているとみなされるわけだから，そこで行われる文化伝達のコミュニケーションは疑われようがない。

ところが，近代社会というのは疑いだらけの社会なのです。伝統だから，昔からそうしてきたから，これは正しいとか教えるべきだということが言えなくなっている。それぞれの個人が自分である知識をもつかもたないかということを選んでもいい社会。であるにもかかわらず，共通の知識を教えようとしなければいけない。疑ってもいいし，ノーと言ってもいい，そういう権利を社会として個人に保証しておいて，だけど共通の知識については強制的に教えようとする社会。そこが，伝統的な社会と近代社会の大きな違いです。

ただし，近代社会での強制の意味は，伝統的な社会の強制とは違います。受け取る側に納得してもらわなければいけない。ただ，その納得というのはいちいち一人ひとりに確認して誓約書にサインしてもらう納得じゃない。教育的コミュニケーションというスタイルを取ることで，すでにサインをしていることと同じになっているわけです。君たちが自分の意思でここに来て，僕の話を聞いているということで，そのようなコミュニケーション関係に自然に入り込み，こういうメッセージのやりとりの場への参加を承認することによって，そこで伝えられる知識を受け取ることを認めている。これは伝統社会の知識が伝統だから伝達されるという理屈とは違います。

こうやって近代社会の中では学校と呼ばれている制度が成立し，伝統社会とは違って，学校制度の中で教師と呼ばれる役割をもった人たちが登場し，その教師と呼ばれる職業の人たちにある知識を与える権限を与え，その権限の名において教壇に立つ権利を与え，そこで何らかの知識を伝達させる。だから誰が来てもいいわけではありません。大学だったら大体誰が来てもいいかもしれませんが，小中学校だったら原則として教職免許をもっていなかったら教壇には立てない。そうやって選ばれた，職業としての教師がそこで教育的なコミュニケーシ

ョンを始めるわけです。

　そのような制度化された学校という仕組みの中で，教師という役割を与えられた人たちがいることによって，教師と生徒，さっき言った学ぶ側と教える側というコミュニケーションが自然に成立してしまう。だけどじつはこの「自然に」というのは伝統主義の自然とは違って，じつは個人個人が選んだ結果として，そのことを繰り返し，繰り返し行っていかなければいけないわけで，ここが近代社会の難しいところなのです。受け取る側にノーと言える権利を与えておいて，だけど共通のものをつくり出す必要がある。そのためにこういう教育的なコミュニケーションのスタイルがつくられ，教師という役割が付与されるようになったのです。

■なぜ恣意性は疑われないか

　以上の話はフランスの社会学者のブルデュー（Pierre Bourdieu ; 1930-2002年）の議論をもとにしているのだけれど，さらに彼はこのようなことを言っています。「教えられるものの内容の恣意性はまったく事実として決して顕わにならない限りにおいて，教育的コミュニケーションはその固有に教育的な効果を発揮する。」（P. ブルデュー & J. C. パスロン，宮島喬訳『再生産』藤原書店，1991年。）

　どういうことかというと，つまり，教えられる内容は恣意性によって選び取られているんだけれども，そのことが疑われない限りは，そこで行われる知識の伝達（「教育的なコミュニケーション」）には，教育的な効果があるだろうということも疑われずに，その効果を発揮できるということ。

　たとえば僕が教師としてここに来ると，皆さんは，学生としてそこで学ぶことによって何かいいことがあるに違いない，何か価値のあるメッセージを得られるに違いないということを疑わない。その限りにおいて，こういうふうにして恣意的に選ばれた知識の獲得は，そこに恣意性がいくら紛れ込んでいてもその恣意性は顕わにならない。そういう個人の自由を認めながらも，なおかつその中で共通のものをつく

り出す仕組みとして，教育的コミュニケーションが発達してきたのです。

5. 学校という制度と近代社会

■近代の産物：教育

　これまで述べた，空間的な特徴・時間的な特徴をもち，そして，こういうコミュニケーションの様式を実現するための装置，それが学校という制度です。その中に生徒という役割をつくったり，教師という役割をつくって，その役割に従って，お互いが行動している限りにおいては，この教育的コミュニケーションは極めてスムーズに成立する。そうすると，そこで教えられる事柄は，いかに文化的に恣意性によって切り取られたものであっても，その伝達が可能である。学校という制度は，そういう仕掛けなのです。

　じつはこの背後には，国民国家という問題があります。先ほど19世紀の初頭に教室という空間ができて一斉授業の形式が始まったと述べましたが，近代的な社会システムが登場する時期と，私たちが現代的な意味で教育と呼んでいるさまざまな制度が出来上がってくる時期は，ほとんど重なっている。だから，教育と社会学はじつは非常に相性がいい。なぜなら教育自体が近年の産物であり，社会学という学問自体が近代社会とは何かを解明するための学問であるからです。教育というものを解明していくときのツールとして，社会学は非常に威力を発揮する道具立てになっているのです。

　近代に国民国家というものが成立してくることで，その中でまず「国民」というものをつくらなければいけなくなります。江戸時代であれば約270もの藩に分かれていた人々を，明治期には「日本人」という1つのアイデンティティのもとに統合して，日本国家の一員として振る舞える人々を統合してつくっていくことが必要になるのです。そういうプロセスが国民国家の形成です。このときに教育は非常に重

要な役割を発揮する。始めに紹介した『小学教師必携補遺』にみるような近代的な学校をつくって，全国の子どもたちに就学を義務づけることが行われたのも，そこで国民を形成しようという国家の目的，狙いがあったからなのです。

■国民の形成と学校制度

　国民の形成というのはいくつかの面がありますが，一つは軍事的な面がある。近代の軍隊は，ある程度知的な能力をもっていなければ作戦行動もできないし，武器も扱えない。そうすると，国民の知的なレベルを高めておくことは強い軍隊をつくることにつながる。

　もう一つは，強い経済をつくらなければいけない。強い経済をつくるためには，それなりの知識と技術をもった人たちをつくり出していかなければいけない。そうすると，そのための知識を伝達する場としてこれまた学校という制度が必要になる。この軍事と経済が非常に重要な要因になります。「富国強兵」のための教育という位置づけになる。

　もう一つ，国民国家の中で政治をどうしていくかということも問題になります。特に議会制民主主義というものが成立してからは，1票をもち，1票を投ずる政治的な判断をする国民を形成しないといけない。民主主義を機能させるためには，国民の識字率や知識，さらには判断力を高める必要があり，そのためにも一定程度の国民の知的レベルを上げるという形で知識の伝達が行われるようになる。そのときに何らかの知識を選び取ってみんなに教えようという，いわば学校の制度化が行われるようになる。さらには，知識伝達をスムーズに行うために教育的なコミュニケーションという手段を用いて，自由意思で人々が生きている社会の中で共通の知識を与えようとする。こういう関係の中で学校というものが制度化されてくるわけです。

■議会社会と封建社会

　図6は日本の大学進学率を示したグラフです。急速な高等教育の

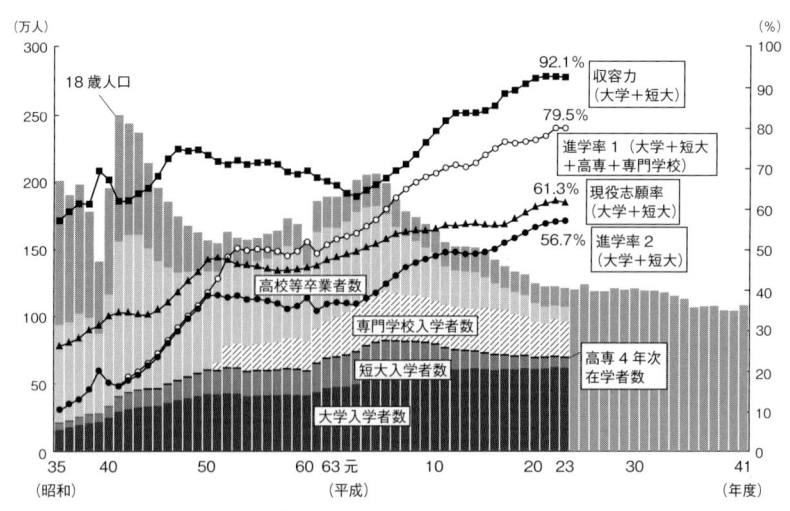

図6 高等教育進学率の推移
（出典）　文部科学省「平成23年度 文部科学白書」2012年。

拡大が示されています。日本の場合だと1970年代にすでに同世代の9割以上が高校に行くようになって，大学も4年制だけで2010年代前半で50％を超えるようになり，短大と専門学校を入れると同世代の70％以上の人たちが，大まかにいって大人になるまで学校に行く時代が出現した。そういう，多くの人たちが大人になるまで，十数年間にわたって教育を受ける社会をつくり出した。これだけの急速な教育の拡大は，先に述べた，みんなに教えないとこれはフェアではないという考え方が基礎にないと起きない。ここに近代社会と教育あるいは学校との結びつきの接点のもう一つの結び目がある。

図7は森重雄さんの論文にある図ですが，3つの社会を理念型として描いています。

未開社会では子どもも大人も明確な区別はなく，明確な子ども期がありませんでした。いつ大人になるかということに区別がないからイニシエーションという成人になるための儀式が行われ，人為的にあるときから大人だと認めるような，大人と子どもの区別がつきにくい社

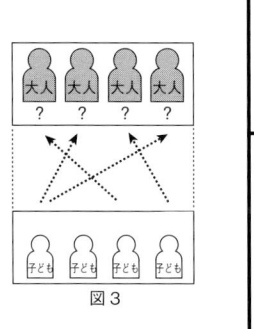

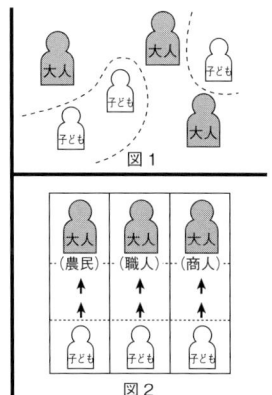

図7　社会の理念型
（出典）　森重雄「学校の空間性と神話性」『季刊こども学』18，福武書店，1998年，p.71。

会。仕事の面でも生活の面でも大人と子どもの区別はあいまいで，小さいときからある程度体力があれば，労働をしていたわけです。

　こういう時代から，だんだんと分業が行われて社会での専門化が進むと，職業領域ごとに身分という形で社会の分化が進む。ただし，こういう身分制の社会というのは，子どもは自分がどの家に生まれるかによってその家の職業を継ぐことが前提だから，商人の家に生まれたら商人になり，職人に生まれたら職人になり，農民に生まれたら農民になる。当然，その職業に就くために，農民だったら農業の技術を大人になる過程で学びます。商業だったら商業の技術を商人は学ぶ。こうやって，子どもはどの家に生まれるかによって知識の獲得も進路の選択も決まる。これが理念型としてみた身分制の社会です。

■何にでもなれる誰でもない人
　それでは，私たちがいま生きている近代社会はどのようなものでしょうか。今日では，子どもは生まれたときには何になるか決まっていません。そうすると，図の点線の矢印のようにどっちに行ったらいいかという問題が出てきます。それから，社会にとっては，誰にどこに行かせたらいいかという問題も出てきます。これを森重雄さんは，

「何にでもなれる誰でもない人」と表現した。

　身分制の時代だったら，農民の子どもに生まれたら生まれたときから農民になることが決められている。商人の子に生まれたら商人になる。けれども近代社会では，子どもは生まれた時点では何になるか決まっていない。何になるかという問題もあるし，何になれるかという問題もある。もし，この2つを合わせて選択と選抜と言い換えれば，何になるかのチャンスを誰に与えるかという問題も出てくる。こういう問題を近代社会は抱え込むようになった。

　何にでもなれる誰でもない人というのは，誰でも何かになれるということと，何かになるまでは誰であるかが決まっていないということです。そして，誰にでも何かになれるチャンスを与えるためにはどうしたらいいのか，そういうことを，社会が引き受けなければなりません。そして，何かになるために必要な知識や技術を与える場として，学校という制度に，この選択と選抜とが委ねられるようになったのです。

■学校という制度の果たす役割

　まとめると，教育というのは子どもが大人になるまでの過程にかかわる意図的な，社会的な営みです。そこで知識や技術を伝達して，しかも近代では単に知識や技術を伝達するだけではなく，個人というものを完成させようということまで考える。こうやって，誰でもないけれども誰にでもなれる存在としての子どもを誰かにしていく，こういうプロセスが教育であり，同時に学校という制度がその役割を担うようになった。

　最近では，個人としての個性を発揮できる個人をつくりたいという願いも強くなっているから，単に何かになるだけじゃなくて，できるだけその人らしい何かになってほしいという，もっと欲張ったことまで学校に頼ることになった。

　それぞれの自分らしさを尊重して，何かになる自分をみつけ出し，そういう人間を育てていく。単に何かになるだけではなく，「自己実現」できる何かになれるようにする役割まで学校に委ねられる。こう

して，学校が社会から付託されたこうした役割は，フェアネス，公平であるかどうかという，近代社会のもう一つの原理を基盤に，誰にでも，自分らしさを尊重し，自己実現できるような人になれるチャンスを与えようという考えが広まっていくようになりました。

6. 教育の平等をめぐるトリレンマ

■フェアネスの問題

　図8は東京大学の学生の親の職業を学生生活実態調査の結果です。「上層ノンマニュアル」というのは，専門職・管理職，そういういわゆるホワイトカラーでも上層の職業のことを指します。1971年からデータを取っていますけれども，最近に至るまでほとんど変わってない。東大生なら7割ぐらいの親が，専門・管理職の仕事に就いていることを示しています。

　この値は社会全体からみたら，とても大きな値です。どういうことかというと，誰にでも何にでもなれるチャンスを広げようという社会からの付託を受けているのに，その何にでもなれるチャンスを広げる教育機関である大学に入れる人，中でも東京大学のようにトップラン

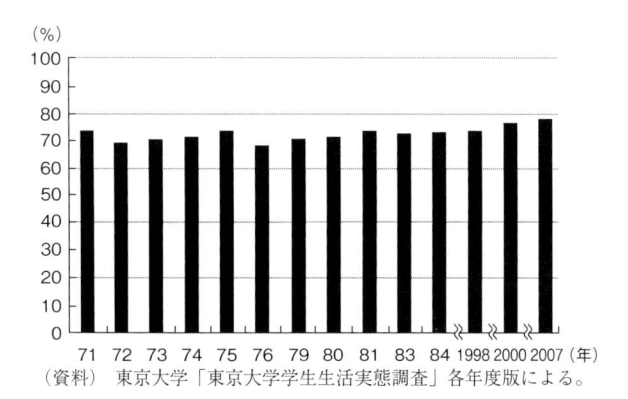

（資料）東京大学「東京大学学生生活実態調査」各年度版による。

図8　東京大学の学生の「上層ノンマニュアル」出身者比率

クの大学に入れる人たちの出身階層をみると，かなり以前からこれだけ偏っている。

　ここでは詳しい話は割愛しますが，要するに成績とか学力とか呼ばれているものが，どういう家庭に生まれ育つかということの影響を受けてしまう。その成績のもとになる試験で問われているのが先ほど述べた，学校で教えられる「正しい」知識なのです。恣意的に選ばれていてもそれがこういう選抜の基準に使われる。だから，どんなに試験自体が公平に行われたって，その前段階で差ができていれば，その差がそのまま試験の結果に反映する。必ずしも東大の卒業生全員が有利になるわけではないけれども，おそらく東京大学を卒業すれば，就職を含め社会的にはいろいろな意味で有利になるでしょう。そういう社会のライフチャンスを得る上での有利さという意味で，現実の社会では偏った分布が生み出されているのです。

　学校という制度はなるべく多くの人に，なるべくたくさんのチャンスを与えようとして，公平性をうたい文句にして共通の知識を与えようとして広がってきたけれども，いまだに結果としてはこうなる。これは一つの矛盾であります。

■近代社会の3原則の相反関係

　フィッシュキン（James S. Fishkin）という社会哲学者は，平等をめぐるトリレンマ（三すくみの状態）という考え方を提唱しています[2]。トリレンマというのは，近代社会の原則のうち3つを取り出して，その3つのうちの2つは並び立つけど，残りの1つは並び立たない，3つのうち2つ取ると必ず1つと相反する状態になるという考え方です。

　近代社会の原則とは何か。第1の原則は，メリット（業績）の重視です。人々が業績に応じて報酬を得る。生まれとか家柄とかではなくて，その人がどれだけ能力や業績を示したかによって報酬の多寡を決

---

[2] Fishkin, J. S., Liberty versus Equal Opportunity, *Social Philosophy and Policy*, Vol. 5 (1), 1987.

めようという原則です。この原則があれば一生懸命頑張って業績を上げようという競争が起き，それによって社会全体の富も拡大し，拡大した富を含めて配分が行われれば，これは社会としては成長する社会になるといって，経済原則にも見合う。

　とはいえ，それではまったく不平等な社会でいいかというと，同時に近代社会はなるべく多くの人に生活機会を平等に与えようという考え方ももっている。これが第2の原則，平等です。

　第3の原則は子育ての自律性にかかわる「自由放任」の原則です。子育てが親の自由意思に任せられているということ。国家や社会から子育てはこうしろと命令されたくない。自分の子どもは自分で育てる。それぞれの家庭に自分の方針で子どもを育てようという「自由放任」の原則です。

　これらの3つのうち2つを取ると，残りの1つと相容れなくなる。たとえば，「メリット重視」+「平等」の場合，全部の条件を平等にしようと思ったら，家族の中で育つときに差ができるから，子育ての自由を犠牲にするしかない。けれども子どもを家庭から引き離して，社会的な保育を完全にするということは3番目の子育ての自律性（自由放任）の原則に抵触する。一方，「平等」+「子育ての自由放任」の2つを満たそうとした場合，業績の差が出てもその報酬の配分をできるだけ平等にしようとすれば，業績主義の原則と抵触する。そして，「メリット重視」+「子育ての自律性（「自由放任」）」の2つをとった場合には，不平等な結果になり，平等原則に反する。

　こうやって3つのうち2つ取ると，2つは成立するけど残りの1つが成立しなくなる状態をトリレンマといいます。そういう3つの原則との関係で，教育の平等はなかなか成立しなくなっています。

■ **教育制度のアポリア**
　これに対する一つの妥協策は，生活機会の平等原則を少し緩めて，一応チャンスだけは平等にして，結果の平等までは保障しないと考えることです。それでは，その場合のチャンスとは何か。何をどこまで

保証すれば，チャンスの平等といえるのか。これは程度問題です。と同時に，ここでいうチャンスを，教育を受ける機会と結びつけることで，多くの近代社会は，教育の制度にこのトリレンマの解決を求めた。そうなると，教育の中で，義務教育はみんな一緒にしようという考え方もあるし，いや，高校までは一緒にしようという考え方もある。さらには，いやいや，大学まではみんな行けるようにしようという考え方もいまでは強まっている。

　こうやって，何を，そしてどこまでを機会ととらえるかによって，トリレンマの問題を解決しようというのが，いま，私たちが生きている多くの先進社会の状態です。じつはこういうトリレンマと呼ばれる，倫理的にみても，原理原則のレベルで並び立たない非常に難しい状態を抱え込んで，いまの学校がある。

　今日，なぜ教育改革というものが頻繁に議論されるのかというと，近代社会の原則からいって，もともと学校というところに，社会がとても難しい課題を背負わせているからだ，ということもできる。そもそも原理的に解決の難しい課題を背負わせておいて，それがうまくいかないと，これは学校がうまくいってないといって改革を求める。日本だけでなく，多くの先進国が抱えている教育をめぐる問題は，この原理的に非常に解決が難しいアポリア（難問）を抱えざるを得ないところに起因しているのです。

　さまざまな社会制度の中で，近代社会の難問を，教育や学校といわれる制度が担わざるを得なくなっている。そのためにこの矛盾を抱えて，学校という場が日々この難問に立ち向かい，十分な成果を上げられない中でも，何とかその役割を果たそうとしている。

　この難問をどうするのかというのは，いまだ開かれた問いのままです。こうやってじつは学校というものが難しい問題を抱えているというところを前提にして教育や学校の問題を考えていく，あるいは社会の問題を考えていくと，少し違った社会や教育の見方ができるのではないかと思います。

[参考文献]

P. ブルデュー & J. C. パスロン，宮島喬訳『再生産』藤原書店，1991 年。

苅谷剛彦『大衆教育社会のゆくえ：学歴主義と平等神話の戦後史』中公新書，1995 年。

苅谷剛彦『教育と平等：大衆教育社会はいかに生成したか』中公新書，2009 年。

森重雄『モダンのアンスタンス』ハーベスト社，1993 年。

柳治男『〈学級〉の歴史学：自明視された空間を疑う』講談社選書メチエ，2005 年。

【コラム3：オックスフォードでの学び　苅谷剛彦】

　東京大学で18年間教えた後，私は2008年の秋からオックスフォード大学の社会学科と現代日本研究所で教えることとなった。日本の大学でいえばゼミのような授業も担当しているが，中心となるのは大学院生を対象にした個別指導である。オックスフォードに赴任して驚いたのは，授業で学生たちに課す講読文献の量の多さである。学部教育の場合，週に1回1時間，2，3人の学生に1人の教授という構成で「チュートリアル」と呼ばれる個別指導が行われる。毎回，数冊分の課題文献を読み，それらの文献をもとに解答する課題が出され，学生たちは毎週A4判で10ページ分くらいのレポート（エッセイと呼ばれる）を提出する。チュートリアルの場は，そのエッセイをもとにした議論である。このチュートリアルをこなすためには，毎日最低8時間，週5日間くらい学習が必要であり（それゆえ，「フルタイム」の学生と呼ばれる。アルバイトなどしている暇もないし許されもしない），それでも足りないほどの課題文献が出されることも少なくない。これを1学期あたり8週間続ける。1年は3学期，学科によって卒業に必要な年数が違うが，3年間で卒業できる分野が多い。

　その代わり，大教室での講義形式の授業は出ても出なくてもよい。最終的にチュートリアルを通じて学んだ内容をもとに出題される，最終学年の試験に合格すればよいからである。毎学期ごとに授業の担当教師が試験を行い，単位を出す仕組みとはまったく異なる。日本の大学が，講義を聴いて試験を受け，単位を取って卒業する仕組みだとすれば，オックスフォードでの学びは，個別指導でたくさん読み，たくさん書いて，最終学年の試験に備える仕組みである。もちろん，試験も記述式である。1つの科目についていえば，1問あたりA4で3，4ページになる論文を3問分くらい試験場で手書きで書く形式である。先生の講義をうまくまとめればいい点数がとれるような試験ではない。課題文献をみっちり読んだ上で，それらを根拠に，自分なりの考えを解答することが求められる。東大時代に私が教えていたゼミと比べても，圧倒的な量の「読み」と「書き」の訓練がみっちり行われるのである。

　このような教育の形式は，大学という機関でどのような能力を身につけさせたいかという考え方を反映している。効率よく話を聞き，要点をまとめ，そこに若干の自分のアイデアを加えれば良しとする試験やレポートが日本の大学では多いだろう。読み書きの量が決定的に足りない。それだけ瞬時の情報処理の効率性を重視しているのが日本の大学なのかもしれない。それがファストフード式の大学教育だとすれば，読み書き中心のオックスフォードの学びはじっくりと熟成させるスローフード方式を短期間に集中的に行う。深く考える力をつける教育である。

10
健康の観点から生き方と社会を問う

山崎 喜比古

　健康社会学は，家族社会学，労働社会学，地域社会学，都市社会学，教育社会学，福祉社会学のように，テーマの名の後に「社会学」が続く「連字符社会学」とは，やや趣を異にする社会学です。健康社会学は，たしかに健康についての社会学ですが，保健・医療の実践の側から生まれた，古くて新しい分野なのです。

　したがって，方法論的にかなり異なるものが同居します。社会学と保健学・医学の両方にまたがる高度に学際的な学問分野であり，社会学と保健学・医学それぞれの理論・基礎知識と研究方法が基礎に必要になります。

　健康社会学は，問題志向性や有用性，実践・政策への意味や示唆が常に求められる学問分野です。健康社会学の存在理由，もともとこの学問が出来上がってきた基底としては，やはり病や患いからの解放を願う，人類や人間の希求があります。実践，政策にとってどのように役立つ知見が研究によって得られたのかということが，必ず問われる分野なのです。

　ここでは，健康社会学がもたらした健康と保健・医療の世界におけるパラダイム・シフトと，健康社会学でいま非常に重要になっているストレス対処・健康保持力概念 SOC について紹介します。

1. 健康社会学とは

■健康・病気と保健・医療の社会学

　東京大学大学院医学系研究科において健康社会学教室と健康教育・社会学教室を担当する山崎喜比古と申します[1]。学部では，1984年，保健学科の教員になって以来この37年間に，保健学科は1992年には健康科学・看護学科に改名改組され，2010年には健康総合科学科に改名されていますが，私は主に保健社会学・健康社会学と社会調査実習を担当してきました。

　まず，健康社会学とはどのような学問なのかということからお話ししたいと思います。

　健康社会学についての私の定義は，「健康・病気と保健・医療の世界における問題を，行動や生活，家族や集団，職場や家族，制度・政策や破壊・文化に関する社会学の理論と方法を用いて解明あるいは解決することに寄与しようという学問分野」というものです。これは「健康・病気と保健・医療の社会学」と総称できますが，今日，もっとも端的には「健康の社会学」(Sociology of Health あるいは Health Sociology) と略称されています。「保健・医療」は，「健康・病気への人間と社会の対応・営み」ですから，「健康・病気の社会学」と表現するだけで，その学問対象に含まれることが自ずと伝わりますし，「健康―病気」は，「健康―健康破綻」と一次元的，連続体的に理解することによって，「健康」で代表させることができるからです。

■健康社会学は保健医療学と社会学の両方に立脚

　私は，どちらかといえば保健・医療のサイドから健康社会学に入っていった者です。医学部保健学科を卒業後，大学院医学系研究科保健

---

[1] 講義当時（2010年1月）。現在は日本福祉大学社会福祉学部教授。

学専攻に進学し保健社会学教室に所属するようになって以降，社会学の理論，基礎知識や社会学の研究方法をかなり勉強させてもらいました。博士後期課程に進学してからは日本社会学会にも毎年のように参加して，調査研究発表もして参りました。

2. 健康・病気と保健・医療の世界におけるパラダイムシフトと社会学・健康社会学

　健康社会学は，健康・病気と保健・医療の世界において20世紀半ば以降に進行したパラダイムシフトをリードしてきました。

　パラダイムとは，科学史家クーン（Thomas Samuel Kuhn；1922-96年）が1970年に提唱した概念ですが，その後広く流布し，『広辞苑』（第5版）によれば，「一時代の支配的な物の見方のこと。特に，科学上の問題を取り扱う前提となるべき，時代に共通の思考の枠組」とされています。

　WHO（World Health Organization，世界保健機構）が第2次世界大戦後の1946年に健康憲章を謳い，1986年にはオタワ憲章により，21世紀を見据えた世界の健康戦略ともいわれるヘルスプロモーションを提唱することによって，健康・病気と保健・医療の世界におけるパラダイムシフトが劇的に進行することになりました。

　以下，こうしたパラダイムシフトの内容を紹介し，それと社会学や健康社会学との関係について述べていきたいと思います。

■生物医学モデルから生物心理社会モデル・生活モデルへ

　第1は，健康・病気のとらえ方にかかわるパラダイムシフトで，「生物医学モデルから生物心理社会モデル・生活モデルへ」というものです。身体的のみならず，精神的な面も社会的な面も，さらにスピリチュアルな側面も包含した，全人的な健康といったものへの着眼です。

　社会的健康というのは，過度の対立とか葛藤というものがない関係や，相互支援的な，あるいは協働的な関係が築けているのかどうかと

いう視点も含めて，人々の健康をみていく必要があるとして提案された概念です。社会学は，これまで，こうした視点を「健康・病気の社会モデル」として提唱し展開させることによって，「生物心理社会モデル」への統合に貢献してきました。

■客観的健康のみならず主観的健康も
　第2は，客観的な健康のみならず，主観的な健康も重視するようになってきているということです。
　客観的な健康というのは，理学的な検査値を頼りにして，医師が判断するものです。それに対して，主観的健康というのは，本人自身が定義するものです。調査研究では，あなたの健康状態はいかがですかという質問に対して，「とても健康である」から，「極めて不調である」までの5件法でランク付けしてもらい，自己評価してもらいます。それを主観的健康度といいます。
　この2つ，果たしてどちらがその後10年間の死亡率や有病率に対して，予測力が高かったのでしょうか。1990年代半ばまでに世界でこの2つの予測力を比較できる研究がおよそ40篇ありました。そうした研究のレビュー論文によれば，約半数の論文は同程度つまり勝負なし，残り半分の論文は，主観的健康のほうが予測力が高いという結果でした。質問法で自己評価してもらった主観的健康度が，客観的健康度を十分上回るだけのものをもっていたのです。

■死亡か生存か，から，QOLの向上へ
　第3には，「死亡か生存か，から，QOLの向上へ」，それから「病い経験や病いの語りへの着眼」というものがあります。
　病い経験（illness experience）は，疾病（disease）に罹患することで，その疾病に特有の症状に悩まされる経験以外に，その疾病がもつ社会的，文化的な意味，中でもよく知られたものにスティグマ（stigma；負の烙印）がありますが，そうしたものにさらされる経験を含めた概念です。たとえば精神障害者であれば，精神障害自体に悩まされる以外

に，差別や社会的排除の対象になることを余儀なくされます。スティグマにさらされる経験は，病い経験の中でもその人の QOL（Quality of Life；生命・生活・人生の質）を大きく左右する人生経験です。それゆえ，患者と向き合ったとき，私たちは，疾病と同時に，病い経験にも目を向ける必要があります。そうしなければ，その人たちに対する保健・医療のサービスは，全人的な対応になってこないということです。

　この「病い経験」研究は，社会学から始まっています。社会学の病い経験研究は，患者のトータルな理解に役立つということで，保健・医療の従事者からも強い関心を集めています。「病いの語り」についても同様です。

■患者から「病を抱える人」へ，さらに「病と生きる人」へ
　これに関連する流れとして，第4には，「患者（patient）から健康問題を持つ／抱える人（person with health problem）へ」という流れがあります。
　たとえばエイズ（AIDS）についていうと，健康社会学系の雑誌論文では，「AIDS Patient」という用語を使った論文は今やむしろ少数で，それに対して「Person with AIDS」，略して「PWA」という用語が頻繁に登場しています。さらに最近は AIDS を単に抱えているという静態的な状態でなく，実際にはその病を抱えながら生きているという動態的な状態を表現する「Person living with AIDS；PLWA」が用いられている論文が急激に増えています。
　このように，ホールパーソンとして，全人的に人をみていくことをさらに超えて，環境や社会との相互作用から成る生活や人生，つまりライフの能動的な主体者として一人ひとりの「病者」をみていこうとするところに社会学の特徴があると思われます。

■ライフスタイル要因や社会的文化的要因への注目
　第5に，健康・病気の生物学的要因とともに，ライフスタイル要因や社会文化的な要因への注目が高まってきていることが挙げられます。

■疾病のみならず健康へも着眼

　第6には,「疾病オリエンテッドのアプローチとともに, 健康オリエンテッドのアプローチも重要視」が挙げられます。「ネガティブヘルスのみならず, ポジティブヘルスも重視」とも言い換えられます。

　睡眠の問題を例にすると, 眠れない, あるいは朝起きるのがつらい, すぐ目が覚めてしまう, 熟睡できないなどについて尋ねるのが, ネガティブヘルス面からのアプローチです。逆に, 朝, 気持ちよく起きられますかという質問は, ポジティブヘルス面からのもので, これまで医療の世界ではほとんどありませんでした。疾病発見のためという見地からは, それは当然ことだったのかもしれません。しかし, 健康の回復や維持, 増進の見地からは, ポジティブヘルス面からのチェックが大事になってきます。

■健康生成論的接近の重視

　第7には, 疾病生成論的な接近とともに, 健康生成論的な接近を重視するということです。前述の「疾病のみならず健康への着眼」に似ていますが, 健康生成論の観点からの接近は,「健康への着眼」をその一部として, 理論的にはそれよりもはるかに発展・深化した, より普遍的な問題を提起しています。

　健康生成論は, ユダヤ系アメリカ人の健康社会学者アーロン・アントノフスキー（Aaron Antonovsky ; 1923-94 年）が, 彼の2 大著作[2] において提唱・展開した理論で, これは, 保健・医療・看護の領域にとどまらず, 心理・教育・福祉など広範なヒューマンサービス分野の学問と実践において, 世界的に大きなインパクトをもたらしました。健康生成論は, 1986 年 WHO オタワ憲章で打ち出されたヘルスプロモー

---

[2] ① *Health, Stress, and Coping : New Perspective on Mental and Physical Well-being*（『健康, ストレス, そして対処：心身健康への新しい見方』）, 1979. ② *Unraveling the Mystery of Health : How People Manage Stress and Stay Well*, 1987.（山崎喜比古・吉井清子監訳『健康の謎を解く：ストレス対処と健康保持のメカニズム』有信堂高文社, 2010 年）

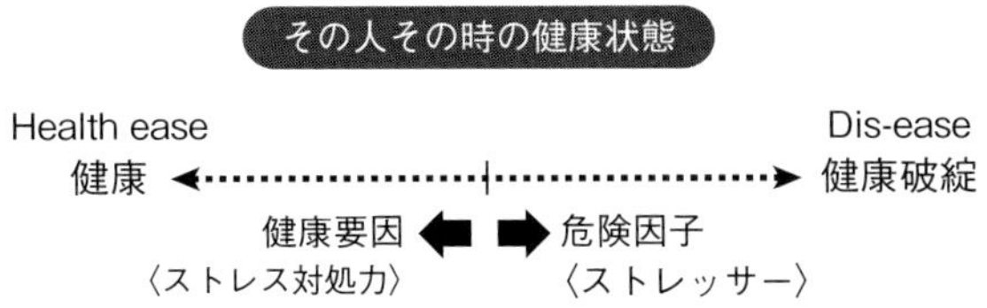

```
         その人その時の健康状態
Health ease                              Dis-ease
 健康  ◀┄┄┄┄┄┄┄┼┄┄┄┄┄┄┄▶  健康破綻
         健康要因 ◀  ▶ 危険因子
        〈ストレス対処力〉  〈ストレッサー〉
```
図1　健康と健康破綻を両極とする連続体

ションの哲学的基礎となっているとも評されています。

　アントノフスキーによれば，健康・病気に対する従来の基本的な接近の仕方は，疾病生成論だったとされています。疾病生成論（パソジェネシス，pathogenesis）では，疾病はいかにして発生し増悪するのかについての知識・理論から成り，その発生と増悪にかかわってくる要因は危険因子（リスクファクター）と呼ばれています。疾病生成論はそれに焦点を当てて，その危険因子の軽減・除去を目指す体系です。

　それに対して，健康生成論（サルートジェネシス，salutogenesis）は，健康要因（サリュタリーファクター，salutary factor）に着眼して，その健康要因の支援・強化を図る理論・実践の体系です。

　通常，どの健康段階にある人でも，その時々の健康状態には，じつは縁の下で健康要因と危険因子が拮抗的に働いているわけです。そして，危険因子が健康要因を上回っていくと，健康破綻の方向へと健康状態は変化していきます。

　それに対して，健康要因のほうが上回ってくると，ヘルス・イーズ（Health ease；健康）へと移行するようになるというわけです（図1）。ヘルス・イーズでは，健康が生活概念化しています。イーズという用語はピース（peace）に近く，健康的平和的に生きている状態という意味です。疾病の有無やその重症度にかかわりなく，ヘルス・イーズはあり，健康要因はあるという考え方を拓いてくれたのです。

　歴史的には，19世紀後半以来の疾病生成論の下，危険因子についてどんどん解明が進み，膨大な知識が蓄積されてきたのと比べ，健康要因に関する研究は，惨憺たる状況です。そこで，健康社会学者アントノフスキーは，今後は病理学（パソロジー）に対して日本語的には

健康理学とでもいうべき健康生成論の確立が必要であり，人間の健康を守る営みにとって，両者は相互補完的であるという言い方で，健康生成論的接近の必要を強調したのです。

本章は，この健康生成論とそのもとで同じくアントノフスキーによって生み出された人生究極の健康要因としてのSOC（Sense of Coherenceの省略形。直訳すれば「首尾一貫感覚」。詳細は後述）について，「健康と病気の社会学」の2大柱の一方を意味する狭義の「健康の社会学」の基礎理論であり鍵概念であるという観点から，詳述しようとするものです。

■保健・医療の基本的枠組みにおける変化

健康生成論とSOCの話に入る前に，これまでみてきた健康・病気の見方・とらえ方についてのパラダイムシフトと並行して進行した保健・医療の基本的枠組みにおけるパラダイムシフトについても少し紹介しておきます。

保健・医療の基本的枠組みにおけるパラダイムシフトにみられる主な変化に，「処置（treatment）から世話（care）・癒し（healing）へ」という流れ，「病院・施設からコミュニティへ」という流れ，「治療・医療とともに予防・保健福祉を」という流れがあります。

こうした保健・医療の基本的枠組みにかかわる変化の基底に流れるパラダイムシフトは，「プロバイダー・オリエンテッドからコンシューマー・オリエンテッドへ」と表現されています。患者の自律性の尊重，あるいはシェアード・デシジョン・メーキング（shared decision making），自己決定に向けた共同意思決定過程，あるいは患者と医療者の相互参加型医療や医療者−患者間のパートナーシップといったものの尊重が，これに含まれるでしょう。

また，保健医療の領域では，指導・教育という用語が，伝統的に営々と使われてきましたが，現在では行政も，社会学や社会福祉学あるいは教育学の方面から提起された，自立支援・学習支援という表現を，使うようになってきています。主体者は学習者つまり本人であっ

て，それを医療者は支援するという，保健医療の需要者と供給者あるいは提供者の関係性における重要な変化が進行しています。

もう一つ，保健・医療の基本的枠組みの大きな変化に，「西洋医学・医療一辺倒から多元的ケアシステムへ」という流れがあります。病院や医療機関だけではなく，代替医療やセルフ・ヘルプ・グループや家族や隣人によるケア提供も，大きな役割を占めるようになってきています。これらを全体的に視野に収めて，保健医療のシステムのあり方が考えられるようになってきているということです。

■生き方としての健康科学

我が国の教養課程の大学生向けの授業に，健康科学とか健康学，保健学といった名称の科目があります。そのテキストとして，私たちは10年程前に，『生き方としての健康科学』[3]というものを編んで世に出しました。これが予想以上に好評を博して，今日までに版を重ねて5版，計1万部以上の普及をみています。

このテキストでは，保健医療の専門家が覚えなければならない専門的技術的な知識をまとめた，従来のテキストにありがちな「健康の科学」ではなくて，一般の大学生がこの先よりよい健康と医療を考え，あるいはつくっていくために，言い換えれば，健康と医療の主体者・主権者となっていくために必要な見方・考え方や知識や力を身につけてもらおうという見地から，「健康への科学」，あるいは「健康への力の科学」がめざされています。

この場合，よりよい健康と医療のための見方・考え方とか，知識や力についての体系，つまり「健康への科学」は，生物医学をベースにしてきた「健康の科学」に加えて，行動科学や社会科学の理論と方法，中でも健康社会学のスタンスと理論と方法の大幅な動員というのが欠かせません。「健康への科学」は，そういう意味で，学際性，多角度

---

[3] 山崎喜比古・朝倉隆司編『生き方としての健康科学　第5版』有信堂高文社，2011年。

性，総合性を有しています。

　健康社会学は，医学，看護学系の中にあって，保健医療分野の専門家目線の科学であり，専門家の提供するケア技術のための科学というより，市民・公民目線の市民・公民のための科学としての性格が色濃くあると考えます。

3. 健康生成論とストレス対処・健康保持力概念
　　: Sense of Coherence（SOC）

■センス・オブ・コヒアレンス（首尾一貫感覚，SOC）
　以下では，先に紹介した健康生成論における中核概念であるストレス対処・健康保持力概念SOCについて，詳しく述べていきたいと思います。

　SOCはセンス・オブ・コヒアレンス（Sense of Coherence）の略です。直訳すれば，「首尾一貫感覚」です。「coherence」は，首尾一貫性という意味です。英語では何か訳の分からないことを言っている人に「You know coherence?」と聞きます。「お前の話，ほとんど筋道立ってないよ」という意味だそうです。SOCは，「自分の生きている世界はコヒアレント（coherent），つまり，首尾一貫している，筋道が通っている，訳が分かる，腑に落ちる」という知覚・感覚です。

■健康生成論もSOCも極限のストレスに打ち克った女性たちがヒント
　この概念を最初に提唱したのが，前述のアントノフスキー博士，ユダヤ系アメリカ人の健康社会学者です。1960年代，彼はイスラエルに招聘されて大学で教鞭を執るとともに研究プロジェクトにも参加していました。彼は，先述の第2作目の著書『健康の謎を解く』のまえがきで，1970年代イスラエルにおいて，医療社会学者としての自身の仕事に根本的な転換をもたらし，その後の健康生成論とSOC概念の提唱につながる極めて重要な経験をした，と書いています。それは，イスラエルに居住するさまざまな民族の女性たちの更年期への適応に

表1 両群の比較（模式）

	更年期における心身の健康		
	良好	不良	計
強制収容所からの生還群	30%	70%	100%
そういう経験のない群	50%	50%	100%

（注）A. アントノフスキー，山崎喜比古・吉井清子監訳『健康の謎を解く：ストレス対処と健康保持のメカニズム』xvii 頁，「原著者まえがき」の冒頭にある叙述文をもとに，山崎が作成した。

関する調査研究データを分析していた折の経験でした。

その研究プロジェクトでは，イスラエルの更年期女性たちの心身の健康度を，強制収容所経験群と非経験群間で比較検討していました。思春期・青年期に収容所での想像を絶するような恐怖を経験し，その後も難民や戦争を経験し，イスラエルで人生の立て直しを図るという過酷な人生経験が，特に更年期という脆弱性が高まる時期の心身健康にネガティブな影響をもたらしているのではないかという仮説の検証を行なっていたのです。

結果は，表1に示したごとく，更年期における心身の健康が良好である者の率が，非経験群では50%であったのに対し，強制収容所からの生還群ではわずか30%でした。有意水準0.1%で，つまり仮説が強く支持されたのです。

ところが，アントノフスキーは，この結果をみて，次のように思ったというのです。「これはむしろ当たり前の結果だ。私がそれよりもはるかに興味・関心をもったのは，誰もが後に引きずってもおかしくない強制収容所からの生還という凄まじく過酷な経験を思春期・青年期に経た更年期女性たちの中に，なお心身の健康を保てている人たちが30%もいるという事実の方だった」と。

彼は，それをきっかけに，思春期・青年期に極限のストレスやトラウマを経験しながらもなお，心身の健康を守れているばかりか，むし

ろその経験を人間的な成長や発達の糧にさえして，ポジティブなライフを実現している人たちが共通にもっている要因や条件，それはまさに健康要因といえるものですが，それが一体何なのかを問い続けることになりました。この問いの立て方が健康生成論的であり，それに対する答えとして彼が見い出した健康要因こそ，センス・オブ・コヒアレンス，首尾一貫感覚，SOC だったのです。

　アントノフスキーは，この SOC 概念を，人生においてまれにしか経験しないような逆境や極限のストレスへの対処力・健康保持力という枠を越えて，一般の人々の人生に遍く存在するさまざまなストレッサーへの対処力・健康保持力概念として，また，人生究極の健康要因として，先行研究や類似概念等を入念に踏まえて，一般化し，尺度化も試みたのです。尺度化にあたっては，人生においてさまざまな困難を余儀なくされたイスラエルの大勢の人たちを対象にインタビュー調査を組みました。社会学を実証科学たらしめている社会調査法を用いて，彼は SOC 概念を解明していったのです。

■センス・オブ・コヒアレンス（首尾一貫感覚）はどういう感覚？

　SOC は「自分の生きている世界は首尾一貫している，筋道が通っている，訳が分かる，腑に落ちる」という知覚・感覚だとは前述しました。以下では，この感覚の成り立ちと機能について詳述してみたいと思います。

　まず，この知覚・感覚は，単なる主観・感情・思い込みではないということです。SOC は，この世に生を受けて以降の日々の生活の現実によって検証され確かめられ，その人に深く刻み込まれていく，つまり，後天的に獲得される学習性の，生活世界に対する知覚・感覚なのです。その人が生きている世界へのその人のかかわり方，あるいは，その人の生活世界を構成するその人と他者・周囲・環境との関係性の主観的側面であり，それらのかかわり方や関係性の客観的側面とは裏腹の関係にあって，客観的側面によってある程度は裏付けられている知覚・感覚だということです。

■首尾一貫感覚は把握可能感・処理可能感・有意味感から成る

次に,「自分の生活世界は首尾一貫している」という感覚は,その人の生きている世界へのかかわり方やその人と他者・周囲・環境との関係性の3要素に対応する以下3つの感覚から成るとされています。

第1は,把握可能感(sense of comprehensibility)です。自分の内外で生じる環境刺激は,秩序立っており,予測と説明が可能であるという確信に支えられた知覚・感覚です。「自分の置かれている環境と状況がつかめる／分かる／読める」といった感覚です。

第2は,処理可能感(sense of manageability)です。その刺激がもたらす要求に対応するための資源はいつでも得られるという確信に支えられた知覚・感覚です。「なんとかなる／乗り越えられる」といった感覚です。ですから,処理できる力が自分にある必要は必ずしもなく,いざというとき必ず助けに来てくれる人が自分にはいるという確信にも大いに支えられた感覚だということです。

第3は,有意味感(meaningfulness)です。そうした要求は挑戦であり,心身を投入しかかわるに値するという確信に支えられた知覚・感覚です。「生きがい／やりがい／働きがいが感じられる」とか,「生き生きしている／喜びや楽しみに満ちている」といった感覚がそれです。

■質問項目例にみる把握可能感・処理可能感・有意味感

表2には,参考のために,SOC日本語版7件法13項目スケールを構成する質問項目の一部を掲げます。

この得点が高いほどSOCは強いということになります。質問-回答選択肢の文言は,把握可能性感・処理可能感・有意味感のそれぞれが具体的にはどういう感覚なのかを理解する上で助けになるものと思います。

以上みてきたような感覚が人々の生きている世界においてストレス対処・健康保持力として機能するというのです。

表2　SOC日本語版7件法13項目スケールを構成する質問項目（抜粋）

以下に私たちの人生に関する質問があります。①から⑬のそれぞれについて，あなたの感じ方に最も近い番号にひとつだけ○をつけて下さい。

② あなたは，これまでに，よく知っていると思っていた人の，思わぬ行動に驚かされたことがありますか？　　　　　　　　　　　　　co
　　　　　全くなかった　　　　　いつもそうだった
　　　　　1・2・3・4・5・6・7

⑧ あなたは，気持ちや考えが非常に混乱することがありますか？　co
　　　　　とてもよくある　　　　　全くない
　　　　　1・2・3・4・5・6・7

⑤ あなたは，不当な扱いを受けているという気持ちになることがありますか？　　　　　　　　　　　　　　　　　　　　　　　　ma
　　　　　とてもよくある　　　　　全くない
　　　　　1・2・3・4・5・6・7

⑩ どんなに強い人でさえ，ときには「自分はダメな人間だ」と感じることがあるものです。あなたは，これまで「自分はダメな人間だ」と感じたことがありますか？　　　　　　　　　　　　　　　　　　　　　　　ma
　　　　　全くなかった　　　　　よくあった
　　　　　1・2・3・4・5・6・7

④ 今まで，あなたの人生は，　　　　　　　　　　　　　　　　me
　　　明確な目標や目的は全くなかった　　とても明確な目標や目的があった
　　　　　1・2・3・4・5・6・7

⑦ あなたが，毎日していることは，　　　　　　　　　　　　me
　　　　　喜びと満足を与えてくれる　　　つらく退屈である
　　　　　1・2・3・4・5・6・7

（注）②⑦⑩は逆転項目。表中，co：把握可能感，ma：処理可能感，me：有意味感。

■ SOCと従来の自己概念との違い

　従来の代表的な自己概念や自己能力概念には，自尊感情（self-esteem）や統御感（sense of mastery/control）があります。それらの概念は，「あなたは，自分をどのように見ていますか」と尋ねて，他者や周囲や環境と対峙する自分の価値や力について自己評価してもらう

ことにより測定されてきました。まさに，他者や環境に対する自分の優位性について評価してもらうというものでした。

それに対して，SOC は，前述し，質問項目例でも示したように，「あなたは，自分の生きている世界に対してどのようなかかわり方をしていますか／他者や周囲や環境とはどのような関係性をもっていますか」と尋ねています。SOC における自己概念は，他者や周囲や環境との何らかの関係性，あえていえば依存性をもってしか，より良くは生きていけない自己が想定されています。

■ SOC では信頼のおける他者や環境の存在が極めて重要

従来の自己能力概念からは，いざというときは頼めばいい，頼りにできる人がいるという他者の存在は，「依存的な自己，弱い自己」のイメージにつながってマイナスに評価される可能性があります。しかし，SOC ではこれはプラスに評価されます。アントノフスキーは，きっと助けてくれる，信頼されている，愛されている，見守られている，認められているという感覚を生む他者のことを，信頼の置ける／頼りにできる他者（legitimate others，正統他者）と呼んで，その存在に SOC との関係で大きな価値を与えています。

彼は，それを，自著『健康の謎を解く』において随所で例証しています。たとえば，貧困かつ心身面でも深刻な問題を抱えた親に育てられながら，不屈で，立派な若者に成長することができた子どもたちの強さの源が，親族・仲間・年長者など多様な年齢層から成る多くのインフォーマルな支援源の存在にあることを，彼らと同じ家族背景をもち，思春期において予想通り深刻な問題が生じることになった若者との対比において明らかにしたワーナーらの追跡調査研究を紹介しています。

彼は，この他に，ソーシャルサポートネットワークや家族や集団成員間の絆・紐帯などの環境要因も，家族にある習慣やルールやしきたりなども，日常生活における不安や疑心暗鬼を減らし，自らの生活世界に信頼や安心，生きていく意味や支えをもたらし，ストレスフルな

状況に耐え，それを乗り越えていく上で大きな力となってくるとしています。信頼の置ける社会的・文化的政治的環境も同様の働きをするとしています。

■ SOC は社会的に育まれる

アントノフスキーは，SOC を，環境依存性，リソース（資源）依存性の高い／アメリカ個人主義のバイアスからは自由な／集団主義的で東洋的な自己概念であるとしています。「SOC は社会的に育まれる」とも「SOC を社会的に育む」ともいわれ，SOC を育む社会環境・社会関係づくりが強調されるゆえんです。

■ SOC スコアの高い人のストレッサー対処にみられる特徴

人がストレッサー（ストレスを引き起こす／もたらす源）に曝されることに始まり，歪みなどのストレス反応が生じ，ストレス反応が高じて心身にストレス影響と呼ばれるネガティブな症状や影響を出現させるまでの過程は，ストレス・プロセス（ストレスの進行過程）と呼ばれています。この過程において，SOC がストレス対処・健康保持力としての機能を発揮する一番の局面は，ストレッサーに対してと，ストレッサーがもたらす緊張の処理においてであります。

SOC スコアの高い人は，このストレッサーに対し柔軟・適切・迅速に対処することができる人とされています。単に「ストレッサーに強い人」とか「ストレッサーに打たれ強い人」とかではありません。ストレッサーに対し「しなやかに強い人」すなわち「しなやかに対処することによって強い人」であって，何でも撥ね返すというような「堅い人」ではないということです。

SOC スコアの高い人は，対処戦略・対処法の選択や対処資源の動員・活用において柔軟かつ巧みです。

対処戦略や対処法は，積極的対処と消極的対処（回避的対処もこれに含まれる），あるいは，問題中心型対処と情動中心型対処というように大別されています。消極的対処や情動中心型対処は，問題それ自

体の解決に結び付かない点で，ネガティブに評価される傾向にあります。嫌なことがあったとき，お酒を沢山飲んで忘れてしまう，その日はとにかく寝る，などが消極的対処です。あるいは，自分にストレスや不安・心配をもたらしているものを結局自分にとって，そんなに心配するに値することだろうかと考え直して，そのことを自分の関心の外に置いてしまうのも，認知的レベルでの回避的対処です。認知的レベルでの積極的対処には，プレッシャーとなっているものを意味付けし直してやりがいやモチベーション（動機）に変えてしまうこと（リフレイミングと呼ばれます）などがありますが，それはSOCの高い人が得意とするところです。しかし，SOCスコアの高い人は，上記のような消極的対処も自在に使っているのです。こうした対処も，長く続く高い緊張から自分を解放し，エネルギーの過度の消耗を防ぎ温存を図る上で，必要なのです。必要なタイミングがあります。SOCの高い人は，積極的対処と消極的対処の両刀使いなのです。

　アントノフスキーは，SOCが高いのは，必ずしも人格的に高潔なことを意味しないとも言っています。よく，うつには「まじめすぎる人」がなりやすいといわれます。確かにうつの人たちは，他人に迷惑を掛けるまいと自分1人で責任を背負ってしまう人が多いようです。しかし，SOCスコアの高い人は，ストレス発散も上手ですし，自分1人では背負い込まず，むしろ他人を巻き込み，他人の手助けを得ることに長けています。

　ストレッサーへの上手な向き合い方には，前述のリフレイミング（悲観的な見方・考え方からの転換）に類似のものでは，ポジティブ・シンキング，あるいは楽天主義（optimism）などもあります。この他に，自分を客観視，対象視する，別の言い方をすれば，不安や混乱の渦中にいる自分以外にもう一人の冷静な自分がいて，自分の置かれた状況を把握するということがあります。パニックには陥らないで済みます。落ち着いた対処が可能になります。「もやもやメモ」や「モノローグ（独白）」を書いてみること，信頼おける人への相談，親しい友人とのおしゃべりも，そのための手段といえます。

■ SOC 以外にもストレス対処・健康保持力概念はあるが……

SOC は，ストレス対処・健康保持力概念の中にあって，もっとも包括性の高い概念と思われます。レジリエンス（弾力性）やハーディネス（堅忍不抜さ）も比較的包括的であると考えます。

SOC と部分的に重なり，ストレス対処・健康保持力としても機能する概念には，次のようなものがあります。ホープ（hope；希望），信頼（trust），安心（sense of security）などがそれです。また，米国の小児科医ボイス博士が着目した，家族内に確立された習慣やルールが家族成員に与えるとされる安定感（sense of stability）や永続感（sense of permanence），さらに，生き甲斐，愛，信頼，公平・平等感などもそうです。

■ ストレス対処・健康保持力としての SOC の検証研究

SOC のストレス対処・健康保持力としての予測的妥当性を明らかにした縦断研究は，今日では世界に数多くあります。

そのうち医学分野で有名なのは，イギリスの中高年齢者約 2 万人を 6 年（1996-2002 年）にわたって追跡した研究です[4]。死亡率との関連性を検討した結果では，性・年齢，あるいは慢性疾患の有無，喫煙歴，BMI，収縮期血圧，コレステロール，敵意，神経症傾向で制御した，つまりそれらの影響を取り除いた上でもなおかつ，SOC 高群は低群に比べて，30％近くも死亡率が低かったとされています。きわめて強い予測力です。

患者を対象とした研究でも，関節置換術後 2 年後における心身の回復に術前の SOC の高低が予測力をもっていたとする研究や，自殺未遂で入院してきた患者の入院時 SOC が高い群で，その後の自殺念慮・企図が抑制されたとする研究等々があります。

---

[4] P. Surtees, et al., Sense of Coherence and Mortality in Men and Women in the EPIC-Norfolk United Kingdom Prospective Cohort Study, *American Journal of Epidemiology*, 158 (12), 1202-1209, 2003.

■病気や障害があっても明るく元気に過ごすことを可能にする力ともなる SOC

それと同時に SOC は，病気や障害があっても，明るく元気に過ごすことを可能にする力としても知られています。病ある人生を引き受ける。病気に罹患したこと自体は，逆境であります。しかし，その逆境下，その自分の人生，病ある人生を立て直していくという人生課題があるわけです。

病への適応や人生再構築は，ストレス関連成長や逆境下成長，知覚された肯定的変化（気持ちが楽になった，物事をある程度冷静に受け止められるようになったというような変化への気づき）などが得られる過程ですが，SOC はこの中で大きな力となるものとされています。

これを明快に示した最近の研究があります。ノルウェーの大都市地域に居住する，精神健康問題を抱えながら生きる人々の人生満足度を1年間追跡した研究です。その結果，追跡開始時点の精神症状が多いか少ないかは，その後の人生満足度の変化に対して予測力は認められませんでした[5]。その代わりに，そうした症状のいかんにかかわりなく，SOC の高い人では，その1年後の人生満足度に統計学的に有意な向上が認められたというのです。

私は，以上から，SOC を，次のように定義して説明するようにもしています。「SOC は，病気や障害があっても／ストレスフルな出来事に曝されたり状況に置かれたりしても，健康で明るく元気に生きていくことを可能にする力」である，と。

■ SOC 概念のインパクト

前述のように，このような SOC の健康生成論的な発想が世界のヒューマンサービス分野に与えたインパクトというのは非常に大きいものがありました。

---

[5] E. Langeland, et al., Sense of coherence predicts change in life satisfaction among home-living residents in the community with mental health problems : a 1-year follow-up study, *Qual Life Res.* 16, 939-946, 2007.

このような健康生成論は，保健・医療・看護のみならず心理・福祉・教育といったヒューマンサービスにかかわる広範な学問と実践分野において，人々がもつネガティブな面に着目して，それをたたく，それをなくすことに加えて，ポジティブな面にも着眼して，ポジティブな面を伸ばすことを重要視する新しい発想と観点というものをもたらします。

　たとえば，心身医学や臨床心理学への健康生成論の影響は，「ポジティブ・サイコロジー」という形で現れます。いまでは『Handbook of Positive Psychology』という本は，世界で5冊も出ています。

　また小児看護において，レジリアンス（弾力性）概念などのSOC類似概念，福祉においてはストレングス・モデルというものが考え出されています。後者は，その人の強みや長所に働きかける，あるいは前面に出していくという考え方です。就労を希望している障害者は，就活で，従来，「私にはこういう障害がありますが，働きたいです。よろしくお願いします」という言い方をしていましたが，ストレングス・アプローチでは，「私にはこういう強みがあって，仕事においては，このあたりで貢献したい。しかし，私には障害があります。だから，このようなときには，少し手伝っていただけますか？」と言うよう指導していると聞きます。

　ストレスは，疾病発現可能性を秘めたもので，1つの危機であり脅威であります。しかし，先ほどの強制収容所体験の影響研究は，それと同時にストレッサーによる成長促進可能性への着眼を促しました。それがストレス関連成長（Stress Related Growth ; SRG）やトラウマ後成長（Post Traumatic Growth ; PTG）の概念を生み，あるいは「ストレスを成長の糧に」というようなスローガンなどに結び付いています。

■ SOCの働きと要因からなる健康生成モデル
　図2は，アントノフスキーが1作目の著書においてまとめた健康生成モデルとSOCの概念図式を，山崎が少し簡略化するなどして示したものです。これは，2つの理論モデルから成り立っています。一

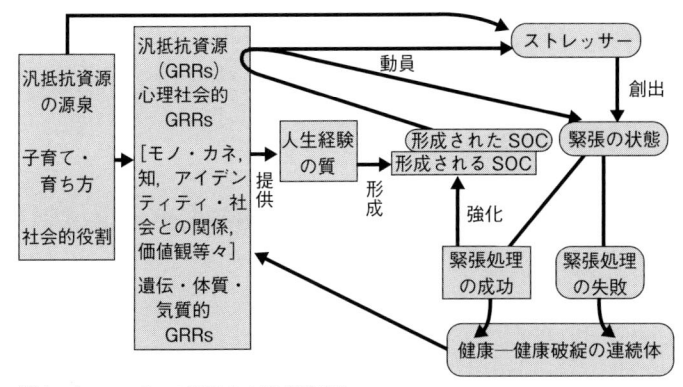

(注) Antonovsky の原図を山崎が簡略化。

図2　健康生成モデルと SOC の概念図式

つは，ストレス対処の成否は SOC の強さによるというもの（理論モデルⅠ）で，もう一つはそうした SOC がどのように形成され変化するのかというもの（理論モデルⅡ）です。

ストレスにさらされると，緊張の状態が人々に起こります。その緊張の処理に失敗した場合に，健康状態が健康破綻方向へと移動していきます。一方，緊張処理に成功した場合には，健康方向へと健康状態は移行します。同時に，緊張処理の成功によって，成熟期にこのストレス対処力自体も磨かれていきます。

■ SOC は生涯発達する

乳幼児期から思春期を経て，20代の青年期，成人初期までの生育環境と，そこでの人生経験（life experience）が，このストレス対処力 SOC の形成を，かなり大きく左右するとされています。乳幼児期から思春期にかけて，我が国では家庭環境と学校環境の両方が重要で，特に学校環境というものが極めて重要な位置をもっているという特徴があるように思われます。

この時期の SOC 形成を促進する良質な人生経験として，アントノフスキーは，次のような特徴をもつ3つの経験が挙げています。

第1は，「一貫性のある経験」です。それは，家族成員が習慣や目

標，価値観を共有する家族では，得られやすくなる経験であると思われます。第2は，「過小でも過大でもない，適度な負荷のかかった経験」とされています。第3は，「結果の形成に参加できた経験」です。アントノフスキーは，次のような例も挙げています。乳児は，自分が泣けば飛んできて対応してくれる「母親」との関係において，「結果の形成に参加できた経験」とともに，「あなたは私にとって大事な子なのよ」とのメッセージをからだで感じ取っているものだとしています。

　SOCは30代以降も変わり得ることが実証研究によって少しずつ明らかになってきました。成人期には，どのような社会的役割を占めるか，社会内の位置や社会とのかかわり方によって，SOCが変わるとされています。また，ストレッサーがもたらす緊張の状態の処理の成功すなわち対処の成功（succesful coping）体験によっても，汎抵抗資源（Generalized Resistance Resources, GRRs；対処資源とほぼ同義）の動員力としてのSOCが強化される，成熟すると考えられています。

　こうして，SOCの形成・成熟を促進する，形成期における人生経験の質，成熟期における緊張処理（tension management）あるいはストレッサー対処の成否の経験の両方とも，汎抵抗資源の豊富さによっても左右される。その汎抵抗資源はまた，形成期における子育てパターンや成熟期における社会的役割（複合体）などの影響を受けているとされているのです。

4．SOCの具象化（「見える化」）の試み

■ SOC向上と関連性を有する生活・人生経験探しがSOCの「見える化」と向上策開発に有効

　このように重要なSOCではありますが，SOCが具体的にどういう経験を経て形成されるのか，あるいは，どういう支援・介入方策によって高められるのかについては，あまり解明が進んでいません[6]。

私たちは，現在この方面の研究を進めていますが，SOC の回復・向上策の考案や開発にとって当面もっとも示唆的な研究は，SOC の回復・向上と関連性を有する具体的な生活・人生経験を明らかにしてくれる研究です。つまり，ストレスフルな出来事や状況にさらされた人々における逆境下成長（adversarial growth）や，知覚された肯定的な変化（perceived positive change）といった経験と SOC の回復・向上との相互作用的な関係性を示唆してくれる研究です。

　この相互作用的関係性は，SOC が高いと，逆境下成長や知覚された肯定的変化が得られやすくなるという関係性と，逆に逆境下成長や知覚された肯定的な変化が得られると，SOC も高めに維持されるか，ないしは高くなるという関係性を同時に有するもののことです。つまり，両者は正のスパイラルの関係にあるか，逆境下成長や知覚された肯定的変化が SOC の構成要素の表現形か別表現かである可能性が考えられます。

　しかも，逆境下成長や知覚された肯定的変化といった具体的な生活・人生経験は，SOC よりもはるかに具象性が高く，多くの主観で共有できる間主観的概念として，他者や周囲も具体的にイメージしやすく，その共有も可能なため，そういう経験を得させたり支援したりする実践へとつなげやすいという大きな利点があります。

　たとえば，高校生の SOC に関する調査に，学校帰属感というスケールがあるのですが，それを構成する項目の中でもっとも SOC の高いことと関連性を有していた項目は何だったのかというと，「学校へ行くのが楽しい」という項目で，「とてもあてはまる」にマルを付けられた子ほど，SOC は高かったのです。

　「学校行くのが楽しい」という感覚が SOC を高める，その形成を促進する役割を果たすのだということが分かると，ここからはもう学校

---

[6] 講義当時はこのように認識していましたが，その 1 年半後，SOC の変化を目的変数として変化要因の解明をめざしている介入研究・縦断研究論文が 21 世紀に入って急増しており，400 本以上にも上っていることが判明し，いまレビュー中です。

の先生たちの十八番の域に入ります。私たち研究者ではどうすればそういう感覚が得られるのかイメージが湧かない。一方，先生たちは，子どもたちに学校に来るのが楽しくなるという感覚をもたせるためにはどうしたらいいかについては，日常的にいろいろ考えて知っている。だから，明日からの実践にも結び付けられるわけです。

　そういうわけで，SOCと相互作用的な関係性にある経験を明らかにしていくという作業が，当面もっとも示唆的な研究になっていると考えています。

■薬害HIV感染生存患者の研究から

　私たちは，薬害HIV感染生存患者におけるSOCと逆境下成長経験との関連性を，横断質問紙調査データによってではありますが，分析しています[7]。1980年代半ば近くに日本の薬害エイズ事件が発生してから，この調査が行われるまでに20年経っています。調査では，「HIV被害を受けてから今までに，あなたには，以下の点で，どのような変化がありましたか」という質問のもと，表3にある10項目のそれぞれに対し，たとえば1項目めであれば「0＝弱くなった～2＝どちらともいえない～4＝強くなった」のように5件法で回答してもらいました。結果をみると，逆境下成長がダメージを上回っている人たちが3割ぐらいいます。それに対して，また3割ぐらい，依然として精神的社会的なダメージを回復しきれないばかりか，むしろそれが拡大しているとうかがえる人たちもいます。薬害HIV感染事件は，そのくらい過酷な経験を血友病患者に余儀なくしているのです。

　こうした薬害HIV感染生存患者257名において，SOCスコアと統計学的に有意な正の相関関係にあった「逆境下成長」項目は10項目

---

[7] 山崎喜比古ほか「ストレス対処力概念 Sense of Coherence（SOC）の具象化の試み：薬害HIV感染生存患者の逆境下成長経験とSOC，慢性疾患患者の自己管理支援プログラム受講による変化経験とSOC，の関連性分析を通して」第75回日本民族衛生学会総会（北海道大学）講演集，民族衛生，第76巻付録，50-51，2010年。

表3 薬害HIV感染生存患者における逆境下成長が
あったと答えている人の割合（N＝257）

逆境下成長	あった*
（1） あなたの精神的な強さは （4＝強くなった）	36.3％
（2） 人生を乗り越えていく自信は （4＝増えた）	30.5％
（3） 新しい生きがいや人生のたのしみは （4＝おおいに得られた）	28.7％
（4） 人や社会のために役立ちたいという思い （4＝強くなった）	40.5％
（5） 物事に対する考え方は （4＝良い方向に考えるようになった）	24.2％
（6） 1日1日を過ごしていくことに対して （4＝大切に感じるようになった）	42.5％
（7） 家族との絆（関係）は （4＝強くなった）	36.0％
（8） 友人との絆（関係）は （4＝強くなった）	15.2％
（9） 被害を受けていなければ得られなかったような，信頼できる友人や知人は（4＝おおいに得られた）	24.7％
（10） あなたの生活における健康への気遣い （4＝健康に注意するようになった）	68.7％

＊「あった」と答えている人の割合（回答カテゴリー4または3の人）
（注） 回答カテゴリーは以下の通り。（1）は「0＝弱くなった，1＝どちらかと言えば弱くなった，2＝どちらとも言えない，3＝どちらかと言えば強くなった，4＝強くなった」。（2）～（8），（10）は（1）とほぼ同様。（9）は「0＝全く得られていない，1＝ほとんど得られていない，2＝少し得られた，3＝かなり得られた，4＝多いに得られた」。

中9項目ありました（表4）。そのうち，（5）の「物事に対して，良い方向に考えるようになった」という，認知的対処で希望をつなぐか，あるいは生きる意味でもたぐるかのようにして生き抜いてきたこととSOCの高さとの相関係数はもっとも高く，0.452にも上っていました。SOCの要素別には，（1）の「精神的に強くなった」を除いて，有意味感との相関がもっとも高いという結果でした。

（1）の「精神的に強くなった」は，SOCの3要素中，把握可能感ともっとも相関が高い唯一の項目でした。この把握可能感が高いというのは，どうしてこんなつらい目に遭わなければならなくなったのかということについて，自分なりに納得のいく説明ができている状態に

表4 薬害HIV感染生存患者における逆境した成長とSOCとの相関（N=257）

逆境下成長	SOC							
	把握可能感		処理可能感		有意味感		総計	
	r	p	r	p	r	p	r	p
(1) あなたの精神的な強さは（4＝強くなった）	0.386	<.001	0.237	<.001	0.317	<.001	0.365	<.001
(2) 人生を乗り越えて行く自信は（4＝増えた）	0.311	<.001	0.248	<.001	0.366	<.001	0.362	<.001
(3) 新しい生きがいや人生のたのしみは（4＝おおいに得られた）	0.250	<.001	0.167	0.009	0.435	<.001	0.342	<.001
(4) 人や社会のために役立ちたいという思い（4＝強くなった）	0.202	0.002	0.131	0.042	0.330	<.001	0.265	<.001
(5) 物事に対する考え方は（4＝良い方向に考えるようになった）	0.352	<.001	0.300	<.001	0.485	<.001	0.452	<.001
(6) 1日1日を過ごしていくことに対して（4＝大切に感じるようになった）	0.277	<.001	0.267	<.001	0.432	<.001	0.388	<.001
(7) 家族との絆（関係）は（4＝強くなった）	0.127	0.052	0.188	0.003	0.271	<.001	0.218	0.001
(8) 友人との絆（関係）は（4＝強くなった）	0.188	0.004	0.181	0.005	0.246	<.001	0.261	<.001
(9) 被害を受けていなければ得られなかったような，信頼できる友人や知人は（4＝おおいに得られた）	0.038	0.57	0.011	0.868	0.194	0.003	0.109	0.10
(10) あなたの生活における健康への気遣い（4＝健康に注意するようになった）	0.168	0.009	0.181	0.005	0.211	<.001	0.221	<.001

（注）　r：スピアマンの相関係数，p：有意確率。太字は$p<0.05$で有意。

あるか，今後どうなっていくかということについて，ある程度予測でき，かつ覚悟ができている状態にあるということです。

　SOC3要素との関連性がこの「精神的に強くなった」と同様であった項目に，「薬害HIV感染以降今までに，あなたが，得たものや学んだと思えるようなことがありましたら，ぜひおしえてください」という質問に対して，「人生はつらいことだらけだと思うようになった」とカテゴリー化できる自由回答をしている人が3名ほどいたのですが，

この 3 名もまた，残りの 250 名余と比べて SOC 及び 3 要素の各スコアとの相関係数が把握可能感でもっとも高かったのです。

事件発生以来 20 年間つらい思いをしてきたが，その中にもささやかな生きる喜びや希望を見出して何とか乗り切ってきた。だから，この後，たとえどんなにつらいことがあったとしても，乗り切っていけるかなという，自分の人生に対する諦念にも近い信頼をうかがうことができるのではないでしょうか。

■慢性疾患セルフマネジメントプログラム（CDSMP）受講患者の研究から

次に，慢性疾患セルフマネジメント（日本語訳では自己管理支援）プログラムの受講者に対する研究調査を紹介します[8]。慢性疾患や難病の患者さんたちは，疾病管理，感情管理，それと社会生活管理の 3 つのマネジメントを一生やっていく必要があるわけです。現在，厚生労働省にさまざまな疾病ごとに研究班がありますが，そこの研究班の報告書では，毎年，これからは慢性疾患の患者さんの自己管理の時代であると結んでいるぐらい，自己管理は非常に大事な問題です。

そのような自己管理のし方を学びとっていく，そういうプログラムに CDSMP（Chronic Disease Self-Management Program）というものがあります。これを受講した患者さんに対して，私たちはこのプログラムの受講を通じて，果たして，ストレス対処力 SOC は上がっているのか。また，どういう受講経験に伴って，ストレス対処力が上がっているのだろうかということを調べてみました。

CDSMP は，アメリカのスタンフォード大学が開発したもので，世界二十数ヵ国に普及しています。我が国にも 2006 年に導入されました。その際に，評価研究が必要，このプログラムは本当に有効性があるのかどうかについてのエビデンス，科学的な基礎資料を整えてほし

---

[8] 山崎喜比古・戸ヶ里泰典「SOC（sense of coherence）を高める介入方策の開発に向けて」看護研究，43(2)，161-172，2010 年。

いということで，私たちが呼ばれた次第です．

■ CDSMPという患者支援プログラムの新しさ（その1）
　CDSMPは，今までの患者教育プログラムとは，大きく変化しており，私は大変魅力的なプログラムであると思っています．CDSMPは，これまで疾患ごとに行われてきた従来の患者教育プログラムとは異なり，異種の慢性疾患や難病の患者さんが同じワークショップに会します．そうすると，一つの代表的な反応として，「社会的な視野が広がる」ということがあるそうです．
　たとえば，自分が今こうやって悩んでいるのは，自分がもっている糖尿病のせいだというように固着していた考え方が，いや，そうじゃなくて，病と一生付き合い続けなければならないという課題を背負うことになった他の慢性疾患の患者さんたちと同じような困難を自分ももっているという考え方に変わるわけです．「すべてを病気のせいにすることはしなくなった」という反応もそれに類します．

■ CDSMPという患者支援プログラムの新しさ（その2）
　ワークショップは，週に1回，2時間半．そして，それが6週にわたって行われるだけのプログラムです．ワークショップの運営も専門家によらず，10人ぐらいの患者さんで行われて，リーダーと呼ばれる訓練を受けた患者さんだとか患者家族などの当事者主導で行われる点が，非常に重要なポイントであり，これまでの患者教育プログラムとは決定的に違う点です．
　というのは，従来の患者教育プログラムでは，医療者や専門家の人たちからいわば「正解」が提供されます．そのため，あれもこれもやらなきゃいけないとなる．そのため，多くの場合，患者さんは，ああ，できないなとかできていないなとか思って，次第に委縮していく．あるいは，診察を受けたくない，また説教を聞かなきゃいけない，今日は行きたくないという，そういう患者さんがたくさんいます．

■ CDSMPという患者支援プログラムの新しさ（その3）

　じつは，東京大学大学院医学系研究科健康社会学／健康教育・社会学教室の大学院生には，「病いを抱えた人」が少なくありません。彼らは，大学院に来てから病気になったのではなく，その人が闘病中に「病い経験」を科学する教室があるということを知り，自分の大変な経験を科学的に解き明かして，多くの仲間たちに研究成果を伝えて役立ちたい，そのような使命感から，当教室に来ているのです。そして，彼ら彼女らのうちの何人かがこのCDSMPのマスタートレーナーやリーダーになっているのです。

　このCDSMPにはそのようなセルフ・ヘルプ・グループ的な側面があります。知識伝達と行動変容に焦点化された従来の患者教育プログラムとは違い，病と生きる術を習得し，それを生活・人生に生かすことが目指されている。CDSMPで他の人たちの経験を聞いて，みんなも大変なんだ，自分だけができていないと思っていたらそうではない，みんなもできていないんだと感じる，これだけでも力になるのです。何か連帯していることによる力が湧いてくるようなのです。CDSMPでは，そういう，ふだんの生活に生かせる自信や意欲を含む力の形成，あるいは病ある人生の再構築であるとか患者の成長というものが目指されています。

■ SOC向上と関連性の認められた「知覚された肯定的変化（PPC）」

　調査では，「CDSMPワークショップに参加することによって，以下のような変化をどの程度に経験されましたか？」と尋ね，「知覚されたところの（受講による）肯定的変化」（Perceived Positive Change；PPC）と呼ばれる項目を7つ，受講開始から3カ月後の第2時点目の調査で聞いています。各質問に対して，「大いに得られた」～真ん中に「どちらともいえない」～「まったく得られなかった」までの5件法で答えてもらいました。いずれの項目でも，受講者の70–80％が肯定的変化があったと回答していました（以上，表5参照）。

　一方，SOCは受講開始直前と受講開始から3カ月後，その後6カ

月後，1年後まで取っていますが，さしあたっては，第1時点から第2時点にかけてのSOCの変化，特に改善・向上に着眼してみました。受講によるどういう肯定的変化の感覚に伴って，SOCの改善・向上が得られていたのでしょうか。

受講前後におけるSOCの改善・向上と有意な正の相関が認められたのは，「気持ちが楽になったという感覚は得られた」で相関係数がもっとも高く，次いで，「少しずつでよし，無理しなくて良いという感覚は得られた」でした。この他，「何事に対しても良い方向に考えるようになった」と「仲間と出会ったことによる心強さは得られた」でSOCの改善・向上との有意な正の関連性が認められました。傾向レベルではありますが，「物事をある程度冷静に受け止められるという感覚は増えた」や「できないことよりできることに目が向くようになった」でも正の関連性がみられました（表6）。

受講によるSOC向上と上記のような内面での肯定的変化との間には，正のスパイラルの関係もしくは表裏一体または構成要素のような関係性があると考えられました。しかし，この両者の関係性は，こうした慢性疾患や難病の患者さんに限らず，一般的にあるものとも思われました。

SOCの改善・向上と関連性を有する内面での肯定的変化項目を類型化すると，「仲間と出会ったことによる心強さが得られた」[9]は《他者や仲間とのつながり感の強まり》，「何事に対しても良い方向に考えるようになった」「物事をある程度冷静に受け止められるという感覚は増えた」「できないことよりできることに目が向くようになった」は《ものごとの見方・考え方の転換》とグルーピングできると思います。これらが，人生に，また他者や周囲や環境に明るく前向きに，元

---

[9] この講義の半年前あたりから「知覚された肯定的変化」は，今回報告の7項目を含む13項目に増やして，調査・検討を行っています。それによれば，7項目のSOCの改善・向上との関連性に大きな変化はないが，1つだけ，この「仲間と出会ったことによる心強さは得られた」との相関係数だけは，今回の0.11から0.3前後へと大幅に高まったという結果が得られてきています。

表5 CDSMP受講患者における知覚された肯定的変化があったと答えている人の割合（N=375）

知覚された肯定的変化	あった*
PPC1）気持ちが楽になったという感覚は得られた	76.0%
PPC2）少しずつでよし，無理しなくて良いという感覚は得られた	84.5%
PPC3）できないことよりできることに目が向くようになった	78.4%
PPC4）物事をある程度冷静に受け止められるという感覚は増えた	72.8%
PPC5）他人の助けになっているという感覚は得られた	47.7%
PPC6）仲間と出会ったことによる心強さは得られた	82.7%
PPC7）何事に対しても良い方向に考えるようになった	76.3%

＊「あった」と答えている人の割合（回答カテゴリー4または3の人）
（注）回答 PPC1），PPC2），PPC5），PPC6）「0：全く得られなかった～4：大いに得られた」，PPC3）「0：全くならなかった～4：なった」，PPC4）「0：減った～4：増えた」，PPC7）「0：悪い方向に考えるようになった～4：良い方向に考えるようになった」。

表6 CDSMP受講患者における知覚された肯定的変化とSOCの向上との相関（N=375）

知覚された肯定的変化	SOCの変化							
	把握可能感		処理可能感		有意味感		総計	
	r	p	r	p	r	p	r	p
PPC1）気持ちが楽になったという感覚は得られた	**0.19**	**<.001**	**0.24**	**<.001**	**0.21**	**<.001**	**0.24**	**<.001**
PPC2）少しずつでよし，無理しなくて良いという感覚は得られた	0.07	0.16	**0.21**	**<.001**	**0.19**	**<.001**	**0.17**	**0.001**
PPC3）できないことよりできることに目が向くようになった	0.05	0.32	**0.10**	**0.049**	**0.13**	**0.014**	0.09	0.09
PPC4）物事をある程度冷静に受け止められるという感覚は増えた	0.09	0.08	**0.12**	**0.016**	0.09	0.07	0.10	0.05
PPC5）他人の助けになっているという感覚は得られた	0.04	0.47	0.08	0.13	0.08	0.13	0.06	0.27
PPC6）仲間と出会ったことによる心強さは得られた	0.10	0.051	**0.15**	**0.003**	0.07	0.18	**0.11**	**0.029**
PPC7）何事に対しても良い方向に考えるようになった	0.10	0.051	**0.16**	**0.002**	**0.15**	**0.004**	**0.16**	**0.002**

（注）　r：ピアソンの相関係数，p：有意確率，太字は$p<0.05$で有意。

気にかかわる力とエネルギー源になってくることは容易に想像できるのではないでしょうか。

■子どもの根っことなるとされる自己肯定感が SOC に通じる？

では，「気持ちが楽になった」「少しずつでよし，無理しなくて良い」という感覚は，どういう感覚なのでしょうか。一見気持ちの後退をうかがわせる感覚です。医療者の側からは「そんなに気楽になってもらっては困る。糖尿病の患者さんであれば合併症が襲ってきますよ」という声が聞こえてきそうです。この感覚がいかにして，どういう機序でストレス対処・健康生成力 SOC の改善・向上につながっていくというのでしょうか。

私のこの問いに対し，電子メールで，CDSMP のあるマスタートレーナーの患者さん（じつは東京大学大学院医学系研究科健康社会学／健康教育・社会学教室の院生です。）は，次のような簡潔明快な回答を寄せて下さいました。

「肩の荷が下りる」，「プレッシャーから解放される」，あるいは「他者が設定した目標に，がんばっても届かない自分」という自己イメージから解き放たれる。

「今のままの自分から始めればいい。スーパーマン（完璧な人間）にならなくていい」といった体験をし，自己肯定できるようになったことが，その人が本来もつ生きる力をじわじわと復活させるのではないでしょうか。

ここで，自己肯定感という言葉がいみじくも出てきました。保育，幼児教育，学校保健分野で活躍されている先生方が子どもの根っこを強くする必要を説くときに強調するのが，この自己肯定感です。自己肯定感は，褒めることよりは，信頼されたり認められたりすることによって育まれるというのです。褒める／しかるという形で親が基準を押し付けてばかりしていると，子どもは，親の顔を見て，親の顔色をうかがいながら行動するようになって，子どもの根っこは育たないというのです。

根っこである自己肯定感は，逆境下成長を通して育つとおっしゃる先生もいました。ある高校の牧師の先生のお話ですが，生徒が悩みを相談に来ても，どうしたの，こうしたらどう，みたいなことをこちらからは一切言い出さず，生徒のほうから切り出してくるのを温かい面持ちで待つのだそうです。ある生徒さんは，しばらく沈思黙考していて，30分も経ったころ，「どうもありがとうございました」と言って帰っていったそうです。親としても，このような接し方を参考にされてもよいのではと思います。

　あるいは，自殺念慮があってリストカットをした人からの電話相談について，ベテランの相談員の先生は，私はあなたに関心があるんだというメッセージを送るだけでも，その子はかなり救われると言っておられました。

　基本的には自分は信頼されて，自分は関心をもたれているという感覚が得られるかどうかというのが，この根っこを育てる上で，大変大事な支えや力になるといっていいと思います。

　保育・幼児教育の専門家である汐見稔幸さん（汐見，1997）[10]は，「放し飼いの保育」，「内発的動機づけによって自分をつくり上げていくことを大切にしよう」，「共感・共苦の言葉のすすめ」，「いいところ探しで子どもを伸ばす」などのことを奨めておられます。

■これからのSOC研究について

　これまでSOCについては，その予測的妥当性を示す研究というのが重宝がられていたのですが，前述のCDSMPの研究を海外の学会や海外の研究者との研究交流の場において発表したときには，「それまでどうしたらSOCは高められるか，SOCというのはそもそもどういうものなのか分かりにくかったけれども，これは分かりやすい」などといった反応がありました。

　そのようにして，抽象度が高く，そのためには目に見えにくい，イ

---

[10] 汐見稔幸『ほめない子育て：自分が大好きといえる子に』栄光教育文化研究所，1997年。

メージ化しにくい，具体的経験的には理解しにくい人間の内面・深部の力，パワー，エネルギー概念であるSOCの具象化が，いま図られているのです。SOCを，病ある人生の経験や，最近はさまざまな労働職場環境条件の職場との遭遇経験などともリンクさせることを通じて，SOCの「見える化」と支援・介入策の考案・開発に有力な手がかり，ヒントが提供されるものと確信しています。

■まとめに代えて：健康社会学の特色

「健康社会学」は，狭義には総称「健康・病気と保健・医療の社会学」の一部ですが，その基本には病や患いからの解放とともに，健康の保持・生成への強い希求があります。こうした点において，「健康社会学」は将来有望な，しかし歴史的には現代に入って起こったばかりの新しい学問分野です。この講義では，このような狭義の「健康社会学」に絞って，その学問的性格から理論と方法まで紹介してきました。

健康への社会学的な見方や接近とは，健康を生活や社会の文脈において，あるいは生活や社会との関係において見ること／考えることです。しかし，社会学という以上，こうしたスコープ（視野）をもちながら，焦点や目標は生活や社会のあり方に向けられています。健康社会学的接近の特色は，ひとことで言えば，まさに本章の表題にもある通り，健康の観点から生き方や保健・医療，社会のあり方を問うことにあります。

社会学は「常識破壊の学問」と呼ばれるように，一方向からの常識的な見方・考え方にとらわれず，多角的，総合的，かつ革新的な見方・考え方を取れることを得意としていますが，健康社会学はこうした社会学の特長を活かしながら，健康・病気と保健・医療の世界に対して独創性のある研究や仕事を生み出しています。

社会科学一般が社会に主体的に参加する「市民の社会認識の学」「市民の科学」といわれてきましたが，健康社会学は，保健医療の学問領域にあって，市民目線・患者目線の科学・学問としての性格を色

濃くもっています。そのことは，健康社会学の存在理由であり，この分野に従事する者の誇りでもあると考えるものです。

　私は，「健康・病気と保健・医療の社会学」における健康社会学の固有性は，4半世紀前にアントノフスキー博士によりこの世に投じられた健康生成論とストレス対処・健康生成力概念SOCに凝縮されているように思います。それらは，健康・病気と保健医療の学問と実践の世界に大きなパラダイムシフトを起こしていますが，しかしまだ仮説的理論に過ぎません。私たちにその継承と発展が課せられているものと考えるものです。

[参考文献]
石川ひろの・進藤雄三・山崎喜比古『系統看護学講座基礎分野 社会学』医学書院，2012年。
山崎喜比古・戸ヶ里泰典・坂野純子編『ストレス対処能力SOC』有信堂高文社，2008年。
井上洋士・伊藤美樹子・山崎喜比古編著『健康被害を生きる：薬害HIVサバイバーとその家族の20年』勁草書房，2010年。
Antonovsky, A. *Unraveling the Mystery of Health : How People Manage Stress and Stay Well*, Jossey-Bass Publishers, San Francisco, 1987. (山崎喜比古・吉井清子監訳『健康の謎を解く：ストレス対処と健康保持のメカニズム』有信堂高文社，2001年。)

11
被災地支援の社会学
東日本大震災の支援ネットワーク

似田貝 香門

　2011年1月24日に学術俯瞰講義の最終回が終わり，成績評価も済ませてほっとしていた3月11日に東日本大震災が発災しました。

　当日夜，教養学部（目黒区駒場）でも帰宅困難になった学生が多数出たり，4月には恒例の日本武道館での入学式が中止になるなど，東京大学もさまざまな影響を受けました。

　大学も地上の存在ですから当事者でもあったわけです。その一方で，4月11日に総長により「東日本大震災に関する救援・復興支援室」が設置され，続いて「東京大学被災地支援ネット」が立ち上がりました。こうした目まぐるしい動きの一角を担ったのは似田貝香門さんです。

　似田貝さんは地域社会学が専門。本書第5章担当の清水さんと一緒に，阪神・淡路大震災の際にも，直後の救急・救命から後の復旧・復興支援の活動全般に幅広くかかわり，多方面にわたる人たちとの信頼関係を含めて，素晴らしい実績があります。

　この本を編集するにあたって，似田貝さんに特別寄稿をお願いしました。それが本章です。

　大災害の際には，〈職能ボランティア〉の活動が必要です。善意の素人ばかりではなく，この分野の専門家の出番があるという意味です。社会学者もその役割を担うということを似田貝さんの活動が実証しています。社会学の知識が社会の役に立つということはこれまでもたくさんありました。しかし，社会学の研究者が問題解決の主体としてかかわるという意味で，これは新鮮な刺激に満ちています。

1. 被災地支援の取組みと課題

■阪神・淡路大震災における被災者支援活動

　私は1995年1月17日の阪神・淡路大震災（以下，阪神・淡路）の発生直後から現地に入り，以後，研究仲間と2010年3月11日まで15年あまり，被災者支援のリーダーや団体の調査研究を行ってきました。そのなかで被災現場をめぐりながら，被災者の自立に支援者やその組織はどのようにかかわれるのか，そしてその活動は現代の日本社会にいかなるテーマと課題を提起するのか，を考えてきました。ここでは，その一端をみなさんにお話ししようと思います。

　阪神・淡路のボランティア活動では，のべ167万人（1997年5月31日時点）もの多数の方が加わり，文字通り，被災者の〈生〉の緊急支援と被災者の自立支援のために，生活や地域に根づいた支援の実践がなされ，社会に大きなインパクトを与えました。そうした実践の中で，支援活動の思想という領域にも新しい活動の考え方が生み出され，新しい活動の担い手も生み出されていきました。

■新しい活動の根源的思想：〈生の固有性〉の実践思想

　まず，新しい活動の考え方からご紹介します。それは，「たった一人を大切に」「最後の一人まで目線を向ける」（村井雅清），「最後の一人まで見捨てない」「一人の人としてのいのちを重んじる」「その人らしいケアの本質を見ていくこと」「最後まで生ききること・自立」（黒田裕子）などの，被災者各自の「いのち」と「くらし」の「他ならなさ uniqueness」（ハンナ・アーレント）という視点に「こだわる」。そのような自立支援の，新たなる実践を支える考え方でした。

　そこにある基本的な視点は，匿名的な被災者一般を支援の対象とするのではなく，「一人ひとりに向かう支援」にこだわる，そしてその一人ひとりが織りなす「いのち」と「くらし」そして「地域」にこだわ

って自立を支援する，というものです。私はこれを，阪神・淡路大震災が生み出した〈生の固有性〉の実践思想と呼びたいと思っています。

　この視点こそ，阪神・淡路大震災の支援活動から生み出されたもっとも独自な思想でありました。それは，個々の人間の生存様式としての固有性に「こだわる」支援行為だともいえます。こうした支援の基本思想が，「自立・自律とは『支え合いである』」という災害ボランティアの〈実践知〉に結実していきました（似田貝香門編『ボランティアが社会を変える』，似田貝香門編著『自立支援の実践知』，詳しくは章末参照）。

■新しい活動の担い手：職能ボランティア

　次に，新しい活動の担い手の誕生です。それは具体的にいえば，専門職が〈職能ボランティア〉となることでした。

　このような動きはどのようにして生まれたのかを，簡単にご紹介しておきます。阪神・淡路の1995年は「ボランティア元年」とマスコミに呼ばれましたが，それはむしろ「ボランティア入門」というべきものでした。実際，1995年3月末には，多くのボランティア団体は「支援する内容とフィールドがない」として被災地を離れ，外部支援ボランティアはほぼゼロとなります。

　ここで最初の救命・救急期が終わったとされ，これ以降が復旧・復興期とされるわけですが，しかしながらまさにこの時期，被災前から弱者であった人たちが，復旧・復興の中で，一層弱者になっていくということが起きていました。復旧・復興期はいわば「構造的弱者」が進行し固定化していく時期でもありました。

　つまり，救急・救命〔レスキュー〕の段階では，多くのボランティア活動が存在していながら，「構造的弱者」の芽が生まれる。そして復旧・復興の段階では，にもかかわらず外部支援ボランティアがほとんどゼロになる。そうした事態が起こってしまったのです。

　ここに，日本のボランティア思想の弱さをみてとることができます。ボランティア活動はそれまで，「無償性，自発性，アマチュア性，自己実現，パートタイム」のものと考えられ，その逆の「有償性，プロ

フェッショナル，他者志向，フルタイム」という要素はあまり考えられてこなかったのです。

けれども，現場のボランティア活動はそこで止まっていたわけではありません。福祉関連施設や医療関連施設においては，少なくない数の専門職が，被災者の支援活動を「業務」としてではなく，ボランティアとして始めたことが知られています。これを私は，事実上の〈職能ボランティア〉の誕生だと考えています。

〈職能ボランティア〉という言葉は私の造語ですが，こうした活動は，阪神・淡路の被災者の自立支援だけでなく，今後のほかの被災地支援活動においても，不可欠にして，期待されるべき活動となっています。

■「職能」と「社会」の連帯

〈職能ボランティア〉にあたる思想が不在であったことは，日本の社会全体にとっても大きな反省的な意味をもっています。〈職能ボランティア〉という概念がなかっただけではありません。「職業」と「職能」，「職業倫理」と「職能倫理」の相違についても見過ごされてきました。西ヨーロッパでは「市民社会」の中核であった「職能団体」の役割と意義についてすら，ほとんど議論されてこなかったのです。

ですから，ボランティア，とりわけ〈職能ボランティア〉を論ずることは，単に，ボランティア活動のテクネー（実践知）だけでなく，「市民社会」のありようについて考えることにもなるのです。それは現代日本の社会にとって，今後，根源的なテーマとなるでしょう。

「職能」と社会の「連帯」のかかわりは近代日本社会の形成過程において，社会科学にとっても失われていたテーマ，忘却されていたテーマになっていたのです。ところが阪神・淡路での人々の被災，そこからの自立，それを支援するボランティア活動という一連の経過の中で，このテーマが避けがたく出現したのです。ですから，〈職能ボランティア〉の思想の不在は日本の「市民社会」の弱さといえます。とりわけ災害時，人々が苦悩しているときの社会の「連帯」と〈職能ボ

ランティア〉との関係は「弱い環」となっています[1]。東日本大震災の不幸の連鎖の中で，一層そうした活動の大切さを感じた人も少なくありません。

　〈職能ボランティア〉とはどのようなものなのか，簡単にご紹介しておきます。

　医療や福祉にかかわる専門職の多くは，日常的には，複雑でありながらも体系化された諸制度・ルールによって運営される「施設」(institution, establishment) の中で働いています。けれども，阪神・淡路に支援者としてかかわった専門職は，その活動の中で，①災害医療の重要性，②ひとりの人として命を重んじること，③被災者その人のためのケアのあり方，④被災と被災者の苦しみ（pathos）という事実に目を向けることの大切さ，を経験から学ぶことになりました。

　災害時の活動において大切で緊要なことは，「施設」にクライアント（医療やケアを受ける人々）が来るのを待つのではなく，被災現場でクライアントを発見し，そのニーズを個々に見出し，被災者一人ひとりの歩んできた〈生〉を了解して，またこだわりながら，速やかに職能的支援を行うことであります。それがとりわけ「構造的弱者」の芽を摘み，進行していくのを抑える上でも，有効な手段になりました。こうした活動は，「施設」の整備された制度とルールの中で専門業務を行うのとは異なり，自らの自由意思で可能な限りの専門性を設計し実践する場になります。それが〈職能ボランティア〉であり，その臨床現場なのです。

　ですから，〈職能ボランティア〉にとって観察と支援の対象になるのは，匿名被災者一般ではなく，被災した〈生の固有性〉をもつ個人となります。「施設」での業務とは異なり，被災地で技術的支援のテクネーが有効に働くのは，被災した個々の個人との相互関係においてでした。このような関係の中ではじめて，適切で有効な支援と，でき

---

[1] 職能と連帯というテーマが，わが国の「市民社会」論では長らく議論されてこなかったことについては似田貝「〈実践知〉としての公共性」（2012 年）参照。

るだけ正確な予後の判断も可能となります。

　そうした形態での活動が，被災現場での専門的な職能者にもっとも求められる仕事だったのです。社会福祉施設から現場に出て支援活動を行った専門職の方は，「ボランティアという形なら何でもできます」。しかし「ボランティア活動といえども専門職としての専門性への責任は人一倍負います」と述懐しておられます（N氏：1997年8月1日）。

　今からみれば，当たり前のことに聞こえるかもしれません。けれども阪神・淡路大震災が起こった当時には，そうした〈職能ボランティア〉の思想はなかったのです。もちろん，その考え方を手がかりにして，技術的な支援のテクネーを最大限に活用する実践の知識も，理論も，ありませんでした。

2. 東京大学被災地支援ネット

■阪神・淡路での教訓

　阪神・淡路の1995年は「ボランティア元年」とマスコミに呼ばれ，確かに被災から3カ月で137万人近くの方が被災地に足を運びました。これは日本の災害史上特筆すべきことといえるでしょう。

　しかし前述のように，1995年3月末以降は，外部支援団体がほぼゼロとなり，その中で，結果として250名あまりの孤独死を生み出すことになりました。もっとも弱い層が一層弱い存在として残されて，にもかかわらず支援者はわずかしかいない，という状態だったのです。

　「活動の無償，自発，アマチュア，自己実現，パートタイム」等の，従来のボランティアのイメージは，救急・救命期に対応できるが，復旧・復興期には効果的に働くことができない。この時期における〈職能ボランティア〉的な活動が特に不可欠だと痛感させられた出来事でした。被災地のNGO等の支援団体をまとめていた草地賢一氏は，この事態に対し，私たちに「日本におけるボランティアの弱さを認識し，あなた方の専門である社会学こそが，ボランティアの組織論を本格的

に取り組むべきである」と熱っぽく語っておられます（前掲似田貝編著『自立支援の実践知』参照）。

■2つの原則

　東京大学における東日本大震災支援の関心は，上記のような経験から成り立っています。

　私たちは「東京大学被災地支援ネット」（以下，「支援ネット」）の活動を呼びかけるにあたり，2つの原則を定めました。第1は，研究者には職能者としての意識をもち，被災地での専門的な支援活動を第一義的にしてほしい，ということです。それは，被災地での専門活動では，研究活動を第一義とするのではなく，可能な限り被災地や被災者の自立支援にかかわる，というものです。

　第2は，被災地あるいは被災者が自ら自立を試みようとする活動に対しては，東京大学が前面に立つのではなく，むしろ後方でその活動をサポートすることに徹する，ということです。これは阪神・淡路の支援活動の反省点から生まれたものです。当時は外部支援団体がそれぞれ旗を立て拠点を設けたため，活動がバラバラになり，有効な連携を必ずしも生み出せなかったのです。

　このような反省から，私たちは2012年4月15日に次のような支援の呼びかけを作成し，呼びかけを行いました（後掲の資料1）。これに応えて，「支援ネット」に参加している各メンバーやグループを，資料2にまとめています。

　そして2011年4月以降，以下のように，被災地で数多くの専門領域にわたる共同の支援活動を行っています。

① 後方支援活動支援（「遠野まごころネット」支援，奥州市水澤「復興支援奥州ネット」支援）〔社会学〕，
② 被災者の保健医療活動〔地域看護学〕，
③ 高齢者・障害者に対応できる仮設住宅設計（釜石市平田，遠野市殻町仮設住宅）〔建築学・都市計画〕，
④ 仮設住宅生活支援（「移動！暮らし保健室」という健康づくりワークショ

ップ）〔地域看護学・都市計画〕，
⑤ 仮設住宅で生活する被災者の現状と帰宅に関する意向調査とその対策（福島県）〔文化環境学〕，
⑥ まちづくり支援〔建築学・都市計画〕，
⑦ 除染活動（福島県での「暮らしスケール」の効率的かつ有効な除染活動を実施するために，地形情報と植生情報を含んだ小流域毎の詳細放射能分布マップづくり）〔大学病院〕，
⑧ 教育支援（ライブモニタリングによる里海里山環境プロファイリングと環境学習活動）〔環境学・海洋学〕，
⑨ 足湯ボランティアによる被災者「つぶやき」の分析と現場でのケア組織の支援〔社会学・精神健康学〕，
⑩ 復興グッズ被災地グッズ主宰者の連携とその販売や事業化支援〔経済学・社会学〕，
⑪ 外国研究者・学生の被災地視察案内〔地震学・海洋学〕，
⑫ 復興支援をめぐる地元組織と外部支援団体の連携の組織化支援〔社会学・都市計画〕，
⑬ 支援者のケア〔精神健康学〕

けれども大学人が専門性の狭さを認識し，1つの専門性のみでなく，ほかの多くの専門性や現場の多くのボランティア活動と連携する点では，まだ十分とはいえません。

被災地の，そのつどの現実から生起し生成される多くのテーマを結びつけるには，縦糸としての専門性と横糸としてのボランティア活動などを織り合わせ，「いのち」と「くらし」と「地域」をつないでいく，基本ユニットの構築の実践がまだまだ求められています。

3. 支援の社会学：
「後方支援」と「主体としてのネットワーク」

■テーマ1：後方支援

阪神・淡路の〈職能ボランティア〉の調査研究と，このような「支援ネット」の活動から，私自身は3つの研究上のテーマに出会いました。

1つ目は「後方支援」ということです。この言葉は東日本大震災で支援活動に広く使われるようになりました。元来は軍事用語ですが，岩手県の遠野市がこの言葉を掲げて，内陸部から沿岸の被災地への支援に乗り出したことから有名になりました。
　やがて西日本でも起こりうる震災や津波を考えたとき，内陸部からの「後方支援」活動について，支援の組織論や思想としてその意義を学問的に明らかにすることが，そして何よりも活動の経験を積むことが必要なように思われます。

■テーマ2：実践概念の検討
　2つ目は実践概念の検討です。社会学が支援という実践の領域にかかわる際には，社会学固有の概念を，実践としての概念や実践を主導できる概念へと，積極的に転釈したりずらしていかねばならないことを，私は否応なく学びました。
　社会学の概念は説明という営みを中心として，その中で状況概念，経験的概念，機能的概念等を駆使してきましたが，被災地で被災者の自立に向き合う社会学では，それらをいわば実践的に適応させる必要があります。医療保健活動，建築，都市計画，弁護士，福祉など専門技術をもっているほかの領域分野に対し，固有の技術的支援のテクネーをもたない社会学は，概念の実践性にこだわるしか，被災地にかかわる方法はないでしょう。
　支援者が被災地の現実と向き合うときには，何より被災者との応答という形での「約束・関与＝責任（engagement）」が問われることになります。そのような場面で，社会学が本来大切にしてきた「事例」を丁寧に掬う発想にもとづいて，被災地と被災者の多様なニーズ，多様な現場での多様な現実（reality）から感性を磨く。そこから始めるしかありません。
　人間的な生の細部へと目を凝らし，人間的な諸関係のあり方の微細な襞へと降りたっていく，そのときはじめて，被災者との応答における「約束・関与＝責任（engagement）」に自らを向けることになるの

だと思います。そのとき，社会学は「もっとも弱い者への配慮」という感性と出会い，被災現実と「ふれあい」，「今あることに全力を尽くす」という実践性を自らに喚起することになるはずです。

　被災現実という事象への受け身（受動性）から，内発的な力にかえて能動性を生み出す。そのときには否応なく，社会学の諸概念の中からいくつかを，被災現実から生成されてくるテーマに合わせて選び出し，転釈しながら，実践へずらしていくことが求められます。そうやって，たとえばそのテーマに潜んでいる問題性を多くの当事者の目に見えるようにしていく。社会学にはそんな責務が生じてくるのではないでしょうか。

　私たちはこうした概念の実践性について，思いを深くしていこうと思います。

■テーマ３：ネットワークの実践理論

　最後は，後方支援を可能にする「ネットワーク」や自立支援の「ネットワーク」の活動を根拠づける実践理論を生み出す必要性です。

　これまでの社会学，特に地域社会学のネットワーク論は主として，近隣の地域や，アクターの集合・組織，さらには特定の社会構造としての地域社会などの，ミクロ（局所）で起こる社会事象過程を素材としてきました。そのため，グローバル化を牽引したIT情報による空間変動とはうまく交叉できませんでした。

　これからのネットワーク論は，局所で起こる変化の素過程を論ずる場合でも，同時に大域的なネットワークのトポロジーを意識すべきです。大域的でマクロなネットワーク論との積極的な交叉が，地域社会論や市民社会論でも不可欠です。

　マクロな「ネットワーク」論は，マニュエル・カステル（Manuel Castells；1942年-）が『インターネットの銀河系』で指摘しているように，「新しい情報パラダイムと新しい組織化との結合，その相互作用」という視点から，社会組織論のパラダイム革新に向けて，新しいモデル，新しい連帯の主体の獲得，そして新しい主体形式の獲得へと

導こうとしています。そこでは、「情報主義時代」の空間の変容をどのようにとらえられるべきかが問われており、地域に根ざした社会性（社会性の基礎としての空間的境界）から、社会的組織化の表現としての空間的コミュニティへの変化を辿りながら、新しい連帯の主体を理論的―経験的に獲得するところに主眼が据えられています。

　このような考え方を〈主体論としての「ネットワーク」〉と呼ぶならば、この「ネットワーク」という行動規範のもとで、社会の状況変化に応じて、当該社会・経済・政治の問題として出現してきた対象の救済・支援・復興・振興について、局所的な空間をコアとしながら、同時に大域的な空間に渉って、自発的に相互に協力し協働する。そうした活動の複雑性を今後研究していかねばなりません。

　とりわけ災害での自立支援のネットワークでは、支援局面の変化に対応して、ネットワークする諸グループの組合せユニットを変化させ、また常に新たな活動グループを生み出していく必要があります。このような動態的変化にどのように道筋をつけていくか、という難しい課題をかかえています。支援の局面変化に対し、常に閉じられていない複数主体を想定しなければならないのです[2]。

---

[2] 新たな問題の生起を、実践使命 mission との関係性から、当該の実践課題・テーマに対して〈共同出現〉していく主体のネットワークの活動者が新たなる行為や新しい出来事へ結びつけられ、巻き込まれるということは、同時に、ネットワークという組織体が、新たに受け入れる課題・テーマを内外の組織に配分・配置することであり、組織全体として、それらを分割＝分有 portage することになります。それは組織としての〈われわれ意識〉であり、相互に協働しあっている組織＝複合体という形で現れます。いわば、自己の複数化です。

　それは、複雑化していく生の営みや、社会の問題に対置する主体の有限性、したがって自己完結的に閉じることのできない主体の現前なるがゆえに、あらためて、協働のあり方の主体の形式が問われていたといえるでしょう。

　ネットワークは、「われわれの横糸」（ジャン=リュック・ナンシー）、ネットワークとしてのわれわれ、として出現します。主体が常に己を変え、複数化していくような主体です。こうした主体は、網状の多様性の結合関係の内に、〈そのつど〉、〈具体的、一時的、局所的〉にその統一性をもちます。同一性とは区別された、その時々の諸同一化、「共に」ある「われわれ」として。詳細は似田貝（「新しい主体としてのネットワーク：新しい地域再生に向けて」似田貝香門編『現代都市空間とネットワーク・コミュニティ・場所』東信堂、近刊）参照。

阪神・淡路での調査のときに，支援者の方が「テーマが変わると別のネットワークの繰り返し」，「個のネットワークを増やすこと」（2002年8月21日）と述懐されていたことが思い出されます。状況と局面のたえざる変化に対して，柔軟にかつ動態的に構成グループを入れ替え組み合わせて，ニーズと対応させる。そういう実践が可能になるような経験知を積み重ねて，はじめて動態的なネットワーク論が組み立てられるのでしょう。
　いつか，そのような実践理論を手にしたいと私は思っています。

[参考文献]
似田貝香門編『ボランティアが社会を変える：支え合いの実践知』関西看護出版，2006年。
似田貝香門・矢澤澄子・吉原直樹編著『越境する都市とガバナンス』法政大学出版局，2006年。
似田貝香門編著『自立支援の実践知：阪神・淡路大震災と共同・市民社会』東信堂　2008年。
似田貝香門「医療職がボランティアをするということ」，看護管理 Vol. 22, No. 1, 医学書院，2012年。
似田貝香門「〈実践知〉としての公共性」，盛山和夫・上野千鶴子・武川正吾編『公共社会学1：リスク・市民社会・公共性』東京大学出版会，2012年，pp. 107-121。
似田貝香門「〈災害時経済〉とモラル・エコノミー試論」，福祉社会学研究9号「特集　東日本大震災と福祉社会の課題：〈交響〉と〈公共〉の臨界」東信堂，2012年，pp. 11-24。
似田貝香門「ボランティアと市民社会：阪神・淡路大震災と東日本大震災からの問題提起」，震災学 vol. 1, 2012年，pp. 144-155。
NITAGAI, K., Disaster-time Economy and an Economy of Morals: A Different Economic Order from the Market Economy under Globalization, *International Journal of Japanese Sociology*, No. 21, 2012, pp. 77-83.
Castells, M., *The Internet Galaxy*, Oxford University Press, 2001.（矢澤修次郎・小山花子訳『インターネットの銀河系』東信堂，2009年。）

＊資料1：東日本大震災の被災地再生，被災者の自立への支援の呼びかけ
　　　（2011年4月15日）

　総長裁定で4月11日，「東日本大震災に関する救援・復興支援室」が設置され，本格的にボランティア促進の準備を始めました。このような体制を組むことは東京大学にとってはじめてです。
　学生ボランティアの動きは，5月の連休や夏休みに本格化すると思われます。
　他方，被災地域からは，避難所での健康管理，居住環境維持の問題や，瓦礫撤去後のまちづくりの方法が至急必要となっておりますし，仮設住宅の建設の仕方，居住環境，仮設住宅群でのコミュニティ形成，新たなまちづくり，等について東京大学からも是非専門分野の方を派遣して欲しいと言われております。
　4月13日（水）16～18時（工部2号館3階31A室）で，すでに支援活動を始めている方やこれを支援したいという方が集まりまして，被災地の報告や，大学本部でのボランティア活動のすすめ方の段取りを始め，どのような支援が可能であるか，どのようにすすめるか，また大学本部どのように連携していくか，等について自由に話し合う機会を持ちました。その結果，「東京大学被災地支援ネット」を立ち上げました。
　この組織は，東京大学の教職員がそれぞれの支援活動内容に応じて自発的に支援の組織を作り，それらが協力し合うように，情報の交換等を行い，学内の各支援組織の支援活動を支えるとともに，被災地での支援の展開をするための後方支援の学内拠点となり，東日本大震災による被災地の再生，被災者の自立を支援する，というものです。
　阪神・淡路大震災の反省で言えば，専門職による支援（職能ボランティア）が最も被災地では今，必要な時期です。また多様な専門領域が関わり，必要に応じて連携して行く必要があります。東京大学可能な限りこうした被災地の声に耳を傾け，支援の輪を広げたいと思います。
　すでに支援活動をされている方，これから考えようとする方，是非，この支援ネットに参加していただきたいと思います。

＊資料2：東京大学被災地支援ネットがかかわっている地域とその活動
　　　　（2011年度〜2012年9月現在）

《岩手県》
◆遠野市
　〇大方潤一郎・大月敏雄・小泉秀樹・辻哲夫・鎌田実・後藤純・富安他（東京大学高齢社会総合研究機構〔IOG〕仮設まちづくりチーム）；「遠野まごころネット」（外部団体として参加）。
　〇工学系研究科都市計画・建築を主体とするIOG；殻町「希望の郷『絆』仮設住宅建設プラン。
◆大槌町
　〇村嶋幸代（医学系研究科）；全国保健婦教育機関協議会の保健婦による全戸訪問調査。
　〇杉本めぐみ・都司嘉宣（地震研究所）；若手防災研究者の会のメンバー岩手県被災地視察。カリフォルニア大学の研究者等。
　〇斉藤馨（新領域創成科学研究科）・古橋大地（空間情報センター）；復興の様子を撮影する定点カメラ設置。大槌，遠野，南三陸町などの写真をウェブにアップ。
　〇村松伸（生産技術研究所／総合地球環境学研究所）；復興までのアーカイブ，大槌町祭りの記録，40カ所の定点観測，吉里吉里地区の住宅プラン復元プロジェクト。
　〇木村伸吾（新領域），横張真（新領域），斉藤薫（新領域）；調査。
　〇IOG仮設まちづくり支援チーム；仮設コミュニティで創る新しい高齢社会のデザイン。
　〇東京大学被災地支援ネット構成グループ＋地元組織＋外部支援団体
　　9月15日準備会出席（構成グループ）；東京大学被災地支援ネット事務局（似田貝香門・新雅史・似内遼一・三浦倫平），東京大学生涯学習論研究室（教育学研究科牧野篤他），仮設まちづくり支援チーム（IOG小泉秀樹），東京大学海洋アライアンス（川口達也），木・さかな・ICT・ジェロントロジー・プロジェクト（東京大学産学連携本部太田与洋），大槌町復興過程の記録プロジェクト（生産技研所村松伸，岡村健太郎）；宵宮祭，郷土芸能の奉納舞，御輿巡行等をビデオ，写真により撮影記録，定点観測，大槌町中心部約40か所において，震災前に撮影された写真と同地点，同アングルによる写真を撮影し記録，悉皆調査；地形図や古地図，文献等ともに震災後6カ月が経過した大槌町内をくまなく歩き，当該地域における住まい方の工夫や土地の利用方法と地形の関係等を読み解く。
　〇大気海洋研究所国際沿岸海洋研究センター（大竹），新領域「里海里山ライブモニタリング研究会」（斎藤馨）。
　〇農学生命研究科国際農学；被災地の水産加工業の復興。
◆釜石市
　〇玄田有史（社会科学研究所）；市役所に「復興室」。
　〇大方潤一郎・大月敏雄・小泉秀樹・鎌田実・辻哲夫・後藤純他（IOG仮設まちづくりチーム）；平田運動場仮設住宅。
　〇建築・都市工学グループ（工学系）；Aging in Communityケアタウン構想，東日本大震災復興まちづくり提案，仮設から復興期までの地元ニーズの把握。
　〇神田順研究室（新領域）；唐丹小白浜・尾崎白浜・佐須で住宅・地域調査。
◆陸前高田市
　〇小泉秀樹・似内他；「陸前高田復興まちづくり」「創世ふるさと会議」。
　〇佐藤仁（東洋文化研究所）；援助物資の分配と外国人による支援活動調査。
　〇清水亮・三井さよ・三浦倫平・似田貝香門＋日本財団・ROAD（東京大学被災地支

援ネット仮設住宅入居者の「つぶやき」分析グループ）；仮設住宅モビリア。
○川上憲人他；消防団・消防署員のケア。
◆奥州市
○東京大学被災地支援ネット（似田貝香門・清水亮・三井さよ・中澤秀雄・三浦倫平）；後方支援組織「復興支援奥州ネット」助言。
◆宮古市
○田中敏明（先端技術研究センター）；避難所の高齢者の実態調査。

《宮城県》
◆気仙沼市
○田中美知・澤田康幸（経済学研究科）；気仙沼被災調査。
◆名取市
○田中敏明（先端研）；福島県いわき市の避難所にて，高齢者の実態調査。仮設住宅で高齢者の転倒予防としてヘルストレーニング。
◆七ヶ浜町
○東京大学被災地支援ネット・ROAD 仮設住宅入居者の「つぶやき」分析グループ；足湯ボランティア活動の被災者「つぶやき」の受け皿組織模索のため，現地で支援活動している「レスキューストックヤード」とともに，仮設住宅のケア活動等の「実務者会議」を後方支援。
◆県広域
○復興みやぎネットワーク会議生活再建 WG・東京大学被災地支援ネット「まけないぞう基金」推進・研究グループ；宮城県の復興グッズ被災地グッズ主宰者団体支援。
○飯島勝矢（IOG・東京大学病院）；仙台市，東松島市，石巻市，名取市で，高齢者，特に要介護高齢者における（避難所生活も含めた）被災後の能力喪失をいかに予防し，維持するかの調査。

《福島県》
◆いわき市
○田中敏明（先端研）；避難所の高齢者の実態調査。
◆田村市
○清家剛・清水亮（新領域）；復興まちづくり支援および仮設住宅で温熱等の長期測定，常葉地区の調査，応急仮設住宅等の生活環境改善。
◆郡山市，須賀川市
○清家剛・清水亮（新領域）；調査。
◆相馬市
○中西友子（農学生命科学研究科）；放射能による食品安全運動支援（助言）。
◆会津若松市
○児玉龍彦（アイソトープ総合センター）およびセンター研究員；福島県立安達高校の生徒除染活動指導受け入れ。
◆川俣町
○高良洋平（病院）；計画避難区域に指定されていた（現在は避難指示解除準備区域）の現地視察および無人航空機による放射線計測の最初の試み。
◆矢吹町
○生産技術研究所；町と研究所が覚書を取り交わし，復興まちづくりの支援。

《東京他》
○東京大学被災地支援ネット仮設住宅入居者の「つぶやき」分析グループ（市野川容

孝，鈴木泉，清水亮，三井さよ，似田貝香門，ROAD；松田曜子，頼政良太，松山文紀）；第3回足湯ボランティア交流会 in 東京，石巻市社会福祉協議会等受け皿調査，東日本大震災仮設支援連絡会団体参加（ネットは団体として参加；主として「つぶやき」分析・応答関係の組織化担当），ケア活動の後方支援（医学部精神健康分野と協働）。
- 〇東京大学被災地支援ネット「まけないぞう基金」推進・研究グループ（市村英彦，澤田康幸，清水亮，三浦倫平，似田貝香門）；神戸仕分け隊調査，東京応援団調査，被災地復興グッズ被災地グッズ主宰者支援。
- 〇復興グッズ被災地グッズ主宰団体連携会議（共同事務局；東京大学被災地支援ネットワーク）

《広範囲》
- 〇田中敏明（先端研）；岩手県宮古市，宮城県名取市，福島県いわき市の避難所で，理学療法士，工学系研究者5名で65歳以上の高齢者の身体活動能力および必要な福祉機器の実態調査。
- 〇福島朋彦（海洋アライアンス）；「東北地方太平洋沖地震の震災復興に資する緊急調査支援」として，復興のための現地調査を支援。
- 〇大気海洋研究所；東北マリンサイエンス拠点形成事業への取り組み。
- 〇大森宣暁（工学系）；石巻市，気仙沼市，陸前高田市で工学部都市工学科の講義「都市工学の技術と倫理」の一環として毎年行っている実習旅行。都市工学科の3年生28名参加。
- 〇東京大学被災地支援ネット；岩手県大槌町・釜石市・遠野市・陸前高田市・大船渡市，福島県，兵庫県神戸市で復興グッズ・被災地グッズ主宰者の連携組織。

＊詳しくは東京大学被災地支援ネットのWEBサイトを参照して下さい。
http://www.l.u-tokyo.ac.jp/~utshien/Support-Calendar.html

終章
これから社会学を学ぶ人に
学術俯瞰講義「社会学ワンダーランド」最終回より

『社会学ワンダーランド』はここまで11の章からなり，大小9つのテーマランドになっています。今の社会学の広がりと奥行きとを凝縮していると思います。

社会学は不思議な学問です。社会学には固定された固有な対象がありません。社会学は人間世界の森羅万象を研究していますが，社会学が研究しているテーマはそれ以外の学問の人も研究しています。つまり，どこにもあり，どこにもない。

『社会学ワンダーランド』は，いろいろな分野に入り込んだ社会学の赤い糸をたどりながら，学問の全体像を横断的に理解してもらうことを目的としています。赤い糸は，コミュニティという日常生活，想像力という自明な力から，都市，学校，健康および，かつアジア全体の社会の変容という大きなテーマに広がっています。

でも，社会学は何でも屋さんではありません。どんなテーマであれ，そこに「社会学的な対象」を発見する方法，独特な技（アート）を必ず使います。これはマニュアル化になじまないもので，これこそを皆さんに感じ取ってもらいたかったのです。

社会学というワンダーランドには，曖昧なもの，驚きなど人間くさいものがたくさん詰まっています。本章ではその「ワンダー」のゆえんを語り合います。

1. 講義を終えて

　（山本）　ここでは，この学術俯瞰講義の「社会学ワンダーランド」というのは何を教えたんだろうか，みんなは何を勉強したんだろうかということを，講義をしてくださった先生方をまじえて少し議論してみようと思います。

　聴講した学生諸君は，さまざまなテーマが続いて，その都度頭を切り替えて理解するのは難しかったかもしれませんね。

　講義の後で履修者に書いてもらった感想レポートに，ストレートに「結局社会学とは何なのかわからなくなった」と書いていた人がいました。とても正直なコメントですが，まず，どんな学問でも13回授業を聞いてわかるなんてことはありません。ダイエットと同じです。

　もうちょっとこれを文学的にというか，大学生らしい表現で書くと，「社会は簡単にはわからないということがわかった」といえるかと思います。これらはなかなかセンスがあります。社会が簡単にわからないということがわかるということは，もう半分ぐらいは社会学に入っているともいえるわけです。このあたりが糸口だと思います。

　今回の学術俯瞰講義，すなわちこの本の趣旨は，「社会学への招待」です。9つのテーマランドを回ってもらって，「ああそうか」で終わってしまってはイントロダクションになりません。これから社会学を勉強していかなくてはいけないんです。その道筋をここで少し示す必要があるかと思います。

　ここからどうやって，それぞれが社会学を勉強していったらいいのかということです。よし，じゃあ，佐藤俊樹さんのまねをして，僕は，私は春になったら桜を見て回ろうとか，よし，北田さんのまねをしてディズニーランドを歩こうということになるのでしょうか。いやいや，違います。ディズニーランドを歩いている人たちの99％は社会学なんかやってないです。そこで遊んでいるだけです。そのときに，いや，

僕は，私は，あの人はそこをうろついているだけのように見えるけどじつは社会学をやっているんだって，ちゃんと区別できなくてはいけないと思います。どうしたら社会学をやっているんだと定義できるのでしょうか。

　先日ある会合で，徘徊と散歩はどう違うのだろうか？ 観察者が区別出来るのだろうか？ という話をしたのですが，その違いは重要ですよね。

　あるいは違う言い方をすると，社会学をどう勉強したらいいですかと聞かれたときに，一番無難な言い方は，本屋さんに行けば社会学という本棚があるから，そこにある本を読みなさいというのがあるわけです。けれども社会学の本棚に並んでいる本の中に書いてあることが社会学だというのはじつは変な話で，社会学のことが書いてあるから社会学の本棚に並んでいるというのが正しく，やっぱりその場合にも定義がないといけないような気がします。

2. 社会学の勉強とは

　ほかの学問を例にとると，たとえば物理学というのは，森羅万象，ビッグバンとか宇宙とか直接には観察されないものや，リンゴが落ちるとかいうような身近な現象までを幅広く対象としています．でも，質量と運動エネルギー，位置エネルギーに対象を分解して見るから，そのように分解して見る限りにおいては何を対象にしてもそれは物理学だという「形」がある。この講義を聴いて下さった物理学の先生が仰ったコメントはこうで，質問は「社会学の方法は何か？」でした。これは真剣勝負になります。

　要は，社会学の研究にはそういう固有な形があるのかということです。そういう形があるなら，佐藤健二さんのクダンの話も，清水さんの景観紛争の話も，みんな社会学としての筋が通っていることになります。このように言えるものは何か。

社会学をこれから勉強するにはどうしたらいいのか，あるいは自分が社会学を勉強しているというのはどうやったらわかるのか？
　この点を手がかりに，今回は議論してみようと思います。

■わからなくてもいい？
　（佐藤健）　社会学というのは結局わからなかったという答え方には，どういう意味があるのかなと思って考えていたのですが……。「わからなさ」は資源でもあるからね。
　逆に「わかりやすい」というふうに答えなきゃいけない何かが気になるんです。つまり，この授業を受けて「社会学がわかった」というふうに言わないと達成がないと思い込んでいるのかな？
　でも，わからなくたっていいじゃない。いいじゃないというのは，わかったらそこで終わりでしょう。だから，わからないということを結論として持ってきて悩むというのが，ちょっと僕はよくわからない。いや，悩んでいないのかもしれませんけれど。つまり，逆に言えば，僕らはわからないから調べたり，考えたりしている。つまり社会学は結局わかりませんでしたという，その反応の意味は何なのか？　勉強してみようという気が起きました！　ということだったならば，それで成功じゃないですか。そういう答え方はいけないの？
　（山本）　いいと思います。
　（佐藤健）　逆に，そのとき「わかる」ということはどういうことなのかを考える必要も，もちろん出てくるでしょうね。私は言葉の話をしたわけですけど，言葉それ自身がじつは個人的なものではない。社会に埋め込まれている一つの道具みたいなものであると同時に，環境でもあり空間でもあるようなものなのです。だから互いに言葉の意味がわかると感じられる。たぶんそれは，「わかるのが普通」の状態なんですね。
　でも難しいのは，互いに言葉の意味が「わかる」という普通さに埋もれてしまうと，「わかる」という不思議さに気づかなくなってしまう。聖書に「初めに言葉があった」という文言がありますが，これは

言葉というものの本源性というのかな，社会にすでに深く，この言葉の不思議さが埋め込まれている事実を暗示しています。

　日常の中にだって，「わかる」ということの力に気づく経験もあるんです。それはどういう経験かというと，すごく微妙な気づきなんですね。それまで経験したことと急に意味がつながって，その言葉によって新しいものがみえるとか，ああそうかと自分の思いついたことに感心するとか，そうしたときにたぶんわかったという感覚をもつのだろうと思うんです。

　それまでの言葉で説明されなかったことや，謎みたいなものが謎としてまさにみえたとき，「わからない」という感覚を覚えると同時に，すごく面白いなというふうに思ったりする。そういう意味でいうと，今回はわからないという出発点でもいい，そこから始めることが大切だと思うんですけどね。

（山本）　さっき言ったように，社会というものは簡単にはわからないというのは，それはいいことです。常識をちょっとはずれてみると，今まで当たり前だと思っていたことが，当たり前じゃなくって興味深い面白いものに見えてきたりするわけですよね。街並みとか，学校とか人々が着ているものとか，そういうものに興味がわいてくる。それはいいんだけど，それと社会学がわからないというのはどういう関係があるかということですね。

（佐藤健）　そうね。社会がわからないということと，社会学がわからないということと……。

（山本）　その2つを分けるということを書いてくれた人はとてもいい人です。その2つをごちゃごちゃにして簡単にどちらもなんとなく「わからない」と言ってしまうのではない。社会というのは自分たちのまさに生きている場で，対象が自分たちであるわけだから，自分の座っているイスがそんなに簡単にもち上がらないのと同じようにすぐにわかる訳がないわけだよね。だからそのことを分けてくれたのは非常にいいことだと思います。

（佐藤健）　社会学はもちろん1つではないし，社会という関係性の

力も1つではない。だから，1つの何か正解みたいなものをイメージするのは，もったいないし，元気がでない。その解き方がわからないとか，正解がわからないというのを強迫観念のように思っているんだとしたら，それは必要ないよねと私は言いたいわけ。いろいろな解き方があるし，いろいろなアプローチの仕方があるし，それが楽しい。それがやっぱり僕は社会学の面白さで，その多様性がわかっていればいいじゃないかという感じがします。

　（山本）　そのときいろいろあるといっても，何でもありというのとは違うんだよね。健二さんは直感的にわかっているんだけど，ほかの人にいろいろあると言うと，何でもありってそんな学問ありですか？　ってこうくるわけです。

　僕は大学に入って十年以上，何を考えて何を書いてもお前は社会学じゃないって指導の先生から否定の連続を受けました。僕はそのときに，いったい何をすればよいのだろうと真剣に思った（笑）。

　（佐藤健）　そういう苦い関門は皆にありますよ。私だって修論を書くとき，「君，何をやってもいいんだ，何を書いてもいい。だけど社会学やりなさいね」と言われて，禅問答みたいで困ったことはあります。

　ただ，そのあたりになってくると，それはまた自分のほうに問いが返ってきて，自分の実践の癖を知るというのかな，そこらあたりの大切さが浮かびあがってくる。僕らは社会との付き合い方にしても，自分がものを知っていくプロセスにしても，その方法にそれぞれの癖がありますよね。いわば得意技だとか不得意だとか，さまざまな判断を身体の中に蓄積してきているわけです。だから，自分の得意なやり方で，問題に立ち向かえばいい。こういうことをやらなきゃ社会学の方法じゃないと突き詰めず，あえて自分の不得意なところを選ばなくてもいいんじゃないかと考えました。

■一つの癖

　（山本）　内田さんは，大学時代は哲学だったの？

(内田)　はい，学科はそうで，社会学を勉強していました。

(山本)　社会学を勉強するってどういうことでした？

(内田)　私も山本さんとちょっと似ています。少し前に『社会学を学ぶ』[1]という本を書いたんです。その中にはあまり書かなかったんですが，昔偉い先生に，「内田，お前は社会学のディシプリンをどう思っているのか」って質問されたことがあるんです。きっとその偉い先生は，私のやっていることが社会学の標準からするとずれていたりとか，何かそういうふうに思われたんでしょう。

私はしかし就職ということもありましたので，『社会学評論』という学会誌に大学院生のときに論文を投稿しました。

そうすると，掲載されて，一応，まあ，社会学かなというふうに見られることもあるんですね。社会学というのが，頑としてあるという考え方もあるかと思うんですけれども，考えてみれば社会学を名乗る言説の量というのは，キログラムやトンで量ってもあんまり大した量じゃないですよね。2～3世紀やってみてもそんなに大したことない。しかも皆がほとんど反復的なことをやっているので，そこで取り残されたものを考えてみてもいいような気がします。

私は今，駒場の相関社会科学という学科に所属しています。1つの問題を解くために，経済学や政治学や建築学の先生と話をして参考にしたり，社会学でもたくさんの本を参考にしたりとか，できる限りいろいろなものに接するということをやっています。

そうして広げる努力をしていても，自分の中に，アイデンティティーというとちょっと変ですけれども（そんな大したものはないんですけれども），一つの癖みたいなものはあるようです。

それはどのようなものかというと，社会を見ていて，ここで曲がっているというか，社会はここでゆがんでいるように見えるときがあって，ある拘束力が働いて，そのために我々は真っすぐ進めない。真っすぐ歩けないで曲がって歩いているというようなとらえ方です。

---

[1]　内田隆三『社会学を学ぶ』ちくま新書，2005年。

非常に単純なことを言いますと，たとえば，高速道路を1本通そうとするときに，お墓があったらやっぱり曲がっていかざるを得ないとか，あるいは，偉い神社があったら，やっぱり曲がっていかざるを得ないとか，社会というのは何か曲げていく力があって，それは結構な拘束力をもっている。どうも生きながら，自分も歩きながら，進みながら，考えながら，考えるときにも何か拘束力がかかっている。物を見たり書いたりするときも何か力がかかっている。そういうことを考えてみたいと思って研究してきたことがまあ多かったように思います。70年代からのフーコーなどの思想のエッセンスもここにあると思っています。

　もちろんそれだけではありません。自分の場合は，学問を楽しみでやっているので，社会学を研究すると同時に，社会学をどれだけほかのいろいろな研究に開いて，接続していけるかみたいな。何かそういうことも楽しみの1つです。ただ，評価ということがあって，こいつはなかなかいいなとか，これはよくできているなとかいうような評価の問題があります。それはやっぱり，その中にある思考の冒険みたいなものが非常に面白いときに，これはいいなとか，いや，まあまあ，ここまで自分はなかなか行けないんだけどとか，もうちょっとそういうことをやってみたいとか，そういうことは，思うことはあります。

■原体験

　(山本)　佐藤健二さんと内田さんは，ある程度バックグラウンドが似ているところがあって，共通性が高いんだけど，もっと実証的なことをやっているといえば，たとえば園田さん。社会学をやるなら，まずはデータを集めろ，調査票を配れとか，そういうことじゃないですよね。どういうことですか。

　(園田)　さっき癖という話がありましたけど，私なりに，ああ，やっぱり社会学って面白いとか，ある種の有用性って感じた瞬間があって，それがずっと忘れられないんです。それは何かというと，これは私自身の育ちの問題と関係するんですが，幼いとき，うちの父と母は

よくけんかをすることがあって，けんかの後，親とお風呂を入ると，「お前，お父さんとお母さんが別れたらどっちと付く？」と聞かれることがありました。お父さんと入っていればお父さん，お母さんと入っていれば，お母さんとか答えるのですが，子どもなりに気を遣うんです。両方にね。

　ところが考えるわけです。どうしてこの人たちはそんなことを子どもに聞くんだろうって。たぶんそのままだったらそれで話が終わるんですけど，ずっと経ってから，ああっと思ったときがありました。それは何かというと，福武直先生が1956年に書いた本にある，東北型農村と西南型農村というもので，出身地によって農村の中の家族の形が違うという議論です。

　どういうことかというと，うちの母は秋田なんですけど，秋田の人の場合，長男がものすごく強い。一方，父は鹿児島の出身で，どっちかというと平等です。その人間が東京で一緒になって，私がその子どもです。言ってみれば，ハイブリッドの二世です。こういうところで生まれてその子どもでいると，こういう摩擦が起こるんだということが福武先生の本を読んだ瞬間に腑に落ちました。

　あれっ，でもどうやって東北型農村とか西南型農村ってわかったんだろうということを考え始めると，人と人を結び付ける論理がたぶんあるのだと思います。ただし，それはどこかでぼんやりとした境界みたいなものがあって，その境界を越えると，けんかが起こったり，誤解が起こったり，対立が起こると。その対立の局面にたぶん私がいたんでしょうね。

　なぜそういうお互い違う感覚をもっているのかなということが，ずっと関心があったので，私には中国というのはすごく面白かったんです。お互いものすごく誤解している。私の両親と同じように。愛で結ばれたはずなのに，日々これ決戦みたいな感じになっているわけですね。

　でもよく見てみるとお互い論理はあるんですよ。聞くと，あいつはな，俺のきょうだいに対してこういうことを言うって父は言うわけで

すね。私はヒアリングをやっているわけです。あなたはどうしてそう思うんですかって。あいつはなって，きっと言うからね。私は母に，どうしてあなたは父にこうなの？ お父さんはねって。聞いてみるとお互い論理が，整合性はあるんですが，なるほどこれならけんかするな，なるほど私が不幸なのはよくわかる。

つまりそこに，人と人を結び付ける論理みたいなのがあって，それを論理や調査やいろいろなものでつかまえたときに，少なくとも私はある種，救われたんですね。皆さんがそれで救われるかどうかわかりませんけど，そういう感覚をもてるかどうかというのは，じつは社会学を学ぶ上で決定的に重要ではないかと思うのです。

社会学ってそれで何？ という感覚をもつというのは，たぶんその人には生きる上であんまり苦しみがないからかもしれない。苦しみがない人に，社会学って楽しいよと言っても，なかなかわからないかもしれないと私は思いました。

■「なぜなぜ分析」との違い

　(山本)　トヨタ自動車は「かんばん方式」が有名なのですが，最近はもっとお金がかからない，「なぜなぜ5回」というプロジェクトをやっているそうです。何かトラブルがある，欠品が出るとか，クレームが多いとか，逆になぜか雰囲気がいい職場があるとかいうと，それを「なぜ」の形で解いていく。どんなことでも，そのように分析してみる。

たとえば，両親がけんかしていて，それは秋田出身者と鹿児島出身者だからとかいっても，なぜその2つの地域の人の間だとぎすぎすするのかとか，夫婦でなければけんかにならないのかやっぱりなるのかとか，ずっと問いを重ねていくわけです。

僕はどうして朝起きられないんだろうということについて，5回「なぜ」を繰り返すというのはなかなか大変なことです。だいたい3回ぐらいでわかったような気になってしまう。それを5回突っ込む。砕氷船みたいに5回氷を割って進むというのは，さすがというべきで

す。

　実際，トヨタの従業員は本当にすごい。自動車の組み立てライン，ベルトコンベヤーですが，どの会社もＴ型フォード以来，ラインの上に車は全部縦に，進行方向に並んでいたんです。トヨタは車を横に向けた。そうしたらラインの長さが３分の２で済んで工場をつくるお金がずっと安く済んだ。作業効率が飛躍的によくなった。そのようなカイゼンが実施された背後には，なぜなぜ５回の分析がある。

　「なぜなぜ」というのはトヨタ自動車がやっているんだけど，別にトヨタ自動車の社員はみんな社会学をやっているわけじゃない。そう考えると，社会学は単に「なぜなぜ」をやっているだけでもだめだし，ただ桜を見ているだけでもだめだということになります。社会学は何をやったらいいのか？　佐藤俊樹さんなりに言うとどうなります？

　（佐藤俊）　山本さんは私の指導教員なのですが，昔から話に困ると，すぐ私にむちゃ振りをします（笑）。

　先ほど健二さんが答えようとした問いは，とても重要だと私も思います。「社会がわからない」と「社会学がわからない」の間にはやはりちがいがある。というか，もし２つのわからなさが同じならば，社会学を学ぶのも考えるのもむだですよね。

　だから，社会がわからないから社会学をやってみよう，でいいと思う。でも，だからといって社会学がぱっとわかるわけはなく，この講義を聞いた多くの人もまだよくわからないと思っているでしょう。でも，２つのわからなさの間には落差というか，水準のちがいがある。むしろ，その落差を感じられた瞬間に社会学が立ち上がってくる，と言った方がいいかもしれません。

　先ほどの園田さんのお風呂での体験もそうで，お風呂であんなことを聞かれると，ふつうは「うるさいなー，なら別れてみろよ」とか思ったりしますよね（笑）。これでなんで家族やっているの？　一体何なんだ？　とか。そんなわからなさにぶつかります。

　出発点はそこです。でもその一段先を考えられるようになると，また変わってきます。たとえば「家族」というと，みんな同じように家

族をやっているように思いやすいけれど，じつは西南型と東北型という2つのタイプがある。だとすると，家族をやることで，むしろディスコミュニケーションをつくり続けていることになる。そんなふうにみえてきます。

そうなると，その後の中国の話もちがった形でみえてきます。ものすごく誤解しあっているのだけれども，同時にやはり何かをいっしょにやっている。とすれば，いっしょにやるというのは，わかりあうこととはちがう事態なのかもしれない。

たとえばそんな感じで，わからなさを消すのではなく，わからなさの向こうに何かがみえてくる瞬間がある。そんな経験が社会学者を創っていくように思います。

その関連でいうと，これも健二さんや内田さんがおっしゃった点なんだけど，わからなさの向こうで一瞬何かわかったというときには，少し抽象度を上げてずらすことで新たなパターンが見出されている。内田さんの言い方を借りると，何か妙な曲がり方に出会って，そして，あれこの曲がり方はどこかで経験したなあとか，読んだなあとか感じる。そこには，ああこれは少し別の形でどこかで見たよ，という発見があります。

「わかる」にもいろいろあると思いますが，その一つは，わからなさがわかることですよね。もちろん，それを「社会はわからないことがわかった」とまとめて終わってしまうと，それこそ下手な禅問答ですが，わからなさをそれぞれ何らかの形で含みこんでやっているとはいえる。そんなふうにわからなさが少し分節されて，それぞれの位置づけが少しみえてきた瞬間に，わかるのではないでしょうか。

■ **どういうふうに勉強するか**

だから，どうやって勉強するかに答えるならば，第1に，私がした話（第1章）でいうと，自分を本気で（＝ウケねらいでなく）笑えるようになってください。論理は自分の周りでゆがむという話をしました。裏返せば，何かが曲がっているとして，それは対象の曲がり方なのか，

それとも見ている自分のゆがみなのかは検証する必要があるのです。そのためには，自分自身を突き放して，ただの人として見る力が必要です。

　第2は1番目ともつながっていますが，少しずれた形で繰り返しやパターンがみえてきて，そこで何かがわかるとすれば，幅広い好奇心も大事になってきます。それがないと，あそこで見たものとここで見えているものがじつは同じであることに，予想外な形で出会いにくいのです。

　第1章で話したように，社会学には常識的な説明を拒絶する癖があります。常識的な説明というのは一種の標準化で，「これをあてはめれば全部わかるよ」という思考の経済になっています。それを拒絶すると，一個一個，考えていかなきゃいけない。

　でも，内田さんや健二さんがおっしゃったように，それだけでは学問にはなりません。拒絶した上で，別の考え方をすれば関連性や共通性があらためて出現することを示して初めて，何かがみえてくることになる。そういう発見をくり返し経験するには，学際性というか，いろいろな領域を横断することがよい手段になります。

　渋谷とディズニーランドもそうですよね。ディズニーランドは東京の東のはずれの埋立地の，奇妙なくらいに人工的な遊園地です。渋谷は西の旧い町場で，少し大人びたおしゃれな繁華街。でも，その2つでどこかで似た経験をさせられてしまう。似た匂いや曲がり方を感じさせられて，そこから，どこが同じでどこがちがうのかを考え始めていく。

　第3に，わからなさとうまくつきあうためにも，できれば，明晰にわかることを経験したほうがいいです。たとえば統計学でも論理学でもいいですが，公理論的に形式的に構築されている体系ですね。それも知識として読むのではなく，練習問題や証明を実際にやってみて，その明晰さの感覚を自分で体験する。わからなさを少しずつ分節するにも，何らかの明晰さは必要ですから。

■ゲームの感覚

　もう一つ社会学の例をあげると、これはルーマンという社会学者が述べたことですが、組織における目標にはどんな意味があるのか。常識的な答えは、同じ目標の下にみんなが団結できるとか、そうやって団結しているのが組織だ、などでしょう。でも、みんなが本当に団結して一丸となっている組織では、山崎さんのお話（第10章）のように、高いストレスがかかって多くの問題を抱えています。

　じつはルーマンは、別の答えを用意しています。目標を共有することで、たとえば組織の外で何が起きているかとか、これからどんな課題が出てきそうかとか、お互いの現状がどうなっているかなどについて、共通して話し合えるプラットフォームを設けることができる。そんなふうに答えたんです。

　目標の共有では、合意したり団結したりして一丸となることよりも、むしろ組織の中のコミュニケーションのコストを下げたり、より深いコミュニケーションができるようにすることのほうが重要なのではないか。そう考えていくと、組織とコミュニケーションの新たな関係性がみえてきます。あるいは、本気で一致団結しようとしている組織と、コミュニケーションのプラットフォームとして使っている組織とでは、大きなちがいが出そうだともいえます。こちらは企業にせよ、ボランティアにせよ、持続的な団体の運営という実践に直接かかわってきます。

　単に心を1つにして成果をあげるというだけなら、心理学とどこがちがうのか当然疑問に思うでしょう。ですが、今のようにコミュニケーションのプラットフォームという方向に少しずれてみると、そこには社会といいたくなる何かがかかわっている、あるいは成立している。

　そんな感じで社会が出てくる、というか社会になっちゃっている瞬間を社会学は探し出してきて、そしてそれらに、何らかのまとまりや共通性がありそうだと考える。ただ、それが本当はどんなもので、どんなしくみで動くかとか、本当にパターンといえるのかになると、強い統一見解みたいなものはありません。むしろ、ああでもない、こう

でもないと考え続けている。その意味で，社会がわからない，そして社会学はわからない，という部分もたくさんあります。

でも，別の見方をすると，社会学はそういう面でも，わからなさを消さない形でわかろうとしている。だから，社会のわからなさと社会学のわからなさは別のものだけど，やはり重なっていて，その重なりを通じて，社会のわからなさに対して，そのわからなさを受けとめながら少しずつ答を見出すことを可能にする。

社会学がこの100年とか200年とかの間に，文字通り手探りで試行錯誤しながら編み出してきた技，あるいは考え方は，そんな性格を共通してもっている。ですから，そういう意味で，社会学はわかる瞬間をあたえてくれるのではないでしょうか。

（佐藤健）　俊樹さんの言った例で，プラットフォームとしての目標の共有という話が出てきました。それでちょっと思い出したのは，大学院生の終わりぐらいの1980年代のはじめかなあ，ゲートボールが老人たちの間で最初に流行った。その調査研究をした院生がいるんです。よく調べてあったんだけど，解釈で何か不十分だなと思ったのは，ゲートボールの流行を，ある1つの関心や興味で説明しようとしている点なんです。さっき俊樹さんが触れた目標の共有をどう理解するかにもかかわると思うんです。みんなを熱中させている根本的な要因を，一生懸命に探っているようにみえたところに，あのときのゲートボール研究の落とし穴があった。ゲートボールをやっている人たちは，1つの共通の動機でそこに参加し，それが流行を支えているというふうに説明しなければならない，そういう枠組みの思い込みが透けてみえたからね。

ところが，その人がフィールドワークで見ていたことの記録のほうをみると，ちょっと違うんです。むしろ面白いのは，多様な参加者がそれぞれに多様な動機をもっているということが，じつに明確にとらえられていた。ある人はチームワークみたいなものをつくり上げるところに，すごく魅力を感じていてゲートボールに参加している。ある人は，非常に個人主義的に，自分が獲得する点数を高めるというとこ

ろが楽しくて参加をしている。ある人は，ほかの人に命令ができるというところがすごく好きで，他人に指示を出せるのがたまらない。別の人はコミュニケーションのツールとして使っていて，このボールはこういうふうに打つんだよとか，教えあうことに惹かれてゲームに参加している。

　動機も，そこに感じている魅力もそれぞれ違うんだけれども，ゲームとしてのゲートボールはそれを許容している。多数の多様な「幸せ」というのか達成感を包み込み，それらの動機を吸収する形で，このスポーツの流行が生み出されているらしいことがわかるんです。その意味では，このゲーム自体が1つの社会の分析でもあるわけですよ。社会学という学問も，じつはそういう複合的な動機や目的を許容するゲームなのかもしれないのです。ひょっとしたら。

　(山本) なるほど。奥が深いですね。だからワンダーランドなのでしょう。せっかく最後に2人の佐藤さんがまとめてくれたので，また壊し始めないうちに終わりたいと思います。

　これからも皆さんはさまざまな機会に，社会学に触れてください。今回の講義が勉強を続けていってもらうきっかけになればと思っています。

編著者紹介

山本　泰（やまもと　やすし）

1951年生まれ。東京大学大学院総合文化研究科国際社会科学専攻教授。著書に『儀礼としての経済：サモア社会の贈与・権力・セクシュアリティ』（共著，弘文堂，1996年），『実用重視の事業評価入門』（共編訳，清水弘文堂書房，2001年），論文に「マイノリティと社会の再生産」（『社会学評論』No.175，1993年，日本社会学会）など。

【主な活動の紹介】専門は社会学理論。と言いつつ，国内外で多数のフィールドワークを手がけ，最近では，移民労働者・子どもなどの「外国人」問題，日本の農業や商店街のあり方などに取り組んでいます。よいモノグラフを書くというのがライフワークです。

佐藤健二（さとう　けんじ）

1957年生まれ。東京大学大学院人文社会系研究科社会文化研究専攻教授。主な著作として『読書空間の近代：方法としての柳田国男』（弘文堂，1987年），『歴史社会学の作法：戦後社会科学批判』（岩波書店，2001年），『社会調査史のリテラシー：方法を読む社会学的想像力』（新曜社，2011年）など。

【主な活動の紹介】専門は歴史社会学・文化研究で，日本の近代化と共同体との関係の考察から始まり，柳田国男の方法の再解釈を軸に，メディア論や社会調査方法史へと領域を拡げてきた。書きたい主題や素材は山積みなのに，じっくりと取り組めず，学なりがたしの思い深く……。

佐藤俊樹（さとう　としき）

1963年生まれ。東京大学大学院総合文化研究科国際社会科学専攻教授。最近の主な著作は『桜が創った「日本」：ソメイヨシノ　起源への旅』（岩波書店，2005年），『意味とシステム：ルーマンをめぐる理論社会学的探究』（勁草書房，2008年），『社会学の方法：その歴史と構造』（ミネルヴァ書房，2011年）。

【主な活動の紹介】専門は比較社会学・日本社会論ですが，授業担当は学部1〜2年生に統計，3〜4年生に理論社会学と組織論，卒論と大学院演習では社会学全般。審査がくる論文は社会科学なら何でもアリ，のせわしない日々。思えば遠くに来たものです……。

執筆者紹介

清水　亮（しみず　りょう）
1967年生まれ。東京大学大学院新領域創成科学研究科社会文化環境学専攻准教授。最近の主な著作は『自立支援の実践知：阪神・淡路大震災と共同・市民社会』（共著，東信堂，2008年），『社会文化環境学の創る世界』（共著，朝倉書店，2013年）。
【主な活動の紹介】専門は地域社会学・環境社会学。授業は大学院講義と演習（柏キャンパス），文化環境学特殊講義（本郷キャンパス・文学部）。住民運動，まちづくり，被災地などの現場に出向き，社会学的なテーマを掘り起こすスタイルで勝負しています。

園田茂人（そのだ　しげと）
1961年生まれ。東京大学大学院情報学環及び東洋文化研究所教授。主な著作に，『不平等国家　中国：自己否定した社会主義のゆくえ』（中公新書，2008年），『勃興する東アジアの中産階級』（編，勁草書房，2012年），『中国問題：キーワードで読み解く』（共編，東京大学出版会，2012年），『日中関係史1972-2012 Ⅲ 社会・文化』（編，東京大学出版会，2012年）など。
【主な活動の紹介】専門は比較社会学，現代中国研究，アジア文化変容論。勤務先の関係で，論文指導は英語でのみ。階層や企業など，広くアジアを俯瞰できるテーマが好みです。

内田隆三（うちだ　りゅうぞう）
1949年生まれ。東京大学大学院総合文化研究科国際社会科学専攻教授。著書に『探偵小説の社会学』（岩波書店，2001年／岩波人文書セレクション版，2011年），『ベースボールの夢：アメリカ人は何をはじめたのか』（岩波書店，2007年），論文に「メトロポリスと臨界の風景」（『建築雑誌』№1619，2011年，日本建築学会）など。
【主な活動の紹介】専門は現代社会論・社会理論。現代社会論などの授業を担当しています。仕事であれこれ宿題がありますが，ゆっくり野球観戦などしたいものです……。

北田暁大（きただ　あきひろ）
1971年生まれ。東京大学大学院情報学環准教授。『広告の誕生：近代メディア文化の歴史社会学』（岩波書店，2000年／岩波現代文庫，2008年），『広告都市・東京：その誕生と死』（廣済堂出版，2002年／増補版，ちくま学芸文庫，2011年），『責任と正義：リベラリズムの居場所』（勁草書房，2003年），『嗤う日本の「ナショナリズム」』（日本放送出版協会，2005年）など。
【主な活動の紹介】メディア論などを中心に講義やゼミをしていますが，最近は文化社会学の方法論的基礎についてあれこれ考えています。

苅谷剛彦（かりや たけひこ）

1955 年生まれ。オックスフォード大学社会学科およびニッサン現代日本研究所教授。近著に『教育と平等：大衆教育社会はいかに生成したか』（中公新書，2009 年），『イギリスの大学・ニッポンの大学：カレッジ，チュートリアル，エリート教育』（中公新書ラクレ，2012 年），*Education Reform and Social Class in Japan*（Routledge，2013 年）など。

【主な活動の紹介】専門は教育社会学，現代日本社会論。オックスフォード大学では，現代日本研究と社会学科の大学院生を対象に，論文指導のほか，授業としては現代日本社会論や研究方法論を教えています。

山崎喜比古（やまざき よしひこ）

1950 年生まれ。2012 年度より日本福祉大学社会福祉学部教授。前職は東京大学大学院医学系研究科准教授，健康社会学／健康教育・社会学教室主任。
最近の主な著作・論文は『心の病へのまなざしとスティグマ：全国意識調査』（監修，勁草書房，2012 年），『思春期のストレス対処力 SOC：親子・追跡調査と提言』（共編著，有信堂高文社，2011 年），『生き方としての健康科学第 5 版』（共編著，有信堂高文社，2011 年），Toward Development of Intervention Methods for Strengthening the Sense of Coherence（SOC），Suggestions from Japan（*Asian Perspectives and Evidence on Health Promotion and Education*, Springer，2011），『健康と社会』（共編著，放送大学教育振興会，2011 年），『薬害 HIV 感染被害者遺族の人生：当事者参加型リサーチから』（共編著，東京大学出版会，2008 年）。

【主な活動の紹介】現在の授業担当は，学部でも大学院でも，中心は保健医療福祉における調査研究方法論です。

似田貝香門（にたがい かもん）

1943 年生まれ。東京大学名誉教授。『住民運動の論理：運動の展開過程・課題と展望』（共編著，学陽書房，1976 年），『社会と疎外』（世界書院，1984 年），『ボランティアが社会を変える：支え合いの実践知』（編著，関西看護出版，2006 年），『自立支援の実践知：阪神・淡路大震災と共同・市民社会』（編著，東信堂，2008 年）

【主な活動の紹介】地域社会学，住民運動論，支援者論。日本学術振興会の『異分野融合による方法的革新を目指した人文・社会科学研究推進事業』「都市災害の減災と復興のシステム構築研究」領域代表，「東京大学被災地支援ネット」代表幹事，東京大学総長裁量経費研究プロジェクト「sustainability と人文知」コーディネーター。

社会学ワンダーランド

2013年5月10日© 　　　　　初 版 発 行

編著者　山本　　泰　　発行者　木下　敏孝
　　　　佐藤　健二　　印刷者　中澤　　眞
　　　　佐藤　俊樹　　製本者　関川　安博

【発行】　　　　　株式会社　新世社
〒151-0051　東京都渋谷区千駄ヶ谷1丁目3番25号
☎(03)5474-8818(代)　　　サイエンスビル

【発売】　　　　　株式会社　サイエンス社
〒151-0051　東京都渋谷区千駄ヶ谷1丁目3番25号
営業☎(03)5474-8500(代)　　振替 00170-7-2387
FAX☎(03)5474-8900

印刷　㈱シナノ　　　　製本　関川製本所
《検印省略》
本書の内容を無断で複写複製することは、著作者および出版者の権利を侵害することがありますので、その場合にはあらかじめ小社あて許諾をお求め下さい。

ISBN 978-4-88384-193-6
PRINTED IN JAPAN

サイエンス社・新世社のホームページのご案内
http://www.saiensu.co.jp
ご意見・ご要望は
shin@saiensu.co.jp まで.